DIETER SCHWIERING

Die realtheoretischen Aussagemöglichkeiten und Aussagegrenzen von Erfolgskonzeptionen

Betriebswirtschaftliche Schriften

Heft 65

Die realtheoretischen Aussagemöglichkeiten und Aussagegrenzen von Erfolgskonzeptionen

Zur Kritik der Bilanztheorien

Von

Dr. Dieter Schwiering

DUNCKER & HUMBLOT / BERLIN

Gedruckt 1973 bei Berliner Buchdruckerei Union GmbH., Berlin 61
Printed in Germany

ISBN 3 428 02875 9

Vorwort

Gegenstand der vorliegenden Arbeit* ist, die Leistungsfähigkeit der im Laufe der Jahrzehnte entwickelten unterschiedlichen Erfolgskonzeptionen, vor allem der grundsätzlich verschiedenen, hinsichtlich des ihnen allen gemeinsamen Hauptrechnungszwecks zu testen. Damit wird der Versuch unternommen, die in den letzten Jahren wieder zunehmende bilanztheoretische Auseinandersetzung, soweit es das ihr zugrunde liegende Problem grundsätzlich zuläßt, mit klären zu helfen. Das ist nicht nur eine formaltheoretische, sondern auch und insbesondere eine empirisch theoretische Aufgabe. Denn als mehr oder weniger weit ausgebaute rechnungstheoretische Aussagensysteme beanspruchen Erfolgs- bzw. Bilanzkonzeptionen, daß mit Hilfe der in ihnen abgeleiteten Abrechnungsregeln der Gelderfolg x der in einem beliebigen Zeitabschnitt y stattgefundenen Tätigkeit einer fortbestehenden Unternehmung z zutreffend ermittelt werden kann.

Ob überhaupt oder in welchem Maße die konkurrierenden Konzeptionen diesem Anspruch gerecht werden, läßt sich nur entscheiden, wenn sie prinzipiell widerlegbar formuliert sind und damit bei Konfrontation mit dem abzubildenden betrieblichen Geschehen — im Wege der hierüber durch ihre Abrechnungsregeln bedingten zahlenmäßigen Aussagen — möglicherweise an ihm scheitern können. Diese Möglichkeit und die systemimmanente Korrigierbarkeit etwaiger Widersprüche gibt Erfolgskonzeptionen erst realwissenschaftliche Gültigkeit, worauf es ihren Schöpfern ankommt und ankommen muß, wollen sie nicht an dem mit der vollständigen Ermittlung der fraglichen Handlungsfolgen verbundenen materialen Bilanzierungsproblem vorbeidiskutieren, d. h. zwar informative, jedoch irrelevante Aussagen über den Unternehmungsprozeß machen.

An der Hürde des unverzichtbaren zweckrelevanten Informationsgehaltes hat sich meines Erachtens die bilanztheoretische Diskussion festgelaufen. Bewußt oder unbewußt wird jene durch modellplatonistische Kunstgriffe umgangen, indem — pauschal charakterisiert — entweder der Bilanzzweck der Leistungsfähigkeit eines vorhandenen Rechnungsmodells angepaßt wird oder Grundaussagen dem gegebenen Zweck entsprechend tautologisiert oder auf extreme reale Bedingungen zugeschnitten werden. Nicht zufälligerweise neigen dabei die sich mehr in der Verteidigungsposition befindlichen Anhänger der konventionellen

Bilanztheorien stärker zur klar immunisierenden Argumentation, während die Vertreter des ökonomischen Erfolgskonzeptes aus ihrer gegen die traditionelle Auffassung gerichteten Angriffsposition heraus eher der Gefahr unterliegen, aufgrund der bisher nicht ausreichend geleisteten Präzisierung und Vervollständigung der eigenen Auffassung bestimmte negative Konsequenzen, die deren Prämissen implizieren, bisher überhaupt nicht oder in ihrer Tragweite nicht erkannt zu haben.

Um aus dieser Sackgasse herauszukommen, wird das Schwergewicht der Arbeit auf die empirisch theoretische Seite des Gesamtkomplexes erfolgsrechnerischer Fragestellungen gelegt. Es geht darum, den realtheoretisch möglichen, jedoch nicht überschreitbaren Bereich herauszufinden, innerhalb dessen die optimale Antwort auf das Erfolgsermittlungs- bzw. Bilanzierungsproblem liegen muß, und von ihm als Basis aus den Informationswert der vorhandenen Rechnungskonzepte zu beurteilen. Dies erfordert einerseits, das tatsächlich von Unternehmungen verfolgte Haupthandlungsziel und damit den Rechnungszweck zu präzisieren, das daraus entstehende materiale Bilanzierungsproblem mit seinen Komponenten — dem Kontroll- und dem Planungsaspekt — herauszuarbeiten sowie die seiner vollständigen Lösung entgegenstehenden empirisch kognitiven Grenzen — hinsichtlich der Messung, Zurechnung und Prognose von Handlungsfolgen — aufzuzeigen. Andererseits müssen die wesentlichen Prämissen herausgeschält werden, die den von den Erfolgskonzeptionen eingeschlagenen unterschiedlichen Lösungsansätzen zugrunde liegen und deren maximale Aussagekraft bestimmen.

Bei den empirisch theoretischen Untersuchungen brauchen nicht einmal neue Ergebnisse zu Tage gefördert zu werden. Es kommt mehr darauf an, bekannte und auf anderen rechnungstheoretischen Gebieten, wie der Planungs-, Investitions- und Kostenrechnung, auch berücksichtigte Einsichten auf das Erfolgsermittlungsproblem anzuwenden. Damit werden zugleich die gemeinsamen Elemente vor allem von Unternehmungsbewertung, Investitionsrechnung und prospektiver Bilanzierung erkennbar, was in der Literatur noch weitgehend übersehen wird und mit eine Ursache für den bisher unbefriedigenden Stand der bilanztheoretischen Diskussion ist.

Berlin, Dezember 1972 Dieter Schwiering

* Vgl. S. 150**

Inhaltsverzeichnis

Einleitung

Erster Teil

Zweiter Teil

Einleitung

I. Der Stand der bilanztheoretischen Diskussion

In einer Unternehmung wird Geld in Produktionsfaktoren investiert, um auf dem Umweg ihrer Kombination mehr Geld zu erzielen. Zur Steuerung des Unternehmungsprozesses benötigt die Geschäftsleitung u. a. Planungs- und Kontrollinstrumente, die ihre beabsichtigten und durchgeführten Maßnahmen hinsichtlich des Zielerreichungsgrades zu beurteilen erlauben. Der Periodenabschluß soll dabei die Aufgabe einer summarischen, jedoch umfassenden Wirtschaftlichkeitskontrollrechnung erfüllen und die Bilanztheorie das adäquate Abrechnungsinstrumentarium liefern.

Wer sich danach in der Bilanzliteratur umsieht, steht vor einer fast unübersehbaren Anzahl von Bilanztheorien und -konzeptionen und daraus abgeleiteten Varianten. Bei eingehenderem Studium kristallisieren sich schließlich zwei bilanztheoretische Lager heraus, denen die herrschenden Bilanzkonzepte zugeordnet werden können: die traditionelle, auf dem Realisationsprinzip fußende bilanztheoretische Konzeption einerseits[1] und die durch die Gesamtbewertung gekennzeichnete ökonomische Erfolgskonzeption andererseits[2], die — stark von Riegers Vorstellungen über den ‚heutigen Wert'[3] beeinflußt — als Kapitalwertmethode und als Methode des internen Zinsfußes vertreten wird.

Bedeutendste und bekannteste Ausprägungen der traditionellen Konzeption sind die dynamische Bilanz Schmalenbachs, die organische Tageswertbilanz F. Schmidts und die pagatorische Bilanz Kosiols. Für die erste Variante der ökonomischen Konzeption, die Kapitalwertmethode, treten insbesondere D. Schneider, H. Hax und Münstermann ein[4]. Anhänger der Methode des internen Zinsfußes sind Albach und Göppl[5].

---

[1] Vgl. S. 72 ff.

[2] Als ‚ökonomisch' bezeichnen die Anhänger eines kapitaltheoretisch fundierten Erfolgsbegriffes das Ziel, das sie als repräsentativ für das langfristige erwerbswirtschaftliche Erfolgsstreben der Unternehmung betrachten und dessen Realisierungsgrad ihrer Meinung nach mit einem nach der Methode der Gesamtbewertung aufgebauten Periodenabschluß ermittelt werden kann. Vgl. *D. Schneider* [Bilanzgewinn] 460 ff.; ders. [Ausschüttungsfähiger Gewinn] 1 ff.; *Münstermann* [Dynamische Bilanz] 525 ff.; ders. [Ökonomischer Gewinn] 580 ff.; *H. Koch* [Optimalitätskriterium] 391. Vgl. S. 79 ff.

Zur Kritik des Ausdrucks ‚ökonomisch' vgl. Teil 2, I, Fn. 37.

[3] Vgl. *Rieger* [Einführung] 210 ff.

Zwar beherrscht die traditionelle Bilanzkonzeption nach wie vor die Rechnungstheorie und -praxis, aber seit einem 1963 erschienenen Besprechungsaufsatz D. Schneiders[6] findet das ökonomische Erfolgskonzept in der deutschsprachigen Literatur zunehmend Eingang.

Beide bilanztheoretischen Lager stehen sich diametral gegenüber, während die Differenzen zwischen den einzelnen, aus der jeweiligen Grundposition abgeleiteten Theorien bzw. Auffassungen in bezug auf ihre systemimmanente Verträglichkeit unterschiedlich beurteilt werden. Die Meinungen reichen von unüberbrückbar bis vereinbar. Dieses Gegen- und Nebeneinander erstaunt, da man zunächst anzunehmen geneigt ist, daß auf die wesentlichen Streitfragen der bilanztheoretischen Diskussion, die zwar nicht mit gleichbleibender Intensität, aber fast ohne Unterbrechung seit mehr als einem halben Jahrhundert geführt wird[7], allmählich eine zumindest von der Mehrzahl der Fachvertreter akzeptierte Antwort gefunden worden wäre. Diese Übereinstimmung brauchte nicht unbedingt in bezug auf eine Einheitslösung des Bilanzierungsproblems zu bestehen, müßte aber zumindest hinsichtlich seiner realisierbaren Lösungsmöglichkeiten vorliegen. Davon kann aber wirklich keine Rede sein.

Der Grund für diese unbefriedigende Situation ist meines Erachtens darin zu sehen, daß grundsätzliche Untersuchungen über die Vorziehenswürdigkeit der einen oder anderen bilanztheoretischen Position trotz der umfangmäßig reichhaltigen Literatur — den Versuch von Engels ausgenommen[8] — bisher fehlen. Sie müßten sich insbesondere auf die Prämissen der beiden bilanztheoretischen Grundpositionen erstrecken. Denn wohl behaupten die Verfechter des kapitaltheoretischen Erfolgskonzepts, daß es der aus dem Realisationsprinzip abgeleiteten traditionellen Konzeption prinzipiell überlegen sei — ihr wird sogar jeglicher in bezug auf die Erfolgsermittlung relevante rechnungstheoretische Aussagewert rundweg abgesprochen[9] —, sie setzen sich aber über eine pauschale Analyse hinaus nicht mit deren Grundlagen auseinander. Und

---

[4] Vgl. *D. Schneider* [Bilanzgewinn] 457 ff.; ders. [Ausschüttungsfähiger Gewinn] 1 ff.; *H. Hax* [Bilanzgewinn] 642 ff.; *Münstermann* [Dynamische Bilanz] 512 ff.; ders. [Ökonomischer Gewinn] 579 ff.; vgl. auch *Sieben* [Erfolgserhaltung] 628 ff.; *Jaensch* [Bilanzgewinn] 59.

[5] Vgl. *Albach* [Synthetische Bilanztheorie] 21 ff.; *Göppl* [Rechnungslegung] 565 ff.

[6] Vgl. *D. Schneider* [Bilanzgewinn] 457 ff.; Rezension von Palle Hansen, The Accounting Concept of Profit. An Analysis and Evaluation in the Light of the Economic Theory of Income and Capital, København/Amsterdam 1962.

[7] Vgl. *Heinen* [Handelsbilanzen] 63; *Moxter* [Bilanztheorie] 30 ff.

[8] Vgl. S. 13 f.

[9] So behauptet *D. Schneider:* Der „nach herrschender Auffassung als Periodengewinn zu ermitteln(de) ... Maßstab ist in der Tat nicht nur überflüssig; er belastet die Bilanzdiskussion spürbar". *D. Schneider* [Ausschüttungsfähiger Gewinn] 4.

die Anhänger des konservativen Lagers haben — von zwei im wesentlichen nur systemimmanent gehaltenen Stellungnahmen Leffsons abgesehen[10] — die von ihren Gegnern vorgebrachten massiven Argumente bisher mit Schweigen übergangen.

Die Tauglichkeit der verschiedenen Bilanztheorien und -konzepte muß aber grundsätzlich überprüfbar sein. Denn sie beanspruchen, mit den nach ihren Regeln aufgestellten Periodenabschlüssen unter einer bestimmten Fragestellung über einen begrenzten Realitätsbereich informative Aussagen ermöglichen zu können. Also müssen sich unterschiedliche Aussagen bzw. die sie implizierenden Erfolgskonzeptionen mit der Wirklichkeit auf Realitätsbezug und -nähe konfrontieren lassen. Damit ist auch die bilanztheoretische Diskussion prinzipiell entscheidbar. Sie zumindest einer derartigen Klärung näher zu bringen soll mit der vorliegenden Arbeit versucht werden.

II. Die Entscheidbarkeit der bilanztheoretischen Diskussion

Als System von Aussagen über den Periodenabschluß und die ihm vorgelagerten Rechnungen genügt eine Bilanztheorie[11] realwissenschaftlichen Anforderungen, wenn sie über ihren Rechnungsgegenstand Aussagen ermöglicht, die nicht nur der logischen, sondern auch empirischen Nachprüfung standhalten. Das bedeutet, daß trotz des Zwanges zur Abstraktion das Abrechnungsinstrumentarium in bezug auf die wesentlichen Elemente des materialen Bilanzierungsproblems „eine *Strukturgleichheit* der gedanklichen und realen Sphäre" aufweist[12]. Diese Bedingung ist das wesentliche Kriterium zur Beurteilung der Tauglichkeit der einzelnen Bilanztheorien und -konzepte[13], nämlich ihr empirischer Gehalt in bezug auf den ihnen zugrunde liegenden Bilanzzweck.

---

10 *Vgl. Leffson* [Jahresabschluß] 375 ff.; ders. [Kapitaldispositionsnachweis] 1 ff.

11 Der Ausdruck Bilanztheorie bzw. -auffassung betrifft dem Wortlaut nach zwar nur die Bilanz, dem Sprachgebrauch nach aber den gesamten Periodenabschluß und damit zugleich die Gewinn- und Verlustrechnung.

12 *Kosiol* [Modellanalyse] 321; vgl. ders. [Unternehmensforschung] 755; ders. [Unternehmung] 209 f.; *H. Hax* [Bewertungsprobleme] 749; Barth [Aussagewert] 136; *Grochla* [Modelle] 384 f.

13 Die mit den traditionellen Bilanztheorien konkurrierende ökonomische Erfolgskonzeption ist zwar in keiner ihrer bisher entwickelten Varianten über das Stadium einer umrißartig entworfenen Theorie hinausgekommen, sie kann aber dann einem realitätsbezogenen, geschlossenen und ausreichend bestimmten Satzsystem gleichgestellt werden, wenn sie sich dazu kompletieren läßt, ohne daß hierdurch ihre Grundannahmen aufgegeben oder wesentlich geändert werden müssen. Das ist nur dann möglich, wenn sich der Ausbau einer Konzeption auf die Deduktion der durch ihre Prämissen implizierten Aussagen und gegebenenfalls auf die Einführung von Hilfsannahmen beschränkt (vgl. S. 70). So brauchen Teilaussagen nicht abgeleitet zu werden, wenn sie sich ohne weiteres aus dem Gesamtzusammenhang ergeben — z. B. die In-

Damit ist aber nicht notwendigerweise zugleich der Schlüssel zur Entscheidung der bilanztheoretischen Diskussion gefunden: Da jeder „Bilanzzweck ... eine entsprechende Gestaltung von Inhalt und Formalaufbau der Bilanz“[14] erfordert, demnach verschiedene Ziele verschiedene Theorien implizieren, lassen sich die Bilanzauffassungen nur bei Übereinstimmung oder grundsätzlicher Verträglichkeit der ihnen zugrunde gelegten Zwecke in bezug auf ihre Vorziehenswürdigkeit vergleichen. Berücksichtigt man außerdem die empirisch kognitiven Grenzen, die jeder realitätsbezogenen Rechnungstheorie — wo auch immer — gezogen sind, so schälen sich für das Nebeneinander der Bilanzkonzepte, ihre logische Konsistenz vorausgesetzt, zwei Erklärungen heraus: Die Bilanztheoretiker verfolgen verschiedene Bilanzzwecke, oder bzw. und sie lösen bei identischem Rechnungsziel die empirisch kognitiven Schwierigkeiten mit Hilfe unterschiedlicher Hypothesen.

Im ersten Fall erübrigt sich eine vergleichende Kritik der Bilanz*theorien*. Es gäbe soviel Bilanztheorien wie Bilanzzwecke, und jeder Bilanztheoretiker könnte sich einem wertenden Vergleich dadurch entziehen, daß er von einem anderen Bilanzzweck auszugehen vorgibt, nämlich dem Ziel, das sich retrograd aus den Abrechnungsregeln herleitet — womit natürlich das Pferd von hinten aufgezäumt würde. Um einen Vergleichsmaßstab zu finden, müßte man in diesem Fall zunächst die Bilanz*zwecke* diskutieren, indem zu entscheiden wäre, welches der unterschiedlichen Rechenziele den Belangen der Wirtschaftspraxis am ehesten gerecht wird[15]. Danach wäre — wie im zweiten Fall — zu prüfen, ob das jeweilige Ziel verfahrensmäßig überhaupt erreichbar ist. Somit würden allein bei unterschiedlichen, jedoch gleichermaßen praxisrelevanten *und* rechnungstheoretisch realisierbaren Bilanzzwecken zu Recht mehrere Bilanzkonzeptionen nebeneinander bestehen.

Die erste Alternative, die Verfolgung unterschiedlicher Bilanzzwecke, liegt aber, soweit erkennbar, nicht vor, zumindest was die Intentionen der meisten Bilanztheoretiker in bezug auf den Aufbau interner Bilanzen — um die es allein hier geht — anbelangt. Vielmehr scheint der zweite Fall zuzutreffen: Ausdrücklich oder stillschweigend wird dem Periodenabschluß die Aufgabe übertragen, über den Gelderfolg einer Unternehmung zu informieren, der während des im Betrachtungszeitpunkt gerade abgelaufenen Teilabschnitts ihrer Gesamtlebensdauer er-

---

terpretation der Nichtgeldbestände als künftige finanzwirksame Güterbewegungen — oder nicht begründet zu werden, wenn sie als gesichert aus anderen Zweigen des betrieblichen Rechnungswesens übernommen werden können — z. B. die Vorausschätzung bestimmter Zahlungen mit Hilfe der statistischen Wahrscheinlichkeitsrechnung.

[14] *Heinen* [Handelsbilanzen] 75; *Vollrodt* [Erfolgskomponenten] 389.

[15] Vgl. *Münstermann* [Dynamische Bilanz] 528.

wirtschaftet wurde[16]. Also lassen sich die unterschiedlichen bilanztheoretischen Konzeptionen in bezug auf ihre Aussagekraft untereinander vergleichen[17, 18] und einstufen. Das ist der Angelpunkt für Engels' Überlegungen, den meines Wissens nach bisher einzigen Versuch in der Literatur, die Bilanztheorien[19] nicht vom Boden der eigenen Prämissen aus, sondern nach übergeordneten Kriterien auf ihre Richtigkeit zu überprüfen[20].

Engels glaubt nun, die Differenzen zwischen den unterschiedlichen Bilanztheorien allein auf logische Fehler zurückführen zu können. Bei gleichem Bilanzzweck „kann nur eine der Theorien richtig sein, die anderen sind falsch. Da es sich um Formaltheorien handelt, müssen logische Fehler vorliegen. Die Bilanztheorien müssen (*allein,* d. Verf.) mit Hilfe von logischer Analyse entscheidbar sein". Denn wohl könne „die Bilanz ... auf Grund ungenügender Kenntnis der Tatsachen unrichtig sein, nicht aber die Bilanztheorie, da sie gar keiner Tatsachenkenntnis bedarf"[21]. Diese methodologische Position ist jedoch unhaltbar, da die *Anwendung* eines Modells bzw. Verfahrens nur dann empirisch gehaltvolle Aussagen ermöglicht, wenn sein *Aufbau selbst* im wesentlichen der Struktur des abgebildeten Realitätsausschnitts entspricht, also realtheoretischen Anforderungen genügt. Tatsächlich kann auch Engels nicht auf empirische Kriterien verzichten. Zu Recht fordert er, als Bilanzzweck sei nur derjenige „Zweck ... zulässig, der mit Hilfe der Bilanz auch *verwirklicht* werden kann"[22]. Hiermit gibt Engels im Grunde seine These über den bloßen Formalcharakter von Bilanztheorien auf. Denn für die operationale Definition des Bilanzzwecks ist die Kenntnis der empirisch kognitiven Aussagemöglichkeiten erforderlich, und deren Formulierung — in Form von an der Wirklichkeit überprüfbaren Hypothesen — ist Voraussetzung für die Ableitung von Abrechnungsregeln, mit deren Hilfe eine informative (Abschluß-)Rechnung erstellt werden

[16] „Die betriebswirtschaftliche Bilanzlehre faßt den Bilanzgewinn einer Rechnungsperiode auf als den dieser Periode zuzurechnenden Anteil am Totalgewinn der Unternehmung ... Die Bewertung in der Bilanz hat so zu erfolgen, daß jeder Rechnungsperiode der richtige Anteil der totalen Einnahmen und Ausgaben als Ertrag bzw. als Aufwand zugerechnet wird." *H. Hax* [Bilanzgewinn] 642.

[17] Vgl. *Engels* [Bewertungslehre] 179.

[18] „Beide Konzeptionen decken sich somit hinsichtlich des Bilanzzwecks. Unterschiede bestehen in der Auffassung darüber, was als Erfolg der Periode anzusehen ist" (*Münstermann* [Dynamische Bilanz] 28), genauer: wie der (teil-) periodenanteilige Totalerfolg zu ermitteln ist.

[19] Im Rahmen seiner 1962 veröffentlichten Monographie konnte sich Engels nur mit den traditionellen Bilanztheorien und Riegers Konzept vom ‚heutigen Wert' auseinandersetzen, da zu dieser Zeit die ökonomische Erfolgskonzeption als bilanztheoretische Alternative noch nicht im Schrifttum vertreten wurde.

[20] Vgl. *Engels* [Bewertungslehre] 177 ff.

[21] *Engels* [Bewertungslehre] 179.

[22] *Engels* [Bewertungslehre] 178 (Hervorhebung durch d. Verf.).

soll. Da Engels die Realitätsbezogenheit des Bilanzzwecks zwar postuliert, im übrigen sich aber auf logische Kriterien beschränkt, mißlingt sein Versuch, einen adäquaten Maßstab zur Entscheidung der bilanztheoretischen Diskussion abzuleiten.

Den hierzu allein möglichen Weg zeigt Engels jedoch auf: die Beurteilungskriterien unabhängig von den Bilanztheorien zu formulieren, da anderenfalls mit der Akzeptierung der jeweiligen Grundannahmen notwendigerweise — von Ableitungsfehlern abgesehen — zugleich die ganze Theorie a priori als wahr gelten würde[23]. Gerade diese Konsequenz zeigt, daß mit formalen Kriterien allein dem Gegen- und Nebeneinander der Bilanzkonzeptionen nicht beizukommen ist. Vielmehr scheint der eigentliche Hauptgrund für die Abweichungen in dem unterschiedlichen Informationsgehalt der jeweiligen Hypothesen zu liegen, auf denen die Abrechnungsregeln zur Erfassung der Folgen der zu kontrollierenden Handlungen beruhen. Eine fruchtbare Analyse und Kritik der Bilanztheorien und -konzeptionen muß daher sowohl nach logischen als auch nach empirischen Kriterien vorgehen. Leitgedanke des kritischen Vergleichs ist daher der folgende: Eine angewandte Bilanztheorie zeitigt nur dann informative Ergebnisse, wenn die von ihr aufgestellten Abrechnungsregeln auf zutreffenden Hypothesen über den abzubildenden Realitätsausschnitt beruhen. In bezug auf den Umfang der benötigten empirischen Kenntnisse bestehen aber grundsätzlich beschränkte Aussagemöglichkeiten. Also bestimmt sich die Vorziehenswürdigkeit einer Bilanzkonzeption danach, ob bzw. inwieweit die Informationen eines nach ihren Abrechnungsregeln aufgestellten Periodenabschlusses in der Nähe des überhaupt realisierbaren Lösungsbereiches liegen. Die bilanztheoretischen Konzepte, die den erreichbaren Informationsstand nicht ausschöpfen, sind als unzureichend einzustufen, da bei ihrer Anwendung unnötige Informationseinbußen hinzunehmen wären.

Daraus ergibt sich der methodische Aufbau der Arbeit: Den realisierbaren Lösungsbereich herauszufinden einerseits und die vorhandenen Bilanzkonzepte daran zu überprüfen andererseits bedingt die zweiteilige Gliederung. Beide Teile sind durch je zwei methodische Schritte gekennzeichnet: Zunächst sind im ersten Teil Bilanzzweck und -gegenstand adäquat den realen Vorgängen zu definieren, auf die das zu kontrollierende wirtschaftliche Handeln gerichtet ist: die Erwirtschaftung von Mehrgeld. Damit ist die operationale Formulierung dieses Hauptziels und seiner Nebenziele verbunden, um die nichtgeldlichen Bestände eindeutig bewerten zu können. Zweitens muß mit Hilfe einer Möglichkeitsanalyse der Bereich abgesteckt werden, innerhalb dessen sich die Abrechnungsregeln widerspruchsfreier und realitätsbezogener Bilanztheo-

---

23 Vgl. S. 24 f.

rien bewegen müssen. Diese Analyse wird in Form eines negativen Ausleseverfahrens durchgeführt, indem vor allem festzustellen ist, welche Aussagen nicht durch wirklichkeitsnahe Hypothesen belegt werden können. Im zweiten Teil sind zunächst die herrschenden bilanztheoretischen Konzeptionen in ihren Grundzügen darzustellen, bevor sie abschließend daran überprüft und beurteilt werden können, wie weit ihr Aussagegehalt dem erreichbaren Informationsstand nahe kommt. Hier empfiehlt sich das von Heinen vorgeschlagene Verfahren. Man „geht ... von der Hypothese optimaler Zweckerfüllung aus und weist nach, daß das Bilanzmodell hierfür untauglich (bzw. nur unter Zugrundelegung dieser oder jener wirklichkeitsfremden Annahmen adäquat, d. Verf.) strukturiert ist“[24].

[24] Vgl. *Heinen* [Handelsbilanzen] 75.

Erster Teil

Die bilanztheoretischen Grundlagen

Rationales Handeln im allgemeinen ist auf die Herbeiführung beabsichtigter Folgen gerichtet, und eine Unternehmung im besonderen wird „nur um des Gelderwerbs willen gegründet"[1] und geführt. Dem entspricht die instrumentalistische Funktion des Rechnungswesens: Es soll alle zielrelevanten Unternehmungsvorgänge abbilden, soweit sie quantifizierbar sind. Dabei hat der Periodenabschluß den Gelderfolg des gesamten wirtschaftlichen Handelns im Kontrollzeitraum zu erfassen, woraus die Aufgabe einer Bilanztheorie mit empirischem Geltungsanspruch folgt: Abrechnungsregeln zu entwickeln, die einen informativen Periodenabschluß ermöglichen. Sie müssen eine empirisch gehaltvolle Lösung des Bilanzierungsproblems zulassen, das darin besteht, trotz der unauflösbaren Wechselbezüglichkeit allen vergangenen und künftigen betrieblichen Geschehens gerade nicht mehr und nicht weniger als den in einem *bestimmten* Zeitabschnitt, nämlich der Kontrollperiode, erzielten Gelderfolg erfassen zu wollen. Das Bilanzierungsproblem resultiert also aus dem auf *vollständige* Kontrolle gerichteten Rechnungszweck einerseits und den *beschränkten* Möglichkeiten zur Erfassung der Handlungsfolgen andererseits. Die Komponenten dieses Spannungsverhältnisses im einzelnen herauszuarbeiten und damit den Rahmen abzustecken, innerhalb dessen die Bilanzierungsfrage sich überhaupt beantworten läßt, ist Gegenstand des folgenden ersten Teils.

I. Unternehmerisches Handeln und Bilanztheorie

A. Ziel und Inhalt des unternehmerischen Handelns

Unter den herrschenden kapitalistischen Produktionsverhältnissen können die Wirtschaftssubjekte Geldeinkommen grundsätzlich durch „Verdingung der Arbeitskraft an eine andere Person"[2] oder, insbesondere bei Kapitalbesitz, „in selbständiger Position"[2] als Unternehmer erwerben. „Die ... Tätigkeit des Unternehmers besteht darin, daß er seine Arbeitskraft und sein Geld einsetzt[3]." Demgemäß ist eine Unternehmung

---

[1] *Rieger* [Einführung] 214.
[2] *H. Koch* [Optimalitätskriterium] 415.
[3] *D. Schneider* [Modellvorstellungen] 709.

die gesamte durch den Kapitaleinsatz bedingte „Veranstaltung zur Erzielung von Geldeinkommen — hier Gewinn genannt — durch Betätigung im Wirtschaftsleben"[4]. Gestützt auf die Verfügungsmacht aufgrund von Kapitalbesitz, besteht diese Tätigkeit vor allem in der Steuerung des Wirtschaftsgeschehens, während der organisatorische und rechtliche Rahmen, innerhalb dessen sie wahrgenommen wird, von untergeordneter Bedeutung ist[5, 6].

Mittel zum Gelderwerb ist der Leistungs- bzw. Produktionsprozeß als Teil des gesamten Betriebsprozesses[7]. Mit Kosiol kann „unter Produktion ... jede Art von werteschaffender Erzeugung (Werteerzeugung)", d. h. Leistungserstellung im weitesten Sinne des Wortes, verstanden werden[8]. Der Produktionsprozeß umfaßt die Beschaffung von Wirtschaftsgütern[9], deren kombinative Transformation in andere Güter und den Absatz dieser Produkte[10]. Er ist die ökonomische Voraussetzung für die Gewinnentstehung. Ein Geldgewinn wird erzielt, wenn aufgrund der in einem bestimmten Zeitabschnitt erfolgenden Unternehmungstätigkeit die für den Absatz von Endleistungen erzielbaren Entgelteinnahmen die für die Beschaffung von Produktionsfaktoren zu leistenden Entgeltausgaben übersteigen. Im umgekehrten Fall ergibt sich ein Verlust. Güterwirtschaftliche Erfolgskomponenten sind der Verbrauch der Produktionsfaktoren und die Entstehung der absetzbaren Produkte bzw. Produktbündel[11].

---

4 *Rieger* [Einführung] 44.

5 Vgl. *Rieger* [Einführung] 46.

6 Diese Kennzeichnung der unternehmerischen Tätigkeit wird der Realität eher gerecht als der Umstand, ob „die Person, die ihr Kapital einsetzt, auch die Investitions- und Finanzierungsentscheidungen trifft" oder nicht (*D. Schneider* [Modellvorstellungen] 709), woraus D. Schneider zwei Unternehmungsbegriffe ableitet: einen personenbezogenen und einen firmenbezogenen Begriff. Wesentlich ist vielmehr, ob der Kapitaleigner diese Entscheidungen maßgeblich beeinflussen kann, was beispielsweise dem Kleinaktionär einer Publikumsgesellschaft verwehrt ist. In diesem Fall braucht man jedoch nicht mit D. Schneider auf einen firmenbezogenen Unternehmungsbegriff auszuweichen, da die Gesellschaft ‚personenbezogene' Unternehmung bleibt: in bezug auf die Großkapitalgeber und — mit Hilfe des Depotstimmrechts — die Banken.

7 Vollrodt versteht unter Betriebsprozeß das gesamte Geschehen, „das mit dem Streben nach Verwirklichung des Betriebszieles ausgelöst wird und in der betrieblichen Sphäre seinen Niederschlag findet. Als wahrnehmbarer Sachverhalt bietet sich der Betriebsprozeß insgesamt als Komplex von Beziehungen, Wirkungen und Wechselwirkungen ökonomischer wie auch außerökonomischer (rechtlicher, soziologischer, technischer, psychologischer u. a.) Art dar". *Vollrodt* [Erfolgskomponenten] 389.

8 *Kosiol* [Unternehmung] 17; vgl. *Schulze* [Messung] FN 4 zu 102.

9 Im folgenden wird der von Kosiol eingeführte weite Wirtschaftsgüterbegriff verwandt, der die beiden Hauptkategorien Realgüter und Nominalgüter umfaßt. Vgl. *Kosiol* [Unternehmung] 111 ff.

10 Vgl. *Kosiol* [Unternehmung] 17; *Kosiol* [Buchhaltung] 11; *Vollrodt* [Erfolgskomponenten] 389 f.

Wirtschaftliches Handeln im allgemeinen heißt, bestimmte Zwecke durch optimalen Einsatz der verfügbaren Mittel zu erreichen, wobei der dispositive Vorgang den wesentlichen Teil ausmacht. Daher beinhaltet Wirtschaften im besonderen „nur die planenden, vergleichenden und wählenden Entscheidungsvorgänge“[12], während die ausführende Tätigkeit lediglich unter technischem Aspekt begriffen wird. Verknüpft man nun wie Gutenberg den Formalcharakter des Wirtschaftens im Sinne von Entscheiden mit der materiellen Bedingung der Entscheidungsberechtigung, dem Besitz von Kapital oder der Legitimation durch Kapital, so erscheint notwendigerweise der Unternehmungsgewinn als „Vergütung für die erfolgreiche Durchführung produktiver Kombinationen“[13] durch den Unternehmer.

Rationales Verhalten unterstellt, bestimmt sich die Höhe des Unternehmungserfolgs nach den Aktionsmöglichkeiten und der Ausprägung der erwerbswirtschaftlichen Zielvorstellung. Die Handlungsmöglichkeiten kommen im Entscheidungsfeld des Unternehmers zum Ausdruck und sind objektiver Natur. Unter Entscheidungsfeld versteht Engels „die Menge und Art der Personen und Sachen, die durch einen Willensakt direkt oder indirekt beeinflußt werden können, und die Gegebenheiten der Umwelt, die den Erfolg der Willensakte beeinflussen“[14, 15].

Um den Wirtschaftsprozeß wirksam lenken zu können, bedient sich der Unternehmer neben der Organisation als Koordinationsinstrument des Rechnungswesens als zahlenmäßigem „Ausdruck des tatsächlichen oder gedachten Geschehens in der Unternehmung“, das die „für das wirtschaftliche Eingreifen in die technischen Abläufe notwendigen zahlenmäßigen Informationen“ liefern soll[16].

B. Zweck und Gegenstand der Bilanz

Dem Jahresabschluß[17] werden meist mehrere Aufgaben übertragen, die teilweise gleichrangig, teilweise nachrangig zu erfüllen sind[18]. Der Hauptzweck wird aber im allgemeinen in der „Rechenschaft über den

---

11 Vgl. *Riebel* [Deckungsbeitragsrechnung] Anlage 6; vgl. *Schulze* [Messung] 133.

12 Vgl. *Kosiol* [Unternehmung] 12; vgl. *Kosiol* [Planung] 390.

13 *Gutenberg* [Produktion] 5 f.

14 *Engels* [Bewertungslehre] 94; vgl. *Heinen* [Einführung] 23 f. Den beeinflußbaren Teil bezeichnet Engels mit Aktionsfeld, den nicht beeinflußbaren mit Umwelt.

15 Das Entscheidungsfeld gibt demnach an, welche Zwecke in welchem Umfang und Zeitraum mit den verfügbaren Mitteln bei gegebenen Randbedingungen erfüllt werden können bzw. welche Mittel nach Umfang und Dauer zur Durchsetzung gegebener Ziele einzusetzen sind.

16 *Kosiol* [Buchhaltung] 6.

17 Periodenabschluß und Jahresabschluß werden hier als synonyme Begriffe gebraucht.

Ablauf der wirtschaftlichen Betätigung und ihr Ergebnis" gesehen[19,20], d. h. der „Jahresabschluß ... dient ... dazu, den Grad des Erreichens unternehmerischer Ziele zu messen"[21]. Im Gegensatz zu anderen auf Teile des Unternehmungsgeschehens gerichteten Kontrollrechnungen soll er „als langfristige (jährliche) Gesamtabrechnung die *gesamte* Unternehmungstätigkeit" auf ihre Erfolgswirksamkeit hin erfassen[22,23], wobei der Erfolg *summarisch* „in einer einzigen Zahl als Differenz zwischen allen Vermögens- und Kapitalposten" auszudrücken ist[24].

Engels zufolge sind Kontrolle und Rechenschaft identisch[25], m. E. ist aber Rechenschaft Mittel zum Zweck, der Kontrolle. Mit Grochla wird unter ihr die Tätigkeit verstanden, „Planung und Realisation zu vergleichen, d. h. Soll- und Istgrößen einander gegenüberzustellen, um eventuelle Planabweichungen der Realisation festzuhalten"[26]. Der Periodenabschluß liefert demnach als Rechenschaftsinstrument die Ist-Größe, während die Kontrollrechnung die Abweichungen zwischen ihr und der Soll-Größe feststellt. Das Maß der Abweichung indiziert den Zielerreichungsgrad. Da also Rechenschaft der Kontrolle dient und durch sie erst für die Unternehmungsführung Bedeutung erhält, kann der Periodenabschluß auch in einem weiten Sinne[27] als Kontrollinstrument bezeichnet werden, was dem verbreiteten Sprachgebrauch entgegenkommt[28].

Rechenschaft hat die Unternehmungsleitung sowohl nach innen wie nach außen zu geben[29]. Während sie ihr intern so vollständig wie mög-

---

[18] Heinen zufolge soll der Periodenabschluß folgende Einzelaufgaben erfüllen:
„1. Ermittlung des Erfolges und Nachweis der Kapitalerhaltung,
2. Feststellung des Vermögens und Darstellung des Vermögensaufbaues (Vermögensstruktur),
3. Kennzeichnung des Kapitalaufbaues (Kapitalstruktur),
4. Darlegung der Investitionen und ihrer Finanzierung,
5. Ausweis der Liquiditätslage." *Heinen* [Handelsbilanzen] 17.

[19] *Leffson* [GoB] 47; vgl. *Heinen* [Handelsbilanzen] 16 ff; *H. Hax* [Bilanzgewinn] 642; *Ruchti* [Bilanz] 57.

[20] Daher werden die der „Erfolgsermittlung für das Geschäftsjahr" dienenden Bilanzen als Erfolgsbilanzen bezeichnet. *Heinen* [Handelsbilanzen] 20; vgl. *Kosiol* [Buchhaltung] 14; *Schmalenbach* [Dynamische Bilanz] 32 ff.

[21] *D. Schneider* [Ausschüttungsfähiger Gewinn] 3; *Münstermann* [Dynamische Bilanz] 522; *Schulze* [Messung] 125.

[22] *Kosiol* [Buchhaltung] 6 (Hervorhebung durch d. Verf.); vgl. *Gutenberg* [Bilanztheorie] 19.

[23] Nur „der Abschluß erlaubt ein Urteil darüber, mit welchem Erfolg das Unternehmen in toto in einem bestimmten Zeitabschnitt gearbeitet hat". *Leffson* [GoB] 48; vgl. *Schulze* [Messung] FN 100 zu 125.

[24] *Kosiol* [Buchhaltung] 12; vgl. *Sabel* [Wirtschaftlichkeitsrechnungen] 57.

[25] Vgl. *Engels* [Bewertungslehre] 183.

[26] *Grochla* [Planung] 316; vgl. *Kosiol* [Planung] 390.

[27] Gemäß dieser weiteren Bedeutung subsumiert Heinen unter den „Begriff der Kontrolle ... die Feststellung einer ‚Ist-Situation' und den Vergleich von Istdaten mit Plandaten". *Heinen* [Handelsbilanzen] 77.

[28] Vgl. *Sabel* [Wirtschaftlichkeitsrechnungen] 57; *Albach* [Synthetische Bilanztheorie] 22; *D. Schneider* [Ausschüttungsfähiger Gewinn] 3.

lich im eigenen Interesse nachkommt[30], beschränkt sie die externe Rechenschaft in der Regel auf den Umfang ihrer rechtlichen Verpflichtung zur Offenlegung[31]. Unter den externen Rechenschaftsberechtigten hält Leffson die Kapitalgeber für den „Prototyp des Rechenschaftsberechtigten“[32]. Soweit aber innerhalb der Gruppe aller Kapitalgeber die Informationsbedürfnisse der Fremdkapitalgeber und die der anderen Bilanzempfänger — wie der Beschäftigten, des Fiskus und der Öffentlichkeit[33] — mit dem für die Eigenkapitalgeber relevanten Ziel der Erfolgskontrolle kollidieren[34], müssen sie hier unberücksichtigt bleiben. Anderenfalls wäre — wie bereits ausgeführt[35] — erstens zu klären, welches der aus den unterschiedlichen Informationsbedürfnissen resultierenden Rechnungsziele als Hauptzweck zu setzen wäre, und zweitens ließen sich bei verschiedenen Hauptzwecken nicht mehr alle Bilanzkonzeptionen miteinander vergleichen. Es geht hier also allein um die Gestaltung des internen, der Betriebssteuerung dienenden Periodenabschlusses[36]. Hierfür Abrechnungsregeln zu entwickeln ist tatsächlich auch das Anliegen aller Bilanzkonzeptionen.

Über den unmittelbaren und mittelbaren Hauptzweck des internen Periodenabschlusses scheint also in der Bilanzliteratur Einigkeit zu bestehen: Direkt soll er den *gesamten* Gelderfolg des Wirtschaftens während der Abrechnungsperiode erfassen und indirekt dient er damit der *vollständigen* Kontrolle dieser Tätigkeit. Dennoch treten bei der Präzi-

---

29 Vgl. *Leffson* [GoB] 49 ff.

30 „Der Abschluß kann seine Aufgabe, ein praktisches Führungsinstrument und die Basis weiterer Untersuchungen zu sein, nur erfüllen, wenn er so aufgestellt wird, daß er ein möglichst exaktes Bild der abgeschlossenen Periode gibt.“ *Leffson* [GoB] 48.

31 Vgl. *Heinen* [Handelsbilanzen] 18.

32 *Leffson* [GoB] 50.

33 Vgl. *Honko* [Jahresgewinn] 612; vgl. *Stützel* [Bemerkungen] 322 ff.; *Albach* [Synthetische Bilanztheorie] 28 ff.

34 In bezug auf den externen Jahresabschluß kann es ohne weitere Prüfung als unrealistisch bezeichnet werden, „die Identität der Erwartungen sämtlicher Interessengruppen oder das Bestehen nur einer Interessengruppe“ anzunehmen (*Honko* [Jahresgewinn] 641). Eine kritische Untersuchung der Tauglichkeit externer Jahresabschlüsse müßte also berücksichtigen, daß die gesetzlich normierten Bilanzierungsregeln weit stärker auf einem Kompromiß zwischen heterogenen Informationsansprüchen beruhen.

35 Vgl. S. 12.

36 Weitere Gesichtspunkte, die vor allem bei der Gestaltung externer Periodenabschlüsse ein Rolle spielen, hier aber ebenfalls nicht berücksichtigt werden können, seien nur angedeutet: Bei gegebenem Rechnungszweck und unterschiedlich tauglichen Verfahren kann das in bezug auf die Ermittlungsmöglichkeiten beste Verfahren etwa dann nicht in Betracht kommen, wenn der Periodenabschluß in gewissem Maße auch den Anforderungen der Verständlichkeit übermittelter Informationen (vgl. *Engels* [Bewertungslehre] 209), der Einfachheit einer interpersonalen „Nachprüfbarkeit des Zustandekommens von Zahlenzuordnungen“ (*Schulze* [Messung] 35) und bzw. oder der Wirtschaftlichkeit der Abschlußerstellung (vgl. *Münstermann* [Dynamische Bilanz] 530) gerecht werden soll.

sierung des Bilanzzwecks und des aus ihm folgenden Abrechnungsgegenstandes erhebliche Abweichungen in der Literatur zu Tage. Da die Vermutung besteht — was sich bestätigen wird —, daß Bilanzzweck und -gegenstand entsprechend der jeweils vertretenen Lösung des bilanztheoretischen Problems definiert werden, wodurch diese vorweggenommen und gegen Kritik abgeschirmt würde, muß bereits bei der Auseinandersetzung mit den unterschiedlichen Definitionen stichwortartig auf das materiale Bilanzierungsproblem eingegangen werden.

Leffson zufolge soll der „Abschluß ... eine Übersicht über den Erfolg einzelner Zeitabschnitte sowie über den Stand und die Veränderungen des eingesetzten Kapitals" gewähren[37]. Demnach werden die am Bilanzstichtag abgeschlossenen und die erst eingeleiteten Marktumsatzprozesse unter verschiedenen Zielsetzungen abgerechnet: Die finanziellen „Ergebnisse abgewickelter Geschäfte"[38] hat die Gewinn- und Verlustrechnung und die Kapital*bindung*[39] in den unvollendeten Geschäften die Bilanz zu indizieren. Mit der Verfolgung des zweiten Rechenzwecks wird jedoch nichts darüber ausgesagt, inwieweit „das im Unternehmen arbeitende Kapital"[40] zur Erfüllung der betrieblichen Zielsetzung beiträgt. Denn der Kapitaleinsatz dient der Erwirtschaftung von Mehrgeld. Das Geldkapital ist am Bilanzstichtag aufgrund vorangegangener Dispositionen in nichtmonetären Vermögensbeständen investiert. Also kann der adäquate Zweck der Bilanz nur darin bestehen, Auskunft über die aus der künftigen Verwertung dieser Nichtgeldbestände resultierenden Einnahmen zu geben. Daß gerade hierin das eigentliche Bilanzierungsproblem liegt, das — wie sich zeigen wird — keinesfalls ganz lösbar ist, darf nicht dazu führen, den Rechnungsgegenstand von vornherein inhaltlich abweichend zu formulieren, indem die Abrechnung allein auf die realisierten monetären und (real-)güterlichen Folgen der realisierten wirtschaftlichen Handlungen beschränkt wird. Damit greift Leffson einer bestimmten, aber nicht allein möglichen Antwort auf die entscheidende Bilanzierungsfrage vor und verbaut sich a priori andere Lösungswege.

Auch Heinen überträgt dem Periodenabschluß eine doppelte Aufgabe: „Ermittlung des Erfolges und Nachweis der Kapital*erhaltung*"[41]. Während mit der Rechenschaft über die Kapitalbindung die Kapitalgeber über ihr eigentliches Anliegen überhaupt nichts erfahren, wird es mit dem Nachweis der Kapitalerhaltung unvollständig erfüllt. Denn es soll zwar etwas über die Geldwerdung der gegenwärtigen Nichtgeldbestände

---

[37] *Leffson* [GoB] 48; vgl. *Leffson* [Jahresabschluß] 380 f.

[38] *Leffson* [Jahresabschluß] 383.

[39] Vgl. Teil 2, II, Fn. 106.

[40] *Leffson* [GoB] 48.

[41] *Heinen* [Handelsbilanzen] 17 (Hervorhebung durch d. Verf.). Neben dieser primären Doppelfunktion weist Heinen dem Periodenabschluß noch vier weitere Einzelaufgaben zu; vgl. Fn. 18.

ausgesagt werden, aber nur unter dem Gesichtspunkt, ob das in ihnen gebundene Kapital künftig durch Tilgungs- und Umsatzeinnahmen wiedererwirtschaftet werden kann oder nicht. Damit ist der Ausweis von unrealisierten positiven Erfolgsbeiträgen[42] aus dem vergangenen und somit abzurechnenden Kapitaleinsatz, d. h. die Bilanzierung von ihn übersteigenden Einnahmen, ex definitione ausgeschlossen, ohne daß mit der Einschränkung des Bilanzzwecks das materielle Bilanzierungsproblem leichter zu lösen wäre[43].

Kosiol scheint dem Jahresabschluß nicht wie Leffson und Heinen ein doppeltes Ziel zu setzen, wenn er fordert: „Entscheidender Rechnungszweck der pagatorischen Buchhaltung ist die Ermittlung des Periodenerfolges der Unternehmen[44].“ Trotzdem werden gemäß der von Kosiol vertretenen pagatorischen Bilanztheorie auch nur die realisierten Marktumsatzprozesse erfolgsrechnerisch erfaßt[45]. Danach sind die am Bilanzstichtag vorhandenen Realgüterbestände, die die vergangenheitsbedingten, unrealisierten Entgelteinnahmen verkörpern, mit ihren fortgeführten Anschaffungspreisen abzubilden[46]. Da diese Wertansätze sich als *Rest*posten aus der Abrechnung der realisierten Geschäfte ergeben und von Kosiol in gleicher Höhe als am Bilanzstichtag zugeflossene (Rück-)Einnahmen fingiert werden, ist das (Nominal-)Kapital definitionsgemäß immer erhalten. Daher braucht der entsprechende Nachweis als Teilziel der Bilanz gar nicht mehr genannt zu werden[47].

Im Gegensatz zu Heinen, Leffson und Kosiol — die beiden letzten seien hier stellvertretend für die Verfechter der traditionellen Bilanztheorien genannt — wollen Münstermann und Albach als Anhänger der ökonomischen Erfolgskonzeption neben den realisierten auch die unrealisierten[48], durch die vergangenen Dispositionen verursachten Entgelteinnahmen in den Erfolgsbegriff einbeziehen: Die „Beurteilung der unternehmerischen Dispositionen ... setzt ... voraus, daß der zugrunde liegende

---

[42] Vgl. zur Definition des Erfolgsbeitrages Teil 1, III, Fn. 63.

[43] Vgl. S. 118.

[44] *Kosiol* [Buchhaltung] 11. Dieses Rechenziel trifft auch für die Erfolgs*bilanz* zu; denn sie wird periodisch „aus den laufenden Aufzeichnungen der Buchhaltung durch Abschluß der Konten systematisch abgeleitet“. *Kosiol* [Buchhaltung] 14.

[45] Vgl. *Kosiol* [Buchhaltung] 92 und 102 ff.; *Schulze* [Messung] 123 ff., 192 und 102 ff.

[46] Vgl. *Kosiol* [Buchhaltung] 85 ff. und 102 ff.

[47] Schulze grenzt den Umfang der abzurechnenden Aktionsfolgen noch weiter ein: Die Kontrolle „ist in jedem Falle auf zurückliegende Vorgänge gerichtet, die quantitativ eindeutig erfaßbar sind, soweit es sich um ihre reale Struktur handelt“ (*Schulze* [Messung] 122). Die Beschränkung des Kontrollgegenstandes auf *eindeutig* mengenhaft erfaßbare Vorgänge steht aber sogar im Gegensatz zu Schulzes eigenen Resultaten, denen zufolge lediglich „Sachgüter, die keine eigentliche Leistung abgeben, sondern gänzlich mit ihrer Substanz in dem Arbeitsprozeß aufgehen“, eine quantitativ eindeutig erfaßbare Realstruktur aufweisen (*Schulze* [Messung] 170).

Erfolgsmaßstab *alle* Auswirkungen der in der abzurechnenden Periode getroffenen Entscheidungen umfaßt. Ein in diesem Sinne richtiger Gewinn darf daher nicht auf dem Realisationsprinzip beruhen, sondern muß auch alle durch die gegenwärtigen Dispositionen verursachten künftigen Auswirkungen einbeziehen“[49], womit die der vergangenheitsbezogenen traditionellen Betrachtungsweise zugrunde liegende Aufspaltung des Bilanzzwecks entfällt. Tatsächlich versuchen Münstermann und Albach aber gar nicht, das mit der geforderten vollständigen Erfassung aller Aktionsfolgen zwangsläufig verbundene Zurechenproblem zu lösen: Entgegen dem formulierten Bilanzzweck, sämtliche durch die vergangenen Dispositionen bedingten Auswirkungen *entstehungs*gemäß von den zukunftsbedingten abzugrenzen[50], teilen sie alle realisierten und unrealisierten, im mehrperiodischen Abrechnungszeitraum auftretenden Aktionsfolgen gleichmäßig den einzelnen (Teil-)Perioden zu. Dieser Verrechnungsmodus ist gerade nicht verursachungsgerecht, sondern entspricht den von beiden Autoren stillschweigend als im Zeitablauf uniform angenommenen Ausschüttungspräferenzen der Erfolgsbeteiligten. Münstermann und Albach formulieren also den Bilanzzweck falsch in bezug auf den von ihnen gewählten bilanztheoretischen Lösungsansatz bzw. sie entwickeln Bewertungsregeln in Verfolgung eines anderen nicht genannten Rechenziels.

Der Grund für die unterschiedlichen Definitionen des Bilanzzwecks und -gegenstandes in der Literatur liegt also entweder darin, daß sie zu unbestimmt bzw. in Widerspruch zu den sie betreffenden Abrechnungs-

---

[48] Zu beachten ist, daß Albach entgegen der üblichen terminologischen Bedeutung als „die Teile eines erwarteten Gesamtgewinns aus der gesamten Tätigkeit des Unternehmens ..., die in der Bilanzierungsperiode realisiert worden sind“ (*Albach* [Synthetische Bilanztheorie] 24), sowohl realisierte als auch realisiert sein werdende (!) Überschüsse versteht; denn als (Teil-)Periodenerfolg ermittelt Albach den — *unabhängig* vom Realisationszeitpunkt — *präferenz*gemäß auf die Kontrollperiode entfallenden Anteil am *erwarteten* mehrperiodischen Gesamterfolg. Vgl. *Albach*, ebenda, 27.

[49] *Münstermann* [Dynamische Bilanz] 522 (Hervorhebung durch d. Verf.); vgl. *Albach* [Synthetische Bilanztheorie] 23; *D. Schneider* [Ausschüttungsfähiger Gewinn] 3 f.; *Moxter* [Bilanztheorie] 38 f.; vgl. auch *Engels* [Bewertungslehre] 58.

„In dem Erfolgsmaßstab müssen die Auswirkungen der gegenwärtigen Dispositionen auf das Ergebnis späterer Rechnungsperioden zum Ausdruck kommen.“ *H. Hax* [Bilanzgewinn] 646.

[50] Abweichend von der vergangenheitsorientierten traditionellen Konzeption „löst die zukunftsorientierte Bilanzauffassung das Zurechnungsproblem, indem sie den Verzicht auf das Realisationsprinzip zugunsten einer entstehungsgerechten Erfassung des Erfolges fordert. Grundlage einer solchen Konzeption ist die Annahme, daß der durch die unternehmerische Tätigkeit verursachte Erfolg, der sich in künftigen Mehreinnahmen niederschlägt, nicht erst im Zeitpunkt des Absatzes, sondern synchron mit dem Vollzug der unternehmerischen Entscheidungen entsteht und daher anteilig allen an dieser Erfolgsentstehung beteiligten Perioden zuzurechnen ist“. *Münstermann* [Dynamische Bilanz] 528 f.

regeln formuliert werden oder darin, daß mit ihrer jeweiligen Version die Antwort auf die bilanztheoretische Frage vorweggenommen wird. Ein vage bestimmter Bilanzzweck läßt aber überhaupt keine Entscheidung über die Richtigkeit der Bilanztheorien zu[51], und ihn entsprechend den irgendwie zustande gekommenen Abrechnungsregeln zu formulieren beruht auf folgender Zirkeldefinition: Die Bilanz dient der Gewinnermittlung. „Der Gewinn ist eine Geldgröße, die durch Anwendung bestimmter Rechenregeln gewonnen wird — also ist die Bilanz die richtige, die durch Anwendung dieser Rechenregel den Gewinn erhält. Die Richtigkeit der Bilanz wird, meist auf mehreren Umwegen, die schwer zu durchschauen sind, durch sich selbst definiert[52].“ Das bedeutet: Wird die Angemessenheit der verschiedenen Definitionen des Bilanzzwecks und -gegenstandes aus dem jeweiligen Aussagensystem heraus beurteilt, so erweist sich einerseits jede Begriffsfassung als adäquat und andererseits jede Theorie notwendigerweise als formal richtig, wenn nicht Ableitungsfehler vorliegen.

Dieser Zirkel kann nur vermieden werden, wenn der Bilanzzweck *unabhängig* von den erst zu entwickelnden Abrechnungsregeln definiert wird[53]: Er ist seinem Inhalt und Umfang nach aus dem Unternehmungsziel und dem Kontrollzweck abzuleiten und bestimmt dann seinerseits den Bilanzgegenstand. Dem gesuchten Rechnungszweck kommt Münstermanns weite Formulierung bereits sehr nahe: „Ziel der Bilanz muß ... die Ermittlung des Erfolges sein, der als Maßstab der Wirtschaftlichkeit der unternehmerischen Dispositionen eines Zeitabschnittes gilt[54].“ Diese Definition ist im Hinblick auf die beiden Kriterien zu präzisieren, daß die unternehmerischen Aktionen in jedem Fall auf Gelderwerb gerichtet sind[55] und die Bilanz „als umgreifendes Gesamtmodell“[56] deren voll-

---

[51] „Soll eine Entscheidung darüber möglich sein, ob die eine oder andere Bilanzform besser oder schlechter ist, so muß die Zielfunktion präzise sein. Eine unpräzise Norm wie ‚Rechenschaftslegung‘ läßt so lange keine Entscheidungen über die zu wählende Bilanzform zu, als nicht genau definiert ist, was unter ‚Rechenschaft‘ verstanden werden soll.“ *Engels* [Bewertungslehre] 178.

[52] *Engels* [Bewertungslehre] 179.

[53] „Es muß also unabhängig von der Bilanz bestimmt werden können, was Gewinn sei — die betriebswirtschaftliche Literatur definiert jedoch den Gewinn meist durch die Bilanz.“ *Engels* [Bewertungslehre] Fußnote 231 zu 182.

[54] *Münstermann* [Dynamische Bilanz] 528; vgl. *Schmalenbach* [Dynamische Bilanz] 34; *Kosiol* [Buchhaltung] 11; *Schulze* [Messung] 173; *Albach* [Synthetische Bilanztheorie] 22; *Leffson* [GoB] 135; Busse *von Colbe* [Kapitalflußrechnungen] 89 f.; *D. Schneider* [Ausschüttungsfähiger Gewinn] 3.

[55] Für die Definition des Bilanzzwecks ist es irrelevant, welche Ausprägung des erwerbswirtschaftlichen Ziels von der einzelnen Unternehmung verfolgt wird (vgl. S. 33). Entscheidend ist allein die am Bilanzstichtag bestehende Absicht zur Unternehmungsfortführung, die als Prämisse allen bilanztheoretischen Konzeptionen zugrunde liegt. Negativ ausgedrückt: Der Bilanzstichtag kann an jedem beliebigen Tag vor Unternehmungsende liegen, nur nicht mit diesem zusammenfallen (vgl. S. 26).

ständiger Kontrolle[57] dient: Mit Hilfe des Periodenabschlusses soll der Saldo *sämtlicher* realisierter und unrealisierter[58] *monetärer* Folgen *aller* in der *Kontroll*periode ergriffenen wirtschaftlichen Handlungen ermittelt werden. Das bedeutet erstens: Die jeder Kontrolle immanente Retrospektive betrifft die *Maßnahmen,* nicht deren *Wirkungen;* und zweitens: da Aktionen und Folgen in einem Ursache-Wirkungs-Zusammenhang stehen, heißt vollständige Rechenschaft periodenverursachungsgemäße bzw. perioden*gerechte* Ermittlung des Gelderfolges.

Daß sich der Bilanzzweck in dieser Fassung nur idealtheoretisch, d. h. unter Zuhilfenahme von irrealen Grundannahmen als durchführbar erweisen wird, da aufgrund des Zurechenproblems die vergangenheitsbedingten, aber noch unrealisierten Erfolgsbeiträge nicht von den zukunftsbedingten Erfolgserwartungen abgegrenzt werden können, ist ein Allgemeinplatz. Will man aber die oben kritisierten Zirkeldefinitionen vermeiden, muß man den Bilanzzweck zunächst unabhängig von den erst abzutastenden und dann in einem bestimmten Freiheitsgrad unterschiedlich ausfüllbaren realtheoretischen Aussagegrenzen definieren, vor die sich jede Rechnungstheorie gestellt sieht.

C. Das materiale Bilanzierungsproblem

Eine problemadäquate Bilanztheorie soll die Regeln zur Ermittlung des periodengerechten Gelderfolges liefern. Das ist der durch die Betriebsgebarung der Kontrollperiode verursachte monetäre Mehr- oder Minderwert. Der Aufbau der Erfolgsrechnung wäre trivial, wenn sie allein im Hinblick auf die Erfassung der Differenz zwischen den im Abrechnungszeitraum realisierten Ein- und Auszahlungen konzipiert zu werden brauchte, was jedoch nur für die Ermittlung des betrieblichen Totalerfolges Bedeutung hat[59]. Bei lebenden Unternehmungen ergibt „die Darstellung aller Zahlungsvorgänge der Periode kein isomorphes

---

[56] *Kosiol* [Buchhaltung] 8. Dieses Merkmal, mit dem Kosiol direkt die Finanzbuchhaltung kennzeichnet, beschreibt aufgrund des systematischen Ableitungszusammenhangs auch die Erfolgsbilanzen. Vgl. Fn. 44.

[57] „‚Kontrolle der Betriebsgebarung' ..., ‚Wirtschaftsergebnisfeststellung' — all das läßt sich zu einem gemeinsamen Zweck zusammenfassen, nämlich einen Beurteilungsmaßstab für den Erfolg der Tätigkeit des Unternehmers in der abgelaufenen Periode zu geben." *Maluck* [Funktionen] 3.

[58] Das Wort ‚realisiert' bzw. ‚Realisation' hat ohne weiteren Zusatz die übliche semantische Bedeutung i. S. von Verwirklichung. Es läßt offen, auf welche eingetretenen Vorgänge es sich bezieht: Geldein- und -ausgänge, den Verbrauch, die Entstehung oder den Absatz von Gütern. Stattdessen betrifft der in der Bilanzliteratur eingeführte Terminus ‚Realisationsprinzip' unmittelbar den in der Abrechnungsperiode erfolgten Absatz von Endleistungen bzw. die gegenläufigen Entgelteinnahmen und indirekt die jenen entsprechenden Güterverbräuche bzw. die hierzu gegenläufigen Entgeltausgaben. Vgl. S. 58 f.

[59] Vgl. *Vollrodt* [Erfolgskomponenten] 392 f.

Abbild des realen wirtschaftlichen Handelns"[60]: Neben realisierten sind auch unrealisierte Geldbewegungen zu erfassen. Problematisch erscheint nun nicht die Ermittlung der Ein- und Auszahlungen, die aufgrund der Tilgung der gegenwärtigen Geldforderungen und -schulden erwartet werden, sondern die Ermittlung der Entgelteinnahmen, die mithilfe des jetzigen Produktionsapparates künftig erzielt werden.

An jedem beliebigen Stichtag vor Ende der Totalperiode sind in einer Unternehmung Nichtgeldbestände vorhanden, da der Erwerb von Mehrgeld die Kombination von Produktionsfaktoren voraussetzt, der Leistungsprozeß nicht mit unendlicher Geschwindigkeit abläuft und während des Bestehens der Unternehmung definitionsgemäß zu keinem Zeitpunkt völlig zum Erliegen kommt. Die nichtmonetären Bestände verkörpern die jeweils eingeleiteten Geldwerdungsprozesse[61] bzw. schwebenden Geschäfte[62]. Isoliert betrachtet, werden sie mit dem Eingang der aus ihrer künftigen Verwertung resultierenden Ein- und Auszahlungen abgeschlossen. Vergangenheitsbedingte, noch unrealisierte Ein- und Auszahlungen „sind alle nur denkbaren Güter, die nicht" Geldcharakter haben[63] und sich im Betrachtungszeitpunkt als Bestände in den einzelnen Aktionsphasen[64] der Unternehmung bilden. Von schwebenden Geschäften im engeren Sinne kann gesprochen werden, wenn die nichtmonetären Bestände als selbständige Güter Gegenstand des Rechtsverkehrs zwischen der Unternehmung und ihren Partnern auf den Absatz- und Beschaffungsmärkten sind[65]. Die hier relevanten schwebenden Geschäfte im weiteren Sinne[66] schließen auch die Aktionsfolgen ein, die bis zum Bilanzstichtag nur innerbetrieblich oder zwar außerbetrieblich, aber nicht in Form von Ansprüchen auf Real- oder Nominalgüter eingetreten sind[67]. Unter die schwebenden Vorgänge im weiteren Sinne fallen z. B. die Produktion von halbfertigen und fertigen, aber noch nicht abgesetz-

---

[60] *Schulze* [Messung] 133; vgl. *Vollrodt* [Cash-Flow-Analyse] 243.

[61] Vgl. *Rieger* [Einführung] 211.

[62] Vgl. *Schmalenbach* [Dynamische Bilanz] 48; *Heinen* [Einführung] 108.

[63] *Kosiol* [Unternehmung] 120.

[64] Unter Aktionsphasen versteht Kosiol die Beschaffung, Einsatzlagerung, Herstellung, Absatzlagerung, den Absatz und die Kreditgewährung und -aufnahme. *Kosiol* [Unternehmung] 117 ff.

[65] In diesem Sinne versteht Stapper die schwebenden Geschäfte: „Sie sind auf den Austausch von Leistung und Gegenleistung gerichtete Verträge, Vorverträge und rechtlich verbindliche Vertragsangebote. Der Schwebezustand beginnt mit der Begründung der gegenseitigen Ansprüche und Verpflichtungen, er endet für beide Parteien mit der Erfüllung durch den anbietenden Unternehmer. Bewirkt der nachfragende Unternehmer seine Leistung im voraus, so endet damit für ihn der Schwebezustand bereits mit seiner Vorleistung." *Stapper* [Schwebende Geschäfte] 14; vgl. *Albach* [Synthetische Bilanztheorie] 23.

[66] Man hat den Begriff „der am Abschlußstichtag schwebenden Geschäfte in einem weiten Sinne, der auch die mit der Vorratsbeschaffung eingeleiteten Geschäfte umfaßt", zu interpretieren. *Leffson* [GoB] 223.

ten Gütern, der Aufbau oder die Straffung der Organisation, die Durchführung einer Werbekampagne, Forschungs- und Entwicklungsarbeiten für ein bestimmtes Produkt usw.[68].

Um den adäquaten Geldausdruck für die schwebenden Geschäfte finden zu können, muß ihr Schwebezustand antizipativ rechnerisch beendet werden; denn die nichtmonetären Wirtschaftsgüter sind nur deshalb schwebende Vorgänge bzw. eingeleitete Geldwerdungsprozesse, weil am Bilanzstichtag die Absicht zur Unternehmungsfortführung besteht, d. h. mit Hilfe der gegenwärtigen Produktionsfaktoren künftig (Mehr-)Geld erzielen zu wollen. Und über diese Erfolgsaussichten soll die Bilanz informieren. Daher kann man „den Kardinalsatz aussprechen, der für die Bilanzbewertung schlechthin grundlegend ist: Alles betriebliche Geschehen ist nur ein der Geldwerdung Entgegenreifen, im einzelnen und im ganzen. Somit“ heißt „Bewerten ... nichts anderes als: Das geldmäßige Schicksal vorausnehmen und auf den Bilanzstichtag umrechnen“[69, 70].

---

67 Nach Schmalenbach liegen schwebende Geschäfte im weiteren Sinne dann vor, wenn „in einer Rechnungsperiode Leistungen vollbracht werden, deren Erfolg erst in einer späteren Periode wirksam werden kann, oder daß umgekehrt in einer Periode Erträge hereinkommen, die den Leistungen einer früheren Periode zu danken sind, oder Einnahmen erzielt werden, die einen Ausgleich von in früheren Perioden geschehenen oder in späteren Perioden zu erwartenden Ausgaben bedeuten“. *Schmalenbach* [Dynamische Bilanz] 50; vgl. *Leffson* [GoB] 223.

68 Diese Begriffsfassung läßt zunächst die Frage unbeantwortet, ob den vergangenen Aktionen, auf die stattgefundene Güterverbräuche als negative Wirkung zurückgeführt werden können, auch die Entstehung selb- oder unselbständiger Wirtschaftsgüter als positive Wirkung zuzurechnen sind. Vgl. *H. Hax* [Bewertungsprobleme] 751; vgl. auch S. 54 f.

69 *Rieger* [Einführung] 213.

70 Vollrodt zufolge ist die von Rieger geforderte — und als Umrechnung oder Eskomptierung bezeichnete — gleichmäßige Zahlungsverteilung auf alle in die Geldwerdungsdauer fallenden Teilperioden nicht als Abzinsung zu verstehen: Rieger „verwendet zwar den Ausdruck ‚eskomptieren‘ (S. 213), zeigt aber anhand der dann folgenden Beispiele (S. 215/16 u. 218/19), daß er nicht Abzinsung, sondern antizipative Verrechnung künftiger Zahlungen ohne Zinsabschlag meint“ (*Vollrodt* [Erfolgskomponenten] Fn. 40 zu 403; vgl. auch Fn 23 zu 396).

Welche Interpretation gewählt wird, hängt von der Art der der Abrechnung zugrunde gelegten Annahmen ab: Erklärt man wie Rieger den heutigen Wert vom gedanklich vorweggenommenen *Unternehmungsende* her, d. h. aus der Sicht eines *ex post*-Standpunktes, um insbesondere die Vorläufigkeit jedes Zwischenabschlusses zu verdeutlichen — weniger, um anwendbare Regeln für die Ermittlung des heutigen Wertes zu entwickeln —, und unterstellt man demgemäß alle in der Totalperiode auftretenden Zahlungsbewegungen als irgendwie bekannt, so ist Vollrodt zuzustimmen.

Interpretiert man Riegers Vorgehen jedoch wie hier unter dem Aspekt, welche Voraussetzungen *am Bilanzstichtag* zur Ermittlung des heutigen Wertes erfüllt sein müssen, d. h. aus der in bezug auf die Geldwerdung tatsächlich gegebenen *ex ante*-Sicht, so stellt sich der heutige Wert bei einer bestimmten Ausschüttungspräferenz als Barwert der auf den Bilanzstichtag abgezinsten erwarteten Zahlungsüberschüsse dar (vgl. *Asztély* [Jahresabschluß] 292). Denn zur Ermittlung der zieloptimalen Handlungsweise bedarf es der Kenntnis der

Hieraus folgt erstens, daß ein „Abschluß mit irgendwelchen Sachwerten, Patenten, Halbfabrikaten usw. ... . ganz unmöglich" ist[71] — desgleichen mit den für ihren Erwerb aufgewandten Ausgaben; und zweitens, daß die heute, d. h. am Bilanzstichtag gegen ihre Veräußerung erzielbaren Einnahmen ebenso unzutreffend sind. Sie gelten nur für den tatsächlich am Bilanzstichtag stattgefundenen Verkauf, „was wir in Ansehung der zu bewertenden Posten nicht getan haben, sonst stünden sie ja nicht in der Bilanz"[72] — als schwebende Vorgänge. Der allein richtige „ ‚heutige Wert' ... bedeutet den echten, tatsächlich für das betreffende Objekt einmal eintretenden Geldwert, bezogen auf den heutigen, den Bilanzstichtag"[73].

Mit der Kennzeichnung des ‚heutigen Wertes' arbeitet Rieger als erster die unabdingbare prospektive Abrechnungsrichtung heraus. Er gibt jedoch keine Anweisung, *wie* der ‚heutige Wert' zu ermitteln ist. Sie erscheint auch überflüssig, soweit es um die Ermittlung insbesondere des Geldwerdungswertes der Geldforderungen geht, da die aus ihrer Tilgung erwarteten Einzahlungen fast ausschließlich von der Reaktion Dritter abhängen und somit isoliert erfaßt werden können. Ihr ‚heutiger Wert' ist die Summe der um erwartete Forderungsausfälle, Inanspruchnahme von Skonti, Rabatten usw. gekürzten und abgezinsten[74] Nominalbeträge. Daher können die auf einen Geldbetrag lautenden Forderungen mit den Barbeständen zum Nominal- bzw. Finanzvermögen zusammengefaßt werden[75], ohne daß hierdurch der Aussagewert der Abschlußrechnung beeinträchtigt wird.

Die Zusammenfassung von geldlichen und geldnahen Gütern hat den Vorteil, das Bilanzierungsproblem deutlicher hervortreten zu lassen: Umfassen analog zu den Nominalbeständen die ihnen als Bewegungsgrößen vorausgehenden Einnahmen und Ausgaben sowohl Barzahlungen als auch Geldkredite, die bei Zu- und Abgängen von Wirtschaftsgütern als Gegenleistung eingeräumt werden, so sind die Entgelt*ausgaben*, die den am Bilanzstichtag vorhandenen Produktionsfaktoren entsprechen,

---

von den Kapitaleignern gewünschten zeitlichen Struktur des Entnahmestroms als Nebenbedingung der Zielfunktion, da anderenfalls — d. h. ohne Berücksichtigung der Zeitpräferenz — das irreale Ziel der Gewinnmaximierung zum *Ende* der Totalperiode unterstellt werden müßte (vgl. S. 37). Und bei konfliktärer Zielentscheidungssituation kann realitätsnah davon ausgegangen werden, daß die Kapitaleigner an einem im Zeitablauf *gleichbleibenden* Entnahmestrom interessiert sind (vgl. S. 42 f.).

[71] *Rieger* [Einführung] 212; vgl. *Vollrodt* [Cash-Flow-Analyse] 240.

[72] *Rieger* [Einführung] 215.

[73] *Rieger*, ebenda, 213.

[74] Selbstverständlich kann im Grenzfall „der Zins ... als der Preis für die Zeitpräferenz in der Verfügung über Geld" (*D. Schneider* [Ausschüttungsfähiger Gewinn] 23) gegen Null gehen, so daß insofern die Nominalbeträge ungekürzt anzusetzen wären.

[75] Vgl. *Kosiol* [Buchhaltung] 89; vgl. S. 75.

immer *realisiert*. Im Gegensatz hierzu müssen die vergangenheitsbedingten, aus dem Einsatz der gegenwärtig vorhandenen Produktionsfaktoren künftig resultierenden Entgelt*einnahmen unrealisiert* sein. Allein ihre Erfassung wirft das Bilanzierungsproblem auf.

Mit unwesentlichen Einschränkungen trifft das in bezug auf die Geldforderungen Gesagte auch für die Ermittlung des ‚heutigen Wertes' von Fertigprodukten und betriebszweckfremden Gütern zu[76], da sie den eigentlichen Kombinationsprozeß bereits durchlaufen haben bzw. ihm überhaupt nicht unterworfen werden. Der gesuchte Wert ist der höchste am Absatzmarkt durchsetzbare, um Vertriebsausgaben verminderte und abgezinste Preis. Das Problem, den ‚heutigen Wert' der schwebenden Vorgänge zu ermitteln, reduziert sich also auf die Bewertung der kombinativ einzusetzenden Realgüter. Bezogen auf den einzelnen Produktionsfaktor, ist der ‚heutige Wert' „der Erlös ..., der für das Vermögensstück später unmittelbar oder mit seiner Hilfe mittelbar erzielt wird, diskontiert auf den Bilanzstichtag"[77]. Übertragen auf die Summe aller jeweils vorhandenen Faktoren, lautet die Frage, ob bzw. inwieweit mithilfe des gegenwärtigen Produktionsapparates ein Erlös in Höhe des in ihm gebundenen Kapitals und darüber hinaus ein Mehrwert künftig erwirtschaftet werden kann. Eine Bewertungsregel, die hierauf eine informative Antwort ermöglichen soll, muß der Funktion Rechnung tragen, die ein nichtmonetäres Gut bei der Verfolgung des Erwerbsstrebens erfüllt:

Es „ist unstrittig, daß der ökonomische Wert eines Gegenstandes ausschließlich von seinen künftigen Nutzungsabgaben bestimmt ist"[78]. Sie sind in der Regel kein von der Unternehmung unbeeinflußbares erwartetes Ereignis, sondern hängen von Art und Umfang des jeweiligen Entscheidungsfeldes und -zieles ab. Da grundsätzlich auch bei gegebenem Handlungsziel mehrere Verwertungsmöglichkeiten bestehen und ihre Verwirklichung eine dispositive Maßnahme voraussetzt, ist der ‚heutige Wert' als Entscheidungswert zu ermitteln und der den Gütereinsatz auslösenden Aktion zuzurechnen[79]: Ihr gerundiver[80] Wert bestimmt sich nach dem „Maß ihrer Zweckerfüllung; d. h. einer Handlungsweise wird ein um so höherer Wert zugeordnet, je vollständiger sie den Zweck erfüllt"[81, 82]. Also ist der für ein beliebiges unterschiedlich einsetzbares Wirtschaftsgut gesuchte ‚heutige Wert' der Kapitalwert aller Geldbewegungen, welche die — in bezug auf die gegebenen Verwendungsmöglich-

---

76 Vgl. *Leffson* [Jahresabschluß] 382.
77 *Käfer* [Zukunftsrechnung] 32; vgl. *Leffson* [Jahresabschluß] 382.
78 *Leffson* [Jahresabschluß] 382; vgl. *Asztély* [Jahresabschluß] 292; *Jacob* [Zukunftserfolgsbegriff] 231; *Jaensch* [Empfehlungen] 647 f.; *Jaensch* [Wert und Preis] 23; *D. Schneider* [Bilanzgewinn] 464; *Szyperski* [Neuere Bemühungen] 226.
79 Vgl. *Riebel* [Verursachungsprinzip] 60 f.
80 Vgl. *Engels* [Bewertungslehre] Fn. 21 zu 11.

keiten — zieloptimale Handlungsweise nach sich zieht. Sie wird durch diejenige mit dem höchsten Kapitalwert gekennzeichnet[83].

Als Zwischenergebnis sei festgehalten: „Die Bilanzwerte sind Entscheidungswerte, d. h. Kapitalwerte im Sinne der Investitionsrechnung[84].“ Damit scheint ein neues Problem aufzutauchen. Der Umstand, daß einerseits die Abrechnung der schwebenden Geschäfte einen Entscheidungskalkül erfordert, andererseits die Bilanz als Entscheidungsmodell offensichtlich untauglich ist, könnte zu dem Schluß verleiten, auf irgendein anderes, mit Hilfe der Bilanz realisierbares Bewertungsprinzip ausweichen zu müssen. Dieser Schluß ist aber falsch; denn der Periodenabschluß ist als Verfahren mehrstufig, wobei der Entscheidungskalkül der Bilanzierung vorgelagert ist. Mit Hilfe der Bilanz sollen also die Entscheidungswerte nicht ermittelt werden, sondern sie werden — als *Ausgangs*informationen des *vorgeschalteten* Entscheidungsmodells — mit den anderen Größen — den Zahlungsmitteln und isoliert erfaßbaren Zukunftswerten der vorhandenen und geschuldeten Nominalgüter — additiv und subtraktiv verrechnet[85].

Zur Ermittlung des gerundiven bzw. ‚heutigen Wertes‘ alternativ verwendbarer Güter oder Güterbestände sind grundsätzlich — auch wenn dem Bewertenden nicht immer bewußt werdend — zwei Schritte erforderlich: ein *materialer,* die Erfassung der aufgrund ihrer Verwendung entstehenden positiven und negativen finanziellen Folgen, und ein *formaler,* die rangweise Einstufung der Alternativen in bezug auf ihren Zielerreichungsgrad[86]. Das empirisch kognitive Problem ist mit dem materialen Aspekt der Bewertung verbunden und taucht immer dann auf, wenn die zu prognostizierenden Konsequenzen einer Entscheidungsmöglichkeit sich nicht von denen anderer zur Wahl stehender Handlungs-

---

81 *Engels* [Bewertungslehre] 3. Auch Kosiol kommt einem entscheidungsorientierten Wertbegriff mit der allgemein gehaltenen Definition bereits sehr nahe: „Wert haben bzw. selbst Wert oder Gut sein heißt: an einem bestimmten Ort zu einer bestimmten Zeit für einen bestimmten wirtschaftlichen Zweck Bedeutung besitzen.“ *Kosiol* [Bilanzreform] 17.

82 Engels gebührt das Verdienst, als erster die gerundive, d. h. entscheidungsbezogene Werttheorie in die deutschsprachige Literatur eingeführt und deren Grundlagen systematisch dargestellt zu haben. Sie hat sich heute durchgesetzt. Damit sind „Werttheorie und Enscheidungstheorie identisch“. *Barth* [Aussagewert] Fn. 6 zu 94 u. 304 ff.; vgl. auch *H. Hax* [Bewertungsprobleme] 750; *Stützel* [Bemerkungen] 318.

83 „Bewerten heißt für ihn (Rieger, d. Verf.) das geldliche Schicksal der Güter eskomptieren. Schärfer und kürzer kann man den Entscheidungswert nicht definieren. Wenn es Rieger unterläßt, Regeln und Verfahren anzugeben, wie diese Diskontierung zu bewerkstelligen sei, so kann ihm das kaum zum Vorwurf gemacht werden — bedurfte es doch einer langen Entwicklung der Theorie (insbesondere der Investitionsrechnung), bevor dieses Problem gelöst werden konnte.“ *Engels* [Bewertungslehre] 198; vgl. Fn. 70.

84 *Engels* [Bewertungslehre] 207.

85 *Stützel* [Bemerkungen] 315.

86 Vgl. *Engels* [Bewertungslehre] 90.

weisen abgrenzen lassen und bzw. oder „die Zukunft in der Weise indeterminiert ist, daß das prognostizierende Subjekt keine Vorstellungen über die Wahrscheinlichkeit einer Hypothese bilden kann oder gar die Art möglicher zukünftiger Ereignisse unbekannt ist“[87]. Beide Fälle treten bei der Abrechnung des Realvermögens auf:

Einerseits hängt der Einsatz der im Bilanzierungszeitpunkt vorhandenen Realgüter sowohl von den *gleichzeitig* gegebenen Aktionsmöglichkeiten als auch von den *im Zeitablauf* realisierbaren Handlungsweisen ab; andererseits verändert er mit seiner Verwirklichung zugleich das künftige Entscheidungsfeld in der Weise, daß eine gegenwärtige Disposition nach Art und Umfang determinierte Handlungen im Zeitpunkt t_2 nach sich zieht, „diese wieder beeinflussen (das Entscheidungsfeld in) t_3 und so fort bis in die Unendlichkeit“[88]. Diese zeitlich-horizontalen und zeitlich-vertikalen Interdependenzen[89] verbinden die einzelnen Aktionen zu einem unauflösbaren, den gesamten Leistungsprozeß während der Totalperiode umspannenden Bündel unternehmerischer Entscheidungen. Daher muß bei zurechnungstheoretisch „exakter Formulierung des Bewertungsproblems ... die Erfolgsdauer die ganze restliche Lebensdauer der Unternehmung umfassen“[90]. Dagegen spricht aber der Umstand der mit zunehmender zeitlicher Entfernung vom Bilanzstichtag wachsenden Unsicherheit der Erwartungen[91], die irgendwann in völlige Ungewißheit übergeht. Hieraus erwachsen die beiden das materiale Bilanzierungsproblem ausmachenden Teilprobleme:

Unter dem *Planungs*aspekt ist der Abrechnungszeitraum so weit in die Zukunft auszudehnen, wie sich noch aufgrund empirisch gehaltvoller Hypothesen die Auswirkungen alternativer geschlossener Aktionsprogramme, -bündel, Dispositionspakete bzw. Unternehmungsweisen[92] abschätzen lassen. Denn je mehr der prognostizierbaren Konsequenzen im Bewertungskalkül berücksichtigt werden, desto wahrscheinlicher ist die Übereinstimmung des aufgrund der voraussehbaren Folgen als optimal

---

87 *Engels*, ebenda, 17.

88 *Engels*, ebenda, 98; vgl. auch 59. Alles, „was einmal geworden ist, ist auch Ursache von Wirkungen, und die Reihe der Wirkungen kann nicht abgeschnitten werden“. *N. Hartmann* [Teleologisches Denken] 121, vgl. auch 51; vgl. *Rieger* [Einführung] 219.

89 Vgl. *Jacob* [Neuere Entwicklungen I] 502 ff.

90 *Jaensch* [Wert und Preis] 32. „Die Periodengewinne sind natürlich eine Funktion der Entscheidungsparameter der betreffenden Periode. Da diese in bezug auf die Daten, die sie vorfinden, optimal fixiert werden und dann selbst Daten setzen, die die optimalen Werte der zukünftigen Entscheidungsparameter zukünftiger Perioden bestimmen, ist der Periodengewinn von den Entscheidungsparametern *aller* Perioden abhängig.“ *Albach* [Synthetische Bilanztheorie] 25; vgl. *Engels* [Bewertungslehre] 59 und 98.

91 Vgl. *Adam* [Restwerte] 400.

92 Vgl. *Engels* [Bewertungslehre] 143 u. 115; *Langen* [Dispositionsrechnung] 81; *H. Koch* [Optimalitätskriterium] 389; *Jacob* [Investitionsplanung] 99.

erscheinenden Aktionsprogramms mit der bei vollkommener Information angezeigten besten Unternehmungsweise.

Unter dem *Kontroll*aspekt gilt aber die umgekehrte Maxime: Je weiter sich der Abrechnungszeitraum erstreckt, desto weniger wird über die Erfolgswirksamkeit der Geschäftstätigkeit während der abgelaufenen Periode ausgesagt. Denn der gleiche Tatbestand, die unauflösbare Wechselbeziehung zwischen den vergangenheitsbedingten und den zukunftsbedingten Zahlungserwartungen, aufgrund dessen die letzten in einem adäquat aufgebauten Entscheidungskalkül mitberücksichtigt werden müssen, verhindert, daß die für den gesamten, über die Kontrollperiode hinausgehenden Abrechnungszeitraum ermittelten monetären Folgen auf die Kontroll- und die Restperiode verursachungsgerecht aufgeteilt werden können.

Das materiale Bilanzierungsproblem läßt sich also auf eine Formel bringen: Einerseits steht eine Bilanztheorie vor den realen Gegebenheiten, denen zufolge die „einzelnen Geschäftsjahre bei einer Unternehmung ... viel zu eng verzahnt (sind), als daß sie sich rechnungsmäßig jemals scharf trennen ließen“[93], andererseits soll die Theorie Abrechnungsregeln liefern, die gestatten, für eine *Teil*periode Rechenschaft abzulegen, „wieweit es der Unternehmung gelungen ist, die Aufgabe zu erfüllen, produktive Faktoren so zu kombinieren, daß ein möglichst günstiger Effekt der Gesamtkombination zustande kommt“[94].

II. Das erwerbswirtschaftliche Zielsystem

Handlungskontrolle und Zielsetzung scheinen auf den ersten Blick in keiner Verbindung zueinander zu stehen, hat doch die erste die in der Abrechnungsperiode realisierten Aktionen zum Gegenstand, während die zweite besagt, worauf die zu Beginn der Abrechnungsperiode noch nicht realisierten Maßnahmen gerichtet waren bzw. gegenwärtige und künftige Dispositionen auszurichten sind. Der Zusammenhang ergibt sich jedoch daraus, daß die Folgen der am Bilanzstichtag erst eingeleiteten Marktumsatzprozesse zwar *(real-)*güterwirtschaftlich in irgendeiner Form bereits eingetreten sind — als halbfertige Erzeugnisse im weitesten Sinne[1] —, *finanz*wirtschaftlich aber — als künftige Entgelteinnahmen — noch unrealisiert sind. Da die gleichen Produktionsfaktoren bei gleichem Entscheidungsfeld in unterschiedlichem Maße zu den erzielbaren künftigen Entgelteinnahmen beitragen, je nachdem, welcher Zweck verfolgt wird, muß dieser für die Bewertung der Realgüterbestände bekannt sein. Umgekehrt ausgedrückt: Bewertung ohne Zielfunk-

---

[93] *Rieger* [Einführung] 237.
[94] *Leffson* [GoB] 48.
[1] *Leffson* [GoB] 203.

tion ist nicht möglich. Sie mit Erwirtschaftung von Mehrgeld zu umschreiben war für die bisherigen grundsätzlichen Überlegungen ausreichend, ist jedoch zu unpräzise, um Aktionen eindeutig auf ihre Vorteilhaftigkeit hin bewerten zu können. Zumindest die Dauer und Intensität, für die bzw. mit der das erwerbswirtschaftliche Ziel verfolgt wird, müssen bestimmt werden. Darüber hinaus ist zu berücksichtigen, daß Unternehmungen in aller Regel ein Bündel von Zielen zugleich durchzusetzen versuchen, die zusammen mit dem Gelderwerbsstreben das unternehmerische Zielsystem bilden und nach Art, Dauer, Intensität, wechselseitiger Verträglichkeit und Rangordnung hinlänglich genau zu definieren sind[2]. Entscheidend ist dabei ihre grundsätzliche Realisierbarkeit und damit operationale Formulierbarkeit[3]; denn rationales „Handeln ist nur möglich, wenn Prognose möglich ist“[4], d. h. Planung sich auf das im wesentlichen Überschaubare beschränkt.

A. Die Dimensionen und Interdependenzen erwerbswirtschaftlicher Ziele

Unter den Dimensionen eines Ziels versteht Heinen seinen Inhalt, zeitlichen Bezug und das angestrebte Ausmaß der Zielerreichung[5]. Betriebswirtschaftliche Neben- und Zwischenziele können zwar auf jede reale Größe gerichtet sein, der letzte erwerbswirtschaftliche Zweck aber grundsätzlich nur auf eine Geldmenge. Die Länge des Planungszeitraumes muß innerhalb der überschaubaren und damit endlichen Zeitspanne liegen; denn Zweck-Mittel-Entscheidungen sind als Finalprozesse immer „begrenzte Prozesse — im auffallenden Gegensatz zur Unbegrenztheit des Kausalprozesses —, sie haben Anfang und Ende“[6]. Der erstrebte Zielerreichungsgrad kann in der „Maximierung, Fixierung oder Intervallbegrenzung dieser Funktion“ gesehen werden[7]. Demnach läßt sich in bezug auf die drei Dimensionen beispielsweise das Erwerbsstreben als Maximierung des Geldgewinns innerhalb von zehn Jahren oder als Umsatzmaximierung bei Überdeckung der Entgeltausgaben um mindestens 15 % in fünf Jahren konkretisieren[8].

---

[2] Vgl. *Engels* [Bewertungslehre] 53 ff.

[3] „Ein Ziel ist operational, wenn eine Meßvorschrift vorliegt, mit deren Hilfe die Erreichung des Zieles gemessen werden kann. Die operationale Formulierung des Zielinhalts erlaubt es, die Entscheidungsfolgen festzustellen und die Zielerreichung zu überprüfen.“ *Heinen* [Einführung] 99; vgl. *Kosiol* [Unternehmensforschung] 749 und *Kosiol* [Problematik] 84.

[4] *Engels* [Bewertungslehre] 17; vgl. *Albert* [Prognose] 127.

[5] Vgl. *Heinen* [Einführung] 98.

[6] *N. Hartmann* [Teleologisches Denken] 71; vgl. *Engels* [Bewertungslehre] 59.

[7] *Kosiol* [Unternehmung] 213.

[8] Diese Ausprägungen des erwerbswirtschaftlichen Ziels sind allerdings noch nicht ausreichend bestimmt; denn sie implizieren eine bestimmte Ausschüttungspräferenz — zum Ende des jeweiligen Planungszeitraums —, die um so unrealistischer wird, je länger die Planungsperiode ist. Vgl. S. 37.

Die Wirtschaftstheorie unterstellt dem Unternehmer im allgemeinen als typische Leitmaxime innerhalb seiner komplexen Zielvorstellungen die Absicht, den Geldgewinn zu maximieren[9], da sie dem Organisationsprinzip des marktwirtschaftlichen Systems am ehesten entspricht[10]. Als Gewinnmaximierung definiert Engels „die Maximierung der Differenz zweier Geldbeträge in zwei verschiedenen Zeitpunkten. Das Vermögen darf in beiden Zeitpunkten die betreffenden Beträge nicht überschreiten. Die Zeitdauer erstreckt sich über denjenigen Zeitraum, der benötigt wird, um das Vermögen wieder vollständig in liquiden Mitteln zu haben. Anfangs- und Endzeitpunkt müssen endlich in Vergangenheit bzw. Zukunft liegen"[11].

Diese Anforderung an eine adäquate Zielformulierung kollidiert aber mit dem gleichen Umstand, der die eine Seite des materialen Bilanzierungsproblems — den Planungsaspekt — kennzeichnet: Wirtschaftliche Handlungen lassen sich um so zutreffender auf ihren Zielerreichungsgrad beurteilen, je vollständiger ihre Auswirkungen erfaßt werden können[12]. Da diese bis zum Unternehmungsende reichen, müßte die Zielsetzung die Totalperiode umspannen. Dem steht aber die Tatsache entgegen, daß mit zunehmender zeitlicher Entfernung von Planungszeitpunkt die Unsicherheit der Erwartungen wächst und irgendwann in völlige Ungewißheit übergeht. Daraus folgt für eine operationale Zielformulierung, daß sich die Zielvorstellung nur so weit in die Zukunft erstrecken darf, als die Entscheidungskonsequenzen noch aufgrund empirisch gehaltvoller Hypothesen prognostiziert werden können[13]. Der von Fall zu Fall unterschiedlich begrenzten, aber grundsätzlich beschränkten Sichtweite ist also durch Einführung eines Planungshorizontes Rechnung zu tragen[14].

Im Planungshorizont werden sich nun wie an jedem Stichtag vor Unternehmungsende Realgüterbestände bilden, weil nicht alle Produktionsfaktoren kapazitätsmäßig auf den Entscheidungszeitraum abgestimmt werden können. Sie sind ihrer Bestimmung nach unter dem Gesichtspunkt der Unternehmungsfortführung zu bewerten, da der Unternehmer grundsätzlich länger zu wirtschaften beabsichtigt als er prognostizieren kann. Anderenfalls würden ja Planungshorizont und Unternehmungs-

---

9 Vgl. *Heinen* [Einführung] 107; *Kosiol* [Unternehmung] 214 f.; *H. Koch* [Optimalitätskriterium] 390.

10 *Engels* [Bewertungslehre] 61.

11 *Engels*, ebenda, 60.

12 „Es ist notwendig, alle Erfolge zu erfassen, die der Aktion zuzurechnen sind. Die beiden Zeitpunkte t_1 und t_2 sind also so zu wählen, daß vor t_1 und nach t_2 keine Erfolge mehr anfallen, die auf diese Entscheidung zurückzuführen sind." *Engels* [Bewertungslehre] 58.

13 Vgl. *Adam* [Restwerte] 394.

14 Vgl. S. 65 f.

ende zeitlich zusammenfallen. Ob bzw. in welcher Form eine entsprechende Bewertung durchführbar ist, kann an dieser Stelle noch nicht entschieden werden, da sonst das Ergebnis der empirischen Untersuchungen vorweggenommen werden müßte. Daher sei zunächst die Arbeitshypothese aufgestellt, daß adäquate operationale Verfahren vorhanden sind, deren Eignung erst später zu prüfen ist. Unabhängig hiervon ist festzuhalten, daß die beabsichtigte Unternehmungsfortführung in jedem Fall das Vorhandensein vollständig liquiden Vermögens im Planungshorizont ausschließt[15]. Also ist Engels' Definition folgendermaßen abzuwandeln: Das im Planungshorizont vorhandene Vermögen muß aus der ex ante-Sicht — d. h. am Bilanz- bzw. Planungsstichtag — in Geldform vorhanden oder aufgrund realitätsnaher Schätzung *überführbar* erscheinen.

Es zeigt sich also, daß die Frage nach einer operationalen Formulierung der Zielfunktion mit der Frage nach der zieladäquaten Bewertung in bezug auf das Unsicherheitsproblem identisch ist. Sie treten nur in verschiedenen Phasen des Prozesses der Willensbildung auf: einmal bei der Zielsetzungsentscheidung als Postulat, einen möglichst umfassenden, aber noch durchführbaren Zweck dem Handeln und damit — als gedanklichem Spiegelbild — dem Entscheidungskalkül vorzugeben; das andere Mal bei der Suche nach dem zieloptimalen Aktionsprogramm als Notwendigkeit, sämtliche Konsequenzen der alternativen Handlungsweisen zu erfassen[16]. Selbstverständlich beeinflussen sich die Überlegungen in bezug auf Zielsetzungen und Erfassungsmöglichkeiten wechselseitig, da nur in bezug auf etwas grundsätzlich Realisierbares — und das heißt Kalkulierbares — Aussichten auf dessen erfolgreiche Verwirklichung bestehen.

Wird schließlich von mehrfacher Zielsetzung ausgegangen, z. B. der Absicht, gleichzeitig Gewinn und Umsatz zu maximieren, ist zu untersuchen, ob sie untereinander in komplementärer, konkurrierender oder indifferenter Beziehung stehen. Die Art des wechselseitigen Verhältnisses hängt von der jeweiligen individuellen Entscheidungssituation ab: objektiv vom Entscheidungsfeld und bzw. oder subjektiv von den Präferenzen der Entscheidungsberechtigten. Wirken Handlungsweisen komplementär, was sich allein nach den objektiven Handlungsmöglichkeiten bestimmt[17], können Zweck-Mittel-Beziehungen bzw. Ober-, Zwischen-

---

[15] Wird die „Gewinnmaximierung ... auf einen kürzeren, überschaubaren Zeitraum" als die Totalperiode beschränkt, ist der „Gewinn ... nicht mehr durch einen Bestandsvergleich an Geld zwischen dem Anfang- und Endzeitpunkt der Planungsperiode zu bestimmen. Am Ende des Betrachtungszeitraumes wird das Unternehmen vielmehr noch über güterliches Vermögen — Produktionsfaktoren — verfügen, das erst durch einen Bewertungsvorgang in Geld umgedeutet werden muß". *Adam* [Restwerte] 394; vgl. *H. Hax* [Bewertungsprobleme] 758; *Engels* [Bewertungslehre] 59.

[16] Vgl. *H. Hax* [Bewertungsprobleme] 750 ff.

[17] Vgl. *Heinen* [Einführung] 105.

und Unterziele aufgestellt werden. Konkurrieren die Ziele vollständig oder in Teilbereichen, so sind sie aufgrund individueller Präferenzen nach Haupt- und Nebenzielen zu gewichten[18].

Es ist zwar nicht möglich, ohne Kenntnis der jeweiligen Entscheidungssituation die Beziehungen zwischen unterschiedlichen Zielsetzungen zu analysieren. Generell muß aber realistischerweise davon ausgegangen werden, daß in bezug auf das gesamte Entscheidungsfeld „Fälle der totalen Komplementarität bzw. Konkurrenz äußerst selten sind"[19]. So wirken die in der Praxis den organisatorisch nachgeordneten Instanzen häufig als Entscheidungsmaximen vorgegebenen Teilziele — wie Maximierung der Wirtschaftlichkeit als Verhältnis zwischen eingesetzten und ausgebrachten (Real-)Gütermengen[20], Maximierung der Güterumschlagsgeschwindigkeiten, Minimierung der Güterbestände oder Minimierung der Amortisationsdauer[21] — nur partiell komplementär. Beispielsweise konkurriert das Unterziel Erhöhung der güterwirtschaftlichen Ergiebigkeit mit dem Oberziel Geldgewinnmaximierung, wenn die durch höheren Absatz erzielbaren Mehreinnahmen nicht die infolge niedrigerer Absatzpreise je Einheit hinzunehmenden Mindereinnahmen insgesamt — bei gleichbleibenden Stückkosten — kompensieren.

B. Die Nebenbedingungen erwerbswirtschaftlicher Ziele

Die bisherigen Untersuchungen ergaben, daß die Zieldimensionen aufgrund der bis zum Unternehmungsende reichenden Handlungsfolgen einerseits und ihrer zeitlich begrenzten Prognostizierbarkeit andererseits nur im Idealfall vollständig bestimmt werden können. Das bedeutet eine Einschränkung der Reichweite des Idealziels zugunsten seiner möglichen Durchsetzbarkeit. Das erwerbswirtschaftliche Oberziel kann weiterhin durch Aufnahme von Nebenbedingungen modifiziert werden, die *innerhalb* der als grundsätzlich für realisierbar gehaltenen Handlungsweisen liegen. Hier kommen vor allem zwei heterogene Bestimmungsgründe in Betracht: das Sicherheitsbedürfnis, aufgrund dessen insbesondere ein bestimmter Mindestgewißheitsgrad der Prognosen gefordert wird, und die Konsumbedürfnisse, die nach einer bestimmten zeitlichen Struktur des mehrperiodischen Gesamtgewinns verlangen.

---

[18] Vgl. *Heinen*, ebenda, 103.
[19] *Heinen* [Einführung] 103.
[20] Kosiol bezeichnet die (real-)güterwirtschaftliche Ergiebigkeitsrelation als Technizität bzw. *mengenmäßige* Wirtschaftlichkeit im Gegensatz zur Ökonomität als *wert*mäßiger Wirtschaftlichkeit (vgl. *Kosiol* [Erkenntnisgegenstand] 131; *Schulze* [Messung] 100 f.). Diese Unterscheidung ist aber irreführend; denn auch die Ökonomität kann als quantitative Beziehung grundsätzlich nur mengenhaft ausgedrückt werden. Tatsächlich wird mit Technizität nur die Ergiebigkeitsrelation ohne Berücksichtigung der sich mit variierten Beschaffungs- und Absatzmengen i. d. R. auch ändernden Preise gemeint.
[21] Vgl. *Kosiol* [Unternehmung] 213.

1. Die Entnahmepräferenz

Schon eine oberflächliche Beobachtung des tatsächlichen unternehmerischen Verhaltens ergibt, daß es nicht hinreichend durch das Gewinnmaximierungsprinzip gekennzeichnet wird; denn bei Gewinnmaximierung müßte der Unternehmer sein Geldvermögen zum Ende des Handlungszeitraumes maximieren, d. h. erzielte Einnahmeüberschüsse wieder in voller Höhe investieren, während er tatsächlich der Unternehmung zwischenzeitlich Geld entzieht[22]. Daß dieses Verhalten rational und damit das unmodifizierte Gewinnmaximierungsprinzip unzulänglich ist, liegt auf der Hand: Einerseits läßt sich — zumal bei zunehmender Kapitalbindung — die Vorteilhaftigkeit von wirtschaftlichen Aktionen, die das gesamte Betriebsgeschehen beeinflussen, zutreffend nur für einen Zeitraum beurteilen, der möglichst lang, aber noch überschaubar ist. Andererseits sollen die mit Hilfe der Unternehmung erzielbaren Überschüsse auch die laufenden Konsumausgaben der Kapitaleigner decken.

Umfaßt daher der Planungszeitraum mehrere Kontrollperioden[23], sind bei der Festlegung des Zielsystems die periodisch zu befriedigenden Entnahmewünsche der Kapitaleigner zu berücksichtigen, wobei diejenigen ihre Vorstellungen durchsetzen werden, die die Zielsetzungsentscheidung der Unternehmung maßgeblich beeinflussen können. Die in das Zielsystem aufgenommene zeitliche Vorstellung ist die Entnahmepräferenz. Sie beinhaltet die Angabe, wie die im mehrperiodischen Zeitraum insgesamt erzielbaren Entgeltüberschüsse auf die einzelnen Teilperioden als finanzwirtschaftlich verfügbarer Entnahmestrom zu verteilen sind. Die Entnahmepräferenz wirkt sich als Nebenbedingung des Hauptziels Gewinnmaximierung aus, da sie all die Handlungsweisen ausschließt, die zu im Zeitablauf stark schwankenden Entgeltüberschüssen führen, ohne daß diese innerhalb des verfügbaren Kreditspielraums durch zusätzliche Finanztransaktionen in den zeitlich präferierten Entnahmestrom umgewandelt werden können[24].

In welchem Umfang die Konsumbedürfnisse der Kapitaleigner deren Zeitpräferenz in bezug auf die Verfügung über die *gesamten* im Planungszeitraum erzielbaren Entgeltüberschüsse bestimmen, läßt sich nur in einer sozioökonomischen Analyse bestimmen. Gemäß dem von H. Koch und D. Schneider verwandten und hier im weiteren Sinn übernommenen ‚personenbezogenen' Unternehmungsbegriff[25] „kann es sich bei den Ent-

[22] Vgl. *Engels* [Bewertungslehre] 77 f. und 157.

[23] Annahmegemäß erfolgen Ausschüttungen erst nach Feststellung eines in der betreffenden Kontrollperiode erzielten Gewinnes, wobei deren Länge grundsätzlich unbeachtlich ist. Sie soll hier aber einem Jahr gleichgesetzt werden.

[24] Vgl. das ausführliche Zahlenbeispiel S. 107 ff.

[25] Vgl. *H. Koch* [Optimalitätskriterium] 415; *D. Schneider* [Modellvorstellungen] 709 f.; vgl. S. 16 f.

nahmen nur um Konsumbeträge handeln"[26]. Dann erscheint aber die von beiden Autoren gegebene ausschließlich konsumbezogene Erklärung der Zeitpräferenz als irreal: Danach diene das während der gesamten Lebensdauer der Unternehmung erzielbare ‚Mehr an Geld' *allein* der Deckung der Konsumbedürfnisse und sei folglich *vollständig* — entsprechend derem zeitlichen Anfall — als ewige Rente auf die einzelnen Teilperioden zu verteilen[27]. Diese Begründung ist um so unwahrscheinlicher, je größer das Kapital ist, über das einzelne Wirtschaftssubjekte verfügen. Vielmehr tritt dann in zunehmendem Maße das Kapitalverwertungsinteresse als Zieldeterminante in den Vordergrund, so daß der gesamte Entnahmestrom nur noch ein Bruchteil des gesamten Stroms der Entgeltüberschüsse beträgt und demnach die Entnahmepräferenz nur einen Teil der Zeitpräferenz ausmacht[28]. Wenn hier dennoch H. Koch[29] und D. Schneider[29] gefolgt wird, so aus zwei Gründen: erstens, um sich mit der von den Kritikern der traditionellen Erfolgskonzeption gehegten Vorstellung auseinanderzusetzen, daß bei Abrechnung der schwebenden Geschäfte entsprechend der konsumbedingten Ausschüttungspräferenz das Erfolgsermittlungs-, d. h. Bilanzierungsproblem in einem grundsätzlich anderen Licht erscheine[30]. Und zweitens, weil es bei der operationalen Formulierung des Zielsystems allein auf die Notwendigkeit ankommt, die wie auch immer motivierte Zeitpräferenz der Entscheidungsberechtigten zu *berücksichtigen,* nicht aber als mehr oder minder realitätsnah zu erklären.

Vereinfachend gehen H. Koch und D. Schneider zunächst von einer konfliktfreien Zielentscheidungssituation aus[31], indem sie die Interessen mehrerer Kapitaleigner mit denen eines Einzelunternehmers gleichset-

[26] *D. Schneider* [Modellvorstellungen] 710.

[27] „Der Grundgedanke der handlungstheoretisch konzipierten Mikroökonomik ... basiert auf der Überlegung, daß das Wirtschaften in den Tätigkeiten der Einkommenserzielung und der Einkommensverwendung zur Bereitstellung von Gütern für den eigenen Konsum besteht" (*H. Koch* [Optimalitätskriterium] 414). „Der ökonomische Gewinn ist konzipiert als ‚Unternehmereinkommen' ... Der Grundgedanke ist dabei, jede vorteilhafte Entscheidung ... in eine ewige Rente ... umzudeuten" (*D. Schneider* [Ausschüttungsfähiger Gewinn] 14).

[28] Zeitpräferenz und Entnahmepräferenz müssen bei ausschließlich konsumbezogener Handlungsmotivation identisch sein; denn der Unternehmer wird annahmegemäß nur vor „die Frage gestellt: Konsum heute oder wachstumsfördernde Selbstfinanzierung (und damit mehr Konsum morgen)?" *D. Schneider* [Ausschüttungsfähiger Gewinn] 23.

[29] Vgl. *H. Koch* [Optimalitätskriterium] 389 ff.; besonders 414 ff.; *D. Schneider* [Modellvorstellungen] 705 ff.; vgl. auch *H. Koch* [Betriebliche Planung] 83 ff.; *H. Koch* [Globalanalyse] 385 ff.; vgl. *Moxter* [Lineare Programmierung] 298; *Moxter* [Präferenzstruktur] 11; *H. Hax* [Investitions- und Finanzplanung] 430 ff.; *D. Schneider* [Ausschüttungsfähiger Gewinn] 3 ff.

[30] Vgl. *H. Hax* [Bilanzgewinn] 646; *Jaensch* [Bilanzgewinn] 58; *H. Koch* [Optimalitätskriterium] 401 ff., insbes. 409; *Moxter* [Bilanztheorie] 37 ff.; *D. Schneider* [Ausschüttungsfähiger Gewinn] 2 ff.

zen[32]. Da die Unternehmung dem privaten Wirtschaftssubjekt[33] über die Gewinne die Deckung der Konsumausgaben ermöglichen soll, ist sie „der Haushaltung vorgelagert und untergeordnet“[34]. Folglich bestimmt insbesondere die Zielvorstellung des privaten Haushalts, d. h. dessen Vorstellung über die Konsumweise, die Zielsetzung der Unternehmung[35] und damit „unter den als realisierbar angesehenen Alternativen diejenige Handlungsweise, welche mutmaßlich zur maximalen Breite des Konsumstroms führt“[36]. Die Breite des Konsumstroms wird spiegelbildlich durch die Breite des Entnahmestroms als finanziellem Unternehmungsergebnis zum Ausdruck gebracht. „Denn die Abführung von Geldbeträgen an die Haushaltung stellt ja die letzte ‚krönende‘ Teilhandlung innerhalb der Unternehmung dar[37].“

Um den auf die *Total*periode bezogenen teilperiodenpräferierten Gelderfolg exakt ableiten zu können, muß H. Koch zwei problematische Prämissen setzen:

— Das Wirtschaftssubjekt trifft „im Zeitpunkt T_0 eine Entscheidung über die von ihm letzthin erstrebte Konsumweise während der Gesamtdauer seines Lebens bzw. während der Unternehmensdauer“[38, 39]. Mit dieser Annahme korrespondiert die der „Alternativenvorstellung“ zugrunde liegende Prämisse, „daß das Wirtschaftssubjekt die Fähigkeit besitzt,

---

31 Sie wird durch die Homogenitätsbedingung gekennzeichnet, der zufolge „Eigenkapitalgeber und oberste Entscheidungsinstanz identisch sind und ... die letztere entweder in einer Einzelperson oder in einer Gesellschaft besteht, deren Mitglieder in Zielvorstellung, Mittelvorstellung und dgl. völlig übereinstimmen“. *H. Koch* [Optimalitätskriterium] 427 und Fn. 77 zu 416.

32 Vgl. *H. Koch*, ebenda, 416; *D. Schneider* [Modellvorstellungen] 711 ff.

33 „Unter dem privaten Wirtschaftssubjekt wird jene Person verstanden, welche die Konsumweise festlegt, Entscheidungen über die Art und Weise des Wirtschaftens (der Güterbereitstellung) trifft und diese Entscheidungen realisiert.“ *H. Koch* [Optimalitätskriterium] 415.

34 *H. Koch*, ebenda, 416.

35 Neben der Zielvorstellung versteht H. Koch noch „die folgenden Arten von Vorstellungen des Subjekts als kategoriale Determinanten“ seiner Handlungsweise:

— „Die ‚Persönlichkeitsvorstellung‘. Die ... Handlungsweisen ... unterliegen ... auch solchen intuitiv getroffenen Werturteilen, welche in der Persönlichkeit, d. h. in der Gesinnungsart und den Charaktereigenschaften des Subjekts begründet sind.“

— „Die ‚Mittelvorstellung‘ “ als „Vorstellung des Subjekts über Art und Umfang der für das Handeln bereitgestellten Mittel (Sachvermögen, eigene Arbeitskraft)“.

— „Die ‚Alternativenvorstellung‘, d. h. die Vorstellung des Subjekts über die Daten und die unter ihnen realisierbaren Handlungsweisen.“ *H. Koch*, ebenda, 416 f.

36 *H. Koch*, ebenda, 420 f.

37 *H. Koch*, ebenda, 422.

38 *H. Koch* [Optimalitätskriterium] 418.

39 H. Koch räumt selbst ein: „Es ist klar, daß diese Entscheidung nicht mit Hilfe eines rational abgeleiteten Maßstabs, sondern nur intuitiv getroffen werden kann“ (*H. Koch*, ebenda, 418).

völlig mühelos exakte Prognosen für die ganze Unternehmensdauer zu treffen und die optimale Unternehmensweise im ganzen vorauszubestimmen“[40, 41].

— Das Wirtschaftssubjekt legt „die von ihm präferierte Konsumweise im Planungszeitabschnitt unabhängig von Art und Umfang der verfügbaren Mittel und der Art der realisierbaren Unternehmensweisen fest“[42, 43]. Dieser Annahme, die H. Koch der Zielsetzungsentscheidung des Haushalts zugrunde legt, entspricht die Prämisse, unter der allein eine eindeutige Zielsetzungsentscheidung in der vom Haushalt abgeleiteten Unternehmung getroffen werden kann: Die Haushaltungsweise wird als „irgendwie gegeben“ betrachtet[44], d. h. die zu planenden Ausschüttungen werden in Umfang und zeitlicher Struktur von der — im Konsumausgabenstrom geldlich zum Ausdruck kommenden — beabsichtigten Haushaltungsweise bestimmt, umgekehrt hängt diese aber nicht von jenen ab[45].

Der präferierte zeitliche Verlauf der künftigen Entnahmen ergibt sich also nach H. Koch aus der für die *gesamte* Unternehmungsdauer vorgegebenen und vom Umfang der Verdienstmöglichkeiten mittels der Unternehmung *unabhängigen* zeitlichen Struktur des Konsumausgabenstroms, unter der H. Koch „die Größenrelation zwischen den Konsumniveaus der verschiedenen Perioden“ versteht[46]. Während H. Koch somit Annahmen über die erstrebte Größenrelation zwischen den periodischen Konsumausgaben — und damit über den sie deckenden Einkommensstrom — für die gesamte Unternehmungsdauer macht, will D. Schneider einerseits konkrete Zielvorstellungen nur für den detailliert überschaubaren Zeitabschnitt berücksichtigen, um zwischenzeitliche Konsument-

---

40 *H. Koch,* ebenda, 417; vgl. auch 408, 423 ff., 428 f.

41 Von dieser Annahme gehen implizit alle Anhänger des ökonomischen Erfolgskonzepts aus. H. Koch nennt sie lediglich ausdrücklich. Vgl. 79 f.

42 *H. Koch,* ebenda, 418. „Wenn ... die Handlungsweise den Gegenstand der Untersuchung bilden soll und somit als Abhängige von anderen Größen betrachtet wird, so müssen die Determinanten voneinander und vor allem von der Handlungsweise unabhängig sein.“ *H. Koch,* ebenda, 418.

43 Auch gegen diese Prämisse wendet H. Koch selbst ein, daß erfahrungsgemäß „das Subjekt in der Wirklichkeit den Umfang der erstrebten Konsumweise oder das erwünschte Konsumniveau von vornherein von dem Umfang der für das Handeln verfügbaren Mittel und auch von der Art der realisierbaren Unternehmungsweisen abhängig macht. Indessen muß von diesem Phänomen abstrahiert“ werden. *H. Koch,* ebenda, 418.

44 *H. Koch* [Optimalitätskriterium] 421.

45 Auch hier weist H. Koch offen auf den Mangel seiner Zielkonzeption hin: „Mit dieser ceteris paribus-Klausel wird ... in die Unternehmensanalyse ein Widerspruch hineingetragen. Denn es werden hier die Interdependenzen zwischen Unternehmung und Haushaltung negiert, was mit dem Ausgangstheorem der Maximierung der Breite des Konsumstroms im Grunde nicht vereinbar ist.“ *H. Koch,* ebenda, Fn. 84 zu 421.

46 *H. Koch,* ebenda, 419.

scheidungen einbeziehen zu können[47], andererseits aber am Totalmodell unternehmerischer Verhaltensweise festhalten[48]. Ein derartiges „zeitlich unvollständiges Totalmodell“[49] läßt drei Arten von Zielvorstellungen zu[50]:

— die Vermögensmaximierung bei vorab zu bestimmenden periodischen Entnahmen;
— die Einkommensmaximierung bei vorab festzulegender Höhe des Geldvermögens im Planungshorizont und zeitlicher Verteilung der Entnahmen über den Planungszeitraum;
— die Wohlstandsmaximierung als mehrfache Zielsetzung bei vorab zu entscheidender Austauschregel[51] zwischen gegenwärtigem und durch das Geldvermögen im Planungshorizont ausgedrücktem künftigen Einkommen.

Das bei Wohlstandsmaximierung präferierte Austauschverhältnis läßt sich durch ein System von als indifferent empfundenen Konstellationen ausdrücken, die als Punkte gleichen Anspruchsniveaus — anschaulich, aber empirisch irrelevant — zu einer Kurve untereinander verbunden werden können[52, 53]. Das Wirtschaftssubjekt maximiert seinen finanziellen Nutzen dann, wenn es die Konstellationen gleicher Indifferenz anstrebt, die am weitesten vom Ursprung des Koordinatenkreuzes entfernt liegen, das gegenwärtiges und künftiges Einkommen unterschiedlicher Verteilung repräsentiert[54].

---

47 Vgl. *D. Schneider* [Modellvorstellungen] Fn. 5 zu 711.

48 „Der Handlungszeitraum des Unternehmers reicht über den gegenwärtigen Planungszeitraum hinaus. Ein 40jähriger Unternehmer hofft z. B., daß er noch mindestens 25 Jahre tätig sein kann; wegen der Unsicherheit mag er gleichwohl nur in der Lage sein, für die nächsten fünf Jahre im einzelnen zu planen.“ Doch „die Unternehmung soll auch nach dem gegenwärtigen Planungshorizont als Einkommensquelle dienen, und das für die künftige Einkommenserzielung notwendige Endvermögen bestimmt man dadurch, daß ein Ertragssatz geschätzt wird, zu dem sich vermutlich die Unternehmung nach dem gegenwärtigen Planungshorizont rentiert“. *D. Schneider* [Modellvorstellungen] 724 f.

49 Es ist ein „Modell, das zwar den Planungszeitraum vollständig erfaßt, aber eine zusätzliche Unterstellung über den weiteren Verlauf der Unternehmung setzen muß“. *D. Schneider* [Modellvorstellungen] 725.

50 Vgl. *D. Schneider* [Modellvorstellungen] 710 f.

51 „Da zwei voneinander abhängige Größen, wie Vermögen und Einkommen, nicht zugleich maximiert werden können“, ist eine „eindeutige Lösung ... nur zu erreichen, wenn die Austauschregel zwischen den Zielgrößen bekannt ist, wenn wir also wissen, auf wieviel Einkommen der Unternehmer zu verzichten bereit ist, um 1 % mehr Vermögen zu erzielen“. *D. Schneider*, ebenda, 711.

52 Vereinfachend geht D. Schneider nur von einem einperiodischen Modell aus. Vgl. *D. Schneider*, ebenda, 710 f. u. 722 ff.

53 „Eine solche Indifferenzkurve ... bezeichnet alle Kombinationen von gegenwärtigem und künftigem Einkommen, die dem Unternehmer gleich wert sind.“ *D. Schneider*, ebenda, 713.

54 *D. Schneider*, ebenda, 712.

Obwohl nun D. Schneider zu Recht die Ziele Vermögens- und Einkommensmaximierung als „Sonderfälle der Wohlstandsmaximierung“ bezeichnet, da bei ihnen jede Indifferenzkurve auf einen Punkt zusammenschrumpfe[55], behauptet er, daß die Zielsetzung der Unternehmung bei Streben „nach Einkommens- und Vermögensmaximierung ... unabhängig von den Konsumentscheidungen“ des Unternehmers sei[56]. Der Unterschied besteht aber allein darin, in welcher *Form* sich dessen Konsumbedürfnisse äußern und demnach als Nebenbedingung des Unternehmungsziels zu berücksichtigen sind. Bei Vermögensmaximierung entscheidet sich das Wirtschaftssubjekt für einen absoluten Entnahmebetrag je Periode und bei Einkommensmaximierung für eine einzige Relation als Schlüssel für die periodische Entnahmenverteilung, während im allgemein formulierten Fall der Wohlstandsmaximierung der private Haushalt eine Kombination von mehreren, ihm gleich werten Relationen für jede Teilperiode des mehrperiodischen Planungszeitraums festlegt.

Das einzige, aber unüberwindlich scheinende Problem, das bei der operationalen Formulierung des „zeitlich unvollständigen Totalmodells“ auftaucht und allen seinen Varianten gemeinsam ist, besteht darin, wie das Geldvermögen im Planungshorizont zu bestimmen ist, das den künftigen Weiterbestand der Unternehmung als Einkommensquelle sicherstellt[57]. Diese Frage braucht hier aber noch nicht beantwortet zu werden. Festzuhalten bleibt, daß Vermögens-, Einkommens- oder Wohlstandsmaximierung hinsichtlich der Entnahmepräferenz materiell unproblematisch sind. Wie auch die Ausschüttungsvorstellung des zielsetzenden Kapitaleigners beschaffen sein mag und entsprechend zu formulieren ist, als relative — in Form einer fixen Einheits- oder Austauschrelation — oder als absolute Angabe, in jedem Fall wird das zum Ende des jeweils überschaubaren mehrperiodischen Planungszeitraums zu erfüllende Hauptziel Gewinnmaximierung durch diese Nebenbedingung zeitlich modifiziert.

Schließlich ist die bisher gesetzte Homogenitätsbedingung aufzugeben und der Umstand zu berücksichtigen, daß in den meisten Unternehmungen auf die Entscheidung über die zu verfolgenden Ziele mehrere Willensbildungszentren[58] mit divergierenden Interessen und unterschiedlich starken Einflußmöglichkeiten einwirken. Die Zielentscheidung der obersten Entscheidungsinstanz kommt demnach in aller Regel durch einen

---

55 *D. Schneider*, ebenda, 713.

56 *D. Schneider*, ebenda, 727.

57 Vgl. S. 34 f.

58 Als Zentren der Willensbildung kommen insbesondere die Eigentümer, aber auch die Geschäftsleitung, Aufsichts- und Kontrollorgane, die Belegschaft und Großkreditgeber in Betracht. Vgl. *Heinen* [Einführung] 96 f.

Kompromiß zustande[59]. Da die Interessenlage, Gruppierung und Machtstellung der Entscheidungsträger in jeder Unternehmung anders strukturiert sind, kann hier nur eine pauschale Aussage über Art und Stärke der auf den Prozeß der Zielsetzungsentscheidung einwirkenden Faktoren gemacht werden. Als realistisch erscheint Heinens Feststellung: „Je größer die Zahl der am Eigentum einer Betriebswirtschaft beteiligten Personen ist, desto mehr verlagert sich die Zielbildungsbefugnis auf die Führungsgruppe, die keine oder nur unbedeutende Eigentumsrechte besitzt[60].“ Diese Entscheidungssituation ist typisch für die großen Publikumsgesellschaften und wird hier als Normalfall zugrunde gelegt[61]. Dann bietet sich als Kompromiß für den mehrperiodischen Planungszeitraum folgende Zielsetzung an: Maximierung eines *gleichbleibenden* Entnahmestroms bei *vorgegebenem* Endwert im Planungshorizont, wobei der „Endwert ... als Grundlage des Einkommens nach dem heute überschaubaren Planungszeitraum“ dienen soll[62].

Für diese in bezug auf die Höhe des erforderlichen Endwertes noch offene Formulierung sprechen zwei Gesichtspunkte: Erstens wird sie den unterschiedlich präzis definierten Unternehmungszielen gerecht, von denen die ökonomische und traditionelle Bilanzkonzeption ausgehen. Der ökonomischen Erfolgskonzeption gemäß soll der Endwert nach dem Planungshorizont eine unverändert hohe ewige Rente gewährleisten[63], wozu erforderlich ist, den Ertragswert der Unternehmung im Planungshorizont zu schätzen[64]. Die traditionelle Bilanzkonzeption hingegen geht von der vage umrissenen Bedingung der Unternehmensfortführung aus[65], die sich als „Erhaltung des zur Durchführung der Unternehmung eingesetzten Kapitals“ umschreiben läßt[66]. Danach ist — so wird im- oder explizit gefordert — der Endwert in Höhe der Entgeltausgaben anzusetzen, die zur späteren Ertragserzielung notwendig sind, aber aufgrund der im Planungshorizont bereits vorhandenen Produktionsfaktoren nicht mehr

---

59 Vgl. *Heinen* [Einführung] 95 ff.; *H. Koch* [Optimalitätskriterium] 438.

60 *Heinen* [Einführung] 97.

61 „Für Publikumsgesellschaften ist eine an den Konsumwünschen orientierte ... Zielsetzung nicht zu verwirklichen, selbst wenn der Vorstand sich bemühte, ausschließlich im Interesse der Aktionäre zu handeln. Hier muß die Zielsetzung ‚normiert‘ werden, z. B. als Maximierung der periodischen Ausschüttungen (Einkommensmaximierung) bei Erhaltung der Unternehmung als Einkommensquelle.“ *D. Schneider* [Modellvorstellungen] 739.

62 *D. Schneider* [Ausschüttungsfähiger Gewinn] 4; vgl. *H. Koch* [Optimalitätskriterium] 430.

63 Vgl. *D. Schneider* [Ausschüttungsfähiger Gewinn] 14; ders. [Modellvorstellungen] 723 f.

64 Vgl. Fn. 48.

65 „In der Wirtschaftswissenschaft ist unstrittig, daß der Erfolg einer Unternehmung unter der Voraussetzung ihrer Weiterführung [Going Concern Concept] zu ermitteln ist.“ *Leffson* [Jahresabschluß] 382; vgl. *Rieger* [Einführung] 212.

66 *H. Koch* [Optimalitätskriterium] 402.

aufgewendet zu werden brauchen. Zweitens kann das Unternehmungsziel operational erst dann präzisiert werden, wenn die empirisch-kognitiven Aussagegrenzen abgesteckt sind und damit geklärt ist, ob über den Planungshorizont hinaus noch Prognosen aufzustellen sind.

Als Kompromiß bei heterogener Interessenlage wählt Jacob die in den einzelnen Teilperioden des mehrperiodischen Planungszeitraums unumgänglichen Dividendenzahlungen[67], d. h. Jacob geht nicht nur von einer bestimmten zeitlichen Struktur des Stroms der Ausschüttungen aus, sondern er beziffert auch ihre absolute Höhe je Teilperiode. Das bedeutet natürlich eine Teilausschüttung im positiven Fall und eine Mehrausschüttung im negativen Fall, wenn nicht gerade die Summe der Dividenden dem Überschuß der Gesamtperiode entspricht. Gegen eine derartige Berücksichtigung der Ausschüttungspräferenzen in der Zielfunktion wendet H. Koch ein, daß sie der konkreten Beziehung zum „übergeordneten Handlungssektor Haushaltung"[68] nicht gerecht werde, was formal darin zum Ausdruck komme, daß „die Entnahmen ... nicht als Zielvariable, sondern lediglich als eine Nebenbedingung aufgefaßt" würden, womit über „die restliche Ausschüttung ... im Optimalitätskriterium nichts ausgesagt" werde[69].

H. Kochs Argument ist jedoch nicht stichhaltig: Wenn die Unternehmung als Einkommensquelle erhalten werden soll, liegt das Problem allein darin, wie das im Planungshorizont dafür erforderliche Vermögen bestimmt werden kann, und zwar unabhängig davon, ob später ein gleichbleibender Entnahmestrom präferiert wird oder nicht. Denn solange nicht geklärt wird — was sowohl H. Koch wie Jacob unterlassen —, ob hierüber überhaupt eine realtheoretisch begründete Aussage zu machen ist, erscheint unter dem Aspekt der Unternehmungsfortführung lediglich eine Teilausschüttung des im gesamten überschaubaren Zeitraum erzielbaren Überschusses und der Verzicht auf „die restliche Ausschüttung" genauso sinnvoll wie die von H. Koch vertretene Vollausschüttung. Und wie der Entnahmepräferenz der Gewinnberechtigten hinsichtlich des der Unternehmung entziehbaren Gesamtüberschusses — dessen Höhe natürlich vom fraglichen Endwert abhängt — Rechnung getragen werden kann, ist gerade unproblematisch. Dies kann, wie bereits ausgeführt, entweder in absoluter oder relativer Form erfolgen. Jacob wählt den ersten Weg — Vermögensmaximierung —, H. Koch den zweiten — Einkommensmaximierung. Welches Verfahren materiell vorzuziehen ist, hängt allein von der Art des bei konfliktärer Zielentscheidungssituation normalerweise zustande kommenden Kompromisses zwi-

---

[67] Vgl. *Jacob* [Neuere Entwicklungen II] 585; ders. [Investitionsplanung] 104 f.; *D. Schneider* [Modellvorstellungen] 728.

[68] *H. Koch* [Optimalitätskriterium] 409.

[69] *H. Koch*, ebenda, Fn. 54 zu 408.

schen den Entscheidungsberechtigten ab. Eine empirisch gehaltvolle Aussage hierüber kann aber gerade die Untersuchung H. Kochs nicht leisten, da sie im wesentlichen — was H. Koch selbst einräumt — auf irrealen Annahmen beruht[70]. Daher ist H. Kochs Versuch verfehlt, im Ergebnis zwischen dem von ihm aus idealtypischen Prämissen abgeleiteten Handlungsziel und der von Jacob ohne weitere Begründung angenommenen Zielsetzung einen empirisch relevanten Unterschied zu konstruieren.

2. *Die Sicherheitspräferenz*

Wirtschaften erfolgt unter Ungewißheit. Damit besteht „die Gefahr, daß sich eine vermögenswirksame Entscheidung ungünstiger auswirkt, als im Zeitpunkt der Entscheidung erwartet wird"[71]. Die Risiken versucht der Unternehmer dadurch zu begrenzen, daß er die Handlungsalternativen bestimmten Sicherheitsanforderungen unterwirft. Damit werden die für zu riskant gehaltenen Handlungsmöglichkeiten vorab ausgeschieden[72]. Die Sicherheitspräferenz modifiziert demnach als Nebenbedingung das Erfolgsziel insoweit, als nun „der Wert eines Gutes oder einer Aktion nicht nur von der Gewinnerwartung, sondern außerdem von der Sicherheit dieser Gewinnerwartung abhängt"[73]. Daraus folgt, daß wirtschaftliche Handlungen mit „vollständig gleicher Gewinnerwartung in unterschiedlichem Maße vorziehenswürdig seien, d. h. einen verschiedenen Wert haben, weil die Gewinnerwartung eine größere oder geringere Streuung hat"[74].

Das erwerbswirtschaftliche Oberziel kann durch eine weitere Nebenbedingung, die „Sicherung der Liquidität"[75], eingeschränkt werden. Sie darf nicht mit der täglich aufrechtzuerhaltenden Liquidität, d. h. der Fähigkeit, die „zwingend fälligen Zahlungsverpflichtungen uneingeschränkt erfüllen zu können"[76], verwechselt werden, obwohl jene aus dieser resultiert. Ständige Liquidität ist unabhängig von dem Sicherheitsgrad der Erwartungen ohnehin strenge finanzwirtschaftliche Nebenbedingung des zu optimierenden Oberziels[77]. Das speziell auf die Liquiditätserhaltung bezogene Sicherheitsstreben wird nicht durch die aufgestellte allgemeine Sicherheitsanforderung eingeschlossen, sondern tritt neben diese: Während durch Setzen eines Mindestsicherheitsniveaus gewährleistet werden soll, daß die erwarteten Zahlungen im betrachteten

---

70 Vgl. S. 39 f.
71 *Jaensch* [Wert und Preis] 59.
72 *H. Koch* [Optimalitätskriterium] 424.
73 *Engels* [Bewertungslehre] 148.
74 *Engels*, ebenda, 149.
75 *Heinen* [Einführung] 114.
76 *Witte* [Liquiditätspolitik] 15.
77 Vgl. *Lipfert* [Unternehmensfinanzierung] 64.

Zeitraum mit dem geforderten Sicherheitsgrad *überhaupt* eintreffen, bezweckt die Sicherung der Liquiditätserhaltung die *jederzeitige* Abstimmung der Zahlungsfristen[78]. Das erfolgt in der Form, daß in die Zielfunktion über die tägliche[79] Ausgabendeckung hinaus die Bereitstellung von Liquiditätsreserven und bzw. oder die Einhaltung konventionalisierter horizontaler und vertikaler Finanzierungsregeln als Nebenbedingung aufgenommen wird[80].

Während Sicherheitsniveau und Liquiditätsvorsorge die Ungewißheit der *bis* zum Planungshorizont erwarteten Zahlungen betreffen, resultiert der Gedanke der Unternehmungserhaltung aus der zunehmenden Ungewißheit der *nach* dem Planungszeitraum erwarteten wirtschaftlichen Entwicklung. Ist sie bestenfalls in einer groben Umrißplanung einzufangen, so kann der „Sicherung des Unternehmungspotentials"[81] nicht gezielt, sondern nur vage durch finanzielle Rücklagen, d. h. durch Verzicht auf Gewinnausschüttung *während* des Planungszeitraums, und durch Einhaltung konventionalisierter vertikaler Finanzierungsregeln bzw. Verschuldungsgrade[82] Rechnung getragen werden. Demgemäß dienen die unter diesem Sicherheitsaspekt einbehaltenen Gewinne nicht dazu, in der dem ökonomischen Horizont folgenden Zeit einen Ausschüttungsstrom *bestimmter* Höhe zu ermöglichen — zum Beispiel eine ewig gleichbleibende Rente —, sondern den Fortbestand der Unternehmung *überhaupt* in irgendeiner Weise zu gewährleisten. Er kann bei Vorhandensein einer vom Gesetz und von der Umwelt für ausreichend gehaltenen Eigenkapitaldecke, deren Untergrenze die Überschuldung[83] ist, als gesichert angenommen werden.

---

78 Insbesondere „ist bei einer ... Entscheidung stets zu berücksichtigen, ob die Liquidität des Betriebes gesichert ist. Die Liquidität muß ... nicht nur für einen bestimmten ausgewählten Zeitpunkt bestehen, vielmehr gehört es zu den grundlegenden unternehmerischen Aufgaben, für die Liquiditätssicherung prinzipiell jedes künftigen Zeitpunktes zu sorgen". *Langen* [Dispositionsrechnung] 73.

79 Da die rechnerische Berücksichtigung der täglichen Ausgabendeckung den Entscheidungskalkül verfahrenstechnisch sehr erschweren würde, kann für operationale Teilabschnitte die Einhaltung der durchschnittlichen Liquidität vorgesehen werden. Dann muß aber zur Deckung der im Modell bewußt in Kauf genommenen zeitweiligen Ausgabenüberhänge eine weitere Finanzierungsreserve einkalkuliert werden, die aber nicht durch die — in diesem Zusammenhang allein interessierende — Ungewißheit der Erwartungen bedingt wird.

80 Vgl. *Albach* [Investitionsbudget] 504; *Börner* [Finanzierungsregeln] 350 ff.

81 *Heinen* [Einführung] 114. „Dem Streben nach Sicherung des Unternehmungspotentials liegt der Gedanke zugrunde, die ‚Leistungskraft' der Unternehmung für die Zukunft zu erhalten." Sie „ist in Frage gestellt, wenn Gewinnausschüttungen erfolgen, die angesichts der erwarteten Zukunftsentwicklung ungerechtfertigt erscheinen". *Heinen*, ebenda, 114; vgl. *H. Hax* [Bilanzgewinn] 644.

82 Vgl. *Albach* [Investitionsbudget] 504.

III. Die empirisch kognitiven Aussagegrenzen von Bilanztheorien

Eine Bilanztheorie zeitigt nur dann informative Bilanzansätze, wenn die in ihr abgeleiteten Abrechnungsregeln auf empirisch gehaltvollen Hypothesen beruhen. Vorhandene Bilanztheorien kritisieren und bei gegebenem Bilanzzweck auf ihre Vorziehenswürdigkeit hin miteinander vergleichen zu wollen setzt demnach voraus, die jedem realitätsbezogenen Aussagensystem immanenten empirisch kognitiven Grenzen zu kennen oder durch vorherige Prüfung abzustecken. Gegenstand des folgenden Abschnitts ist daher die Frage, ob bzw. mit welchem Genauigkeitsgrad vergangene und künftige Handlungsfolgen und ihre Abhängigkeiten zu den sie auslösenden unternehmerischen Dispositionen erfaßt werden können.

Zunächst ist grundsätzlich zu klären, mit welcher Genauigkeit die am Ende der zu kontrollierenden Periode vorhandenen und geschuldeten Finanz- und (Real-)Güterbestände sich quantitativ erfassen lassen. Ihre Messung dient der Erfüllung zweier Aufgaben: Erstens werden die Mengenangaben zur indirekten Erfassung der für die eingeleiteten Prozesse abgeflossenen *Ausgaben* benötigt, um die Höhe des am Bilanzstichtag in den schwebenden Geschäften *gebundenen* Kapitals ermitteln zu können. Zweitens müssen die Mengenangaben für die Ermittlung der aus dem Einsatz der vorrätigen Güter künftig zufließenden *Einnahmen* bekannt sein, um festzustellen, ob das gebundene Kapital *erhalten,* d. h. wiedererwirtschaftet werden kann. Die Höhe der allein problematischen Entgelteinnahmen entspricht der Summe der Preise, die für die mit Hilfe des gegenwärtigen Produktionsapparates herstellbaren Endleistungen erzielt werden. Diese Endleistungen und die gegenläufigen Entgelteinnahmen zu ermitteln verlangt insbesondere zweierlei: erstens die Prüfung, in welcher Weise sie sich als vergangenheitsbedingte Erwartungsgrößen überhaupt erfassen, d. h. den stattgefundenen Aktionen zurechnen lassen; und zweitens die Prüfung, wie vollständig und mit welchem Gewißheitsgrad die für die Bewertung des gegenwärtigen Produktionsapparates relevanten künftigen Ereignisse prognostiziert werden können.

---

[83] Überschuldung liegt vor, „wenn das Vermögen der Gesellschaft nicht mehr die Schulden deckt" (§ 92 Abs. 2 AktG). Die Ermittlung des Überschuldungstatbestandes wirft allerdings die gleiche Bewertungsproblematik wie die Gewinnermittlung auf: Im zweiten Fall geht es darum festzustellen, wann die Kapital- bzw. Erfolgsbezugsgröße als Ganzes überdeckt ist, während im ersten Fall untersucht werden muß, wann infolge von Verlusten die verbliebenen Vermögenswerte den fremden Mitteln — als dem unter Gläubigerschutzaspekten abzusichernden Teil des Gesamtkapitals — der Höhe nach nicht mehr entsprechen.

A. Die Meßbarkeit von Aktionsfolgen

Messen wird in der Literatur unterschiedlich weit definiert. Folgt man der weitesten Begriffsfassung, die Schulze im Anschluß an Stevens[1] aufstellt[2], so ist Messen „jede Zuordnung von Zahlen als Ausdruck bestimmter Eigenschaften von Gegenständen oder Vorgängen aller Art ..., soweit diese Zuordnung nur aufgrund einer genau definierten Regel stattfindet“[3]. In dieser Begriffsfassung bedeutet Messung nur „eine besondere Form der Benennung ..., nämlich die durch Zahlen“[4], womit die übliche Differenzierung der Gegenstände oder Handlungen nach quantitativen und qualitativen Merkmalen aufgegeben wird[4]: Gemessen werden die Objekte dadurch, daß ihre in bezug auf die jeweilige Fragestellung relevanten Merkmale bzw. Sachverhalte[5] mit einem Zahlenausdruck bezeichnet werden[6].

Für Szyperski hingegen ist neben diesem formalen Kriterium auch der materiale Aspekt des Realitätsgehalts notwendiges Merkmal des Meßbegriffs. In Betracht kommen „sämtliche realen Tatbestände ..., soweit sie beobachtbar sind“[7]. Je nach dem Grad der durch Beobachtung gewonnenen Gewißheit ist dann zwischen Messen und Schätzen zu unterscheiden: „Den Ergebnissen der Schätzung fehlt die Gewißheit, die für Messungen Voraussetzung ist. Die Zuordnung von Zahlen zur Kennzeichnung der Elemente einer Menge muß somit danach unterschieden werden, ob sie auf der Grundlage der völligen Gewißheit über die Mengenstruktur der betrachteten Objekte erfolgt (Messen) oder mit einer mehr oder weniger großen Ungewißheit behaftet ist (Schätzen)[8].“ Da aber der unterschiedliche Gewißheitsgrad nicht die Formalstruktur beider Erfassungsverfahren berührt, können auch die durch Schätzung „zugeordneten Zahlenwerte ... Maßzahlen und einschließlich der Maßeinheiten Maßausdrücke genannt werden“[9].

Für die Unternehmungsrechnung kommen nur die *metrischen* Maßskalen — als Oberbegriff der Intervall- und Verhältnisskalen — in Betracht, da allein mit ihrer Hilfe die Abstände zwischen den meßrelevanten Attributen von Gegenständen oder Ereignissen erfaßt werden kön-

---

[1] Vgl. *Stevens* [Measurement] 667 bis 680.

[2] Die folgenden Untersuchungen stützen sich im wesentlichen auf die Arbeiten von Szyperski und Schulze. Vgl. *Szyperski* [Problematik] insbes. 54 bis 83 und *Schulze* [Messung] insbes. 30 bis 92.

[3] *Schulze* [Messung] 33; vgl. *Szyperski* [Problematik] 56; *Jaensch* [Bilanzgewinn] 50.

[4] *Barth* [Aussagewert] 280 f.

[5] „Unter Sachverhalt wird die Eigenschaft eines Gegenstandes verstanden.“ *Schulze* [Messung] 50.

[6] *Schulze* [Messung] 35.

[7] *Barth* [Aussagewert] 281.

[8] *Szyperski* [Problematik] 57.

[9] *Szyperski*, ebenda.

nen[10]. Sie erfordern die Festlegung einer *Maßeinheit,* die „die Abstände zwischen den Merkmalsausprägungen verschiedener Gegenstände in reellen Zahlen“ ausdrückt[11], und eines *Nullpunktes*[12], „von dem aus die Größen gemessen werden“[13]. Der Unterschied zwischen Intervall- und Verhältnisskala drückt sich nur in der Art des Nullpunktes aus: Während er bei der ersten willkürlich bestimmt wird, ist er der zweiten gegenstandsimmanent[14]. Die Maßeinheit kennzeichnet die im Hinblick auf das Meßziel wesentliche Eigenschaft eines Gegenstandes oder Vorganges, die Maßzahl gibt an, „wie oft die Maßeinheit in dem Meßobjekt vorkommt“[15]. Maßzahl und Maßeinheit bilden zusammen den Maßausdruck.

Die wesentlichen Merkmale des Messens sind[16]:
— das Sachziel[17] des Messens, das mit dem jeweiligen Ziel des wirtschaftlichen Handelns identisch ist;
— das Meßobjekt, das verkörpert wird durch „die Gesamtheit der möglichen Alternativen, die zur Erreichung dieser Zielsetzung des Wirtschaftens führen, oder eine dieser Alternativen, die aufgrund ihrer besonderen Eignung zur Realisierung eingesetzt worden ist“[18];
— die ziel- und objektadäquate Meßmethode.

Meß*ziel,* d. h. zu erfassender Sachverhalt, ist hier ein zweifaches Zwischenziel zu dem gesuchten Gelderfolg als Oberziel: erstens die Gesamtheiten der vorhandenen und geschuldeten Mengen an Wirtschaftsgütern, um die für sie künftig zu- und abfließenden Einnahmen und Ausgaben — zwecks Ermittlung der Aussichten auf Kapitalerhaltung — erfassen zu können; zweitens die Gesamtheiten der für die vorhandenen und geschuldeten Gütermengen ab- und zugeflossenen Ausgaben und Einnahmen, um den Umfang der gegenwärtigen Kapitalbindung messen zu können[19]. Meß*objekt* ist die Gesamtheit der im Kontrollzeitraum ergriffenen wirtschaftlichen Alternativen bzw. Maßnahmen, die im einzelnen auf Beschaffung, Lagerung, Produktion, Absatz und Finanzierung gerichtet waren. Sie werden dadurch gemessen, daß ihre (meß-)zielrelevanten Folgen bzw. Sachverhalte — „die an diesen ... Prozessen beteiligten

---

10 Daher braucht hier auf die schwächeren Formen des Messens, die Nominal- und Ordinalskalen, nicht eingegangen zu werden. Vgl. *Schulze* [Messung] 65 ff.

11 *Jaensch* [Bilanzgewinn] 50.

12 Vgl. *Schulze* [Messung] 74 ff.; vgl. *Jaensch* [Bilanzgewinn] 50 ff.

13 *Schulze* [Messung] 78.

14 Vgl. *Schulze,* ebenda, 75 f. und 77 f.; *Jaensch* [Bilanzgewinn] 50 f.

15 *Schulze* [Messung] 36.

16 Vgl. *Schulze,* ebenda, 38.

17 Das für alle Messungen gleiche *Formal*ziel sieht Schulze darin, den „Grad der Erfüllung einer Zielsetzung durch einen Gegenstand oder eine Maßnahme“ zu ermitteln. *Schulze,* ebenda, 34.

18 *Schulze,* ebenda, 105.

Güter“[20] — erfaßt werden[21]. Als Meß*methode* kommen grundsätzlich das direkte und indirekte Verfahren in Betracht. Direktes Messen setzt voraus, daß nur ein bestimmtes Attribut des Meßobjektes als eindimensionale Eigenschaft zielrelevant ist und unmittelbar mit Hilfe eines Maßstabes erfaßt werden kann[22], also anhand physikalischer Skalen für Länge, Gewicht, Temperatur usw. und Stückskalen zum Zählen gleichartiger Gegenstände[23]. Die verwendbaren Maßskalen machen deutlich, daß neben den Nominalgütern nur die dem Sofortverbrauch unterliegenden Realgüter, die substantiell „in einem einzigen Nutzungsakt verbraucht werden“[24], direkt gemessen werden können[25]. Demnach bietet überhaupt nur das indirekte Verfahren die Aussicht dafür, daß sämtliche zielrelevanten Vorgänge gemessen werden können.

Indirektes Messen ist „ein Messen von Sachverhalten mit Hilfe der Messung von Ersatzsachverhalten durch eine den Ersatzsachverhalten adäquate Maßskala ..., wobei zwischen Sachverhalt und Ersatzsachverhalt eine Beziehung besteht, die durch eine isomorphe Beziehung zwischen den zugehörigen Maßskalen abgebildet wird“[26]. Die indirekte Meßmethode läßt sich folgendermaßen verdeutlichen[27]: Es bestehe der Maßausdruck A^* für die wirtschaftlich relevanten Merkmale eines Gegenstandes oder Ereignisses A, außerdem der Maßausdruck B^* für den Ersatzsachverhalt B, der durch B^* isomorph gekennzeichnet werde. Läßt sich nun die Bezie-

---

19 Soll das zweite Zwischenziel zugleich als Maßstab für die Beurteilung der Ergiebigkeit des wirtschaftlichen Handelns herangezogen werden, so kann der Saldo der beiden Gesamtheiten — unter Einbeziehung der Anfangsbestände — lediglich über die *güter*wirtschaftliche Ergiebigkeit informieren. Sie ist zwar „*Grundlage* des wirtschaftlichen Handelns und der darauf hinzielenden Meßhandlungen“ (*Schulze*, ebenda, 100, Hervorhebung durch d. Verf.), nicht aber — entgegen Schulzes Behauptung — identisch mit dem geldlichen Periodenerfolg. Denn seine Ermittlung erfordert nicht das Vergleichbarmachen der gegenwärtigen Wirtschaftsgüter mit den für die geleisteten Ausgaben bzw. empfangenen Einnahmen, sondern die Erfassung der — gemäß der beabsichtigten Güterverwendung — *erwarteten* Einnahmen und Ausgaben.

20 *Schulze*, ebenda, 105.

21 Beide Zwischenziele lassen zunächst offen, ob man „den realen Güterdurchlauf im Betriebsbereich unmittelbar anhand von Mengenkomponenten dieser Güter zu erfassen und dann zu bewerten ... oder ... die substantielle Güterbewegung durch die nominale Geldbewegung“ (*Vollrodt* [Erfolgskomponenten] 390) stellvertretend zu erfassen versucht.

22 Vgl. *Szyperski* [Problematik] 67; *Schulze* [Messung] 81; *Barth* [Aussagewert] 286.

23 Maßeinheit ist dann der Name des jeweiligen Gutes (*Schulze* [Messung] 172), z. B. einer Währungseinheit, einer Maschine, eines Rohstoffes etc. (*Szyperski* [Problematik] 66).

24 *Jaensch* [Bilanzgewinn] 55; vgl. *Schulze* [Messung] 170.

25 Vgl. *Kosiol* [Kostenrechnung] 31.

26 *Schulze* [Messung] 83; vgl. *Szyperski* [Problematik] 68 f.

27 Vgl. *Szyperski*, ebenda und *Schulze* [Messung] 82 f.

hung zwischen A^* und B^* als eindeutige Zuordnungsregel berechnen[28], so bezeichnet der Zahlenausdruck B^* zugleich den Sachverhalt A; offen bleibt aber, ob B^* A auch *realitätsgemäß* abbildet. Denn eine eindeutige zahlenmäßige Kennzeichnung bedeutet zwar eine isomorphe Beziehung zwischen der gesuchten und der ersatzweisen *Maßskala,* nicht aber notwendigerweise eine adäquate Beziehung zwischen dem zu messenden und dem ersatzweisen *Sachverhalt.* Die letzte läßt sich nur dann empirisch bestätigen, „wenn *unabhängig* von der Ersatzgröße bzw. ihrem Maßausdruck ein Maßausdruck für den zu messenden empirischen Sachverhalt gebildet werden kann"[29]. Das setzt die Beobachtbarkeit der meßrelevanten Merkmale von A und damit seine *direkte* Erfaßbarkeit voraus. Allein in diesem Fall wird B^* auch der materialen Struktur von A gerecht und verhält sich somit zu A^* proportional, da die realen Größen zueinander ins Verhältnis gesetzt werden können[30]. Diesen Fall bezeichnet Szyperski als *wahlweise* indirektes Messen[31], das aus Wirtschaftlichkeitsüberlegungen dem direkten Messen vorgezogen werden kann, wenn dieses zu umständlich ist[32].

Zur Messung aller Güter, die nicht Zahlungsmittel oder substantiell verbrauchbar sind, muß also auf das *zwangsweise* indirekte Messen ausgewichen werden. Ihm liegen lediglich schwach bestätigte oder überhaupt nicht überprüfbare Hypothesen über die Realstruktur der zu erfassenden Tatbestände zugrunde[33, 34], was formal in nichtproportionalen Funktionen zwischen den gesuchten und den ersatzweisen Maßausdrükken zum Ausdruck kommt. Die ein-eindeutige Beziehung zwischen B^* und A^* drückt dann lediglich aus, daß „A^* aufgrund der Ermittlung von B^* und der Umrechnungsfunktion zu *konstruieren*" ist[35], da über die reale Beschaffenheit der einzelnen Sachverhalte keine ausreichende Kenntnis besteht.

---

28 Im Falle einer eindeutigen Zuordnungsregel besteht „ein funktionaler Zusammenhang $A^* = f(B^*)$ bzw. $B^* = g(A^*)$". *Schulze,* ebenda, 82.

29 *Barth* [Aussagewert] 292 (Hervorhebung durch d. Verf.).

30 Der Proportionalitätsfaktor ist $c = \frac{A^*}{B^*}$. Demnach ist $A^* = cB^*$. Vgl. *Szyperski* [Problematik] 68; *Schulze* [Messung] 85.

31 Vgl. *Szyperski* [Problematik] 70.

32 Beispielsweise wird das Gewicht eines Rundeisens indirekt durch Messung der Länge, des Umfangs und deren Multiplikation mit dem spezifischen Gewicht gemessen, das das Verhältnis zwischen Gewicht und Volumen gleichartiger Gegenstände wiedergibt. Beispiel Rummels, zitiert nach *Szyperski* [Problematik] 72 f.; vgl. *Schulze* [Messung] 85.

33 Vgl. *Barth* [Aussagewert] 294 ff.; *Schulze* [Messung] 84 ff.; vgl. auch *Kosiol* [Problematik] 86.

34 Beispielsweise geht man bei der indirekten Messung der maschinellen Leistungsabgaben von Ersatzsachverhalten wie Kalender- oder Betriebszeit und bzw. oder ausgebrachten Stückzahlen aus.

35 *Schulze* [Messung] 86 (Hervorhebung durch d. Verf.).

Sollen nun nicht allein die spezifischen Merkmale der einzelnen Wirtschaftsgüter erfaßt werden, so muß schließlich der Mehrdimensionalität des gesamten Meßobjektes Rechnung getragen werden[36]: „Die mangelnde direkte Vergleichbarkeit der Realgüter untereinander erzwingt ihre indirekte Abbildung mit Hilfe des Ersatzmaßstabes Geld[37].“ Dabei interessiert zunächst nicht, welcher Geldmenge als Maßstab der Vorzug gegeben wird, sondern nur, daß überhaupt eine eindeutige Zuordnungsregel besteht. Werden jedoch die qualitativ verschiedenen Gütermengen mit Hilfe der Entgeltausgaben und Entgelteinnahmen gleichnamig gemacht, die als Gegenleistung für sie auf den Beschaffungs- und Absatzmärkten tatsächlich hingegeben und empfangen wurden, so erfüllt der Maßausdruck G^* [38] zugleich zwei Funktionen: Er kennzeichnet direkt die vergangenen Geldbewegungen und indirekt die ihnen zugrunde liegenden Güterbewegungen[39]. Daher kommt den Anschaffungs- und Abschaffungspreisen[40] besondere Bedeutung als Gleichnamigkeitsfaktor zu.

Aus der Sicht der tatsächlich stattfindenden, zum Anschaffungsvorgang gegenläufigen Geldbewegung versteht Szyperski das „sogenannte *Gleichnamigmachen* der Gütermengen durch Bewertung ... als Ansatz der durch die Tauschrelation bedingten Geldmenge im Ausdruck G^*. Das Bewerten zerfällt damit in zwei Schritte: 1) Ermittlung eines isomorphen Ausdruckes für die Tauschbeziehungen zwischen G und $\bar{G}$ (Preisfindung) und 2) indirekte Messung des Gesamtgeldausdruckes nach Messung der Gütermenge durch rechnerische Ermittlung“[41,42]. Bei der indirekten Messung von G können sich „Schwierigkeiten ... offensichtlich nur ergeben, wenn Realgütervorgänge und Zahlungsvorgänge auseinanderfallen ...; gerade hiedurch zeichnet sich aber die Mehrzahl der Komponenten des Unternehmungsprozesses ... aus“[43]. Es stellt sich hier also bei der Erfassung der Mengenkomponente von G^* das gleiche Meßproblem, das in bezug auf die bisher isoliert betrachteten Gütermengen untersucht wurde. Außerdem muß jetzt noch die Preiskomponente — der Anschaffungspreis je Gütereinheit — ermittelt werden. Demnach kommen in einer Rechnung, in der *„alle Gütermengen durch Geldbewegungen* zu erfassen“[44] sind, die meisten Geldausdrücke nur *zwangsweise*

---

[36] Vgl. *Schulze*, ebenda, 89.

[37] *Jaensch* [Bilanzgewinn] 54; vgl. *Schulze* [Messung] 128.

[38] Der auf eine bestimmte Geldmenge lautende Maßausdruck G^* setzt sich aus der Maßeinheit $[G^*]$ als dem Namen der jeweiligen Währung und der Maßzahl $\{G^*\}$ als dem durch den Preis angegebenen Wievielfachen dieser Währungseinheit zusammen. Vgl. *Szyperski* [Problematik] 86.

[39] Vgl. *Szyperski*, ebenda, 96.

[40] Vgl. *Leffson* [Jahresabschluß] 383.

[41] *Szyperski* [Problematik] 94.

[42] G bezeichnet das Gut Geld, $\bar{G}$ das abzubildende nichtgeldliche Gut.

[43] *Jaensch* [Bilanzgewinn] 54.

[44] *Szyperski* [Problematik] 96.

indirekt zustande. Sie lassen sich allein dann wahlweise indirekt, d. h. auch direkt messen, wenn die gegenläufigen Gütermengenbewegungen selbst direkt zu erfassen sind und der Preis je Einheit des Gutes Nicht-Geld $\bar{G}$ bekannt, also nicht als Durchschnittsgröße errechnet worden ist, oder wenn die beschaffte Gütermenge am Bilanzstichtag noch in vollem Umfang auf Lager liegt, so daß es unerheblich bleibt, ob sie direkt oder nur zwangsweise indirekt meßbar ist.

Obwohl Schulze zunächst selbst feststellt, daß zwangsweises indirektes Messen „nur unter Vorbehalt als Meßverfahren zu bezeichnen“ ist[45, 46], charakterisiert er es schließlich „als eine Vorstufe des direkten oder wahlweise indirekten Messens ..., das so lange ungesichert bleibt, bis durch verfeinerte wissenschaftliche Erforschung des zu messenden Objektes dessen Struktur erkannt und eine seiner quantitativen Struktur angemessene Skala entwickelt werden kann“[47]. Sicherlich lassen sich noch exaktere Meßverfahren entwickeln, aber eine realitätsgemäße Erfassung aller dem gesamten Meßziel relevanten Sachverhalte erscheint ausgeschlossen. Wenn Schulze also jede ein-eindeutige Zahlenzuordnung als Messen bezeichnet, stellt er „jedenfalls die Lösung des Meßproblems“ als möglich hin[48] und gibt damit auch dort Meßgenauigkeit vor, wo die Abrechnung auf bisher ungenügend erhärteten oder lediglich plausiblen Hypothesen oder sogar reinen, überhaupt nicht bestätigungsfähigen Annahmen beruht. Vielmehr erscheint es angebracht, Verfahren, deren bisherige empirische Absicherung unzureichend ist, die aber grundsätzlich überprüfbar sind, mit Szyperski offen als Schätzen zu kennzeichnen. Denn anstatt „einen Bock als ganz besonderen Stier zu bezeichnen, sollte man lieber zugeben, daß er überhaupt kein Stier ist. Solche Klassifikationen führen nur zur Verwirrung“[49].

Zusammenfassend ist also festzuhalten:

— Die meisten wirtschaftlich relevanten Sachverhalte lassen sich nur durch zwangsweises indirektes Messen, d. h. Schätzen, das zugleich wegen der Vielzahl der eingeschobenen Zwischenglieder ein mehr-

---

[45] *Schulze* [Messung] 84 und 172.

[46] Jeder Gegenstand kann „hinsichtlich der an ihm auftretenden Sachverhalte nur insoweit gemessen werden, wie es der quantitativen Struktur des Sachverhaltes entspricht bzw. wie weit diese Struktur erkannt ist. Im Rahmen der zulässigen Transformationen können Maßskalen in eine andere Form gebracht werden, wobei es jedoch nicht zulässig ist, Beziehungen zwischen Maßzahlen zu verwenden, denen Strukturbeziehungen des Sachverhaltes nicht entsprechen“ (*Schulze*, ebenda, 90). „Zwangsweise indirektes Messen einer Größe A durch eine Maßgröße B^*, die nicht immanenter Maßausdruck für A ist, kann also gar nicht stattfinden, zumindest nicht mit dem Anspruch, B^* bilde A isomorph ab.“ *Schulze*, ebenda, 85.

[47] *Schulze*, ebenda, 87.

[48] *Jaensch* [Bilanzgewinn] 55.

[49] *Engels* [Bewertungslehre] 8.

fach indirektes Messen ist, quantitativ erfassen. Die den Meßbegriff kennzeichnende Ein-Eindeutigkeit der Zuordnung von Zahlen zu Sachverhalten wird in all diesen Fällen allein formal hergestellt, nämlich dadurch, daß der funktionale Zusammenhang zwischen dem Maßausdruck B^* für den Ersatzsachverhalt B und dem Maßausdruck A^* für den zu messenden Sachverhalt A aufgrund einer beliebigen, aber unverändert geltenden Regel *berechenbar* ist, ohne der materialen Struktur von A adäquat zu sein[50].

— Eine stattgefundene Entgeltausgabe G und die für sie angeschaffte Gütermenge werden nur dann zugleich durch den Ausdruck G^* adäquat abgebildet, wenn entweder — bei stattgefundenen Lagerabgängen — die Gütermenge selbst direkt meßbar *und* der Preis je Mengeneinheit bekannt ist oder wenn die Gütermenge seit ihrem Zufluß in die Unternehmung *unverändert* geblieben ist, d. h. keine Teilmengen von ihr bisher verbraucht oder abgeflossen sind. Da Lagerabgänge laufend stattfinden und der bezahlte Marktpreis „in der Regel nicht in einer Proportionalitätsbeziehung zu dem mengenmäßigen Güterverbrauch“[51] steht, sind beide Bedingungen nur selten gegeben.

B. Die Zurechenbarkeit von Erfolgsbeiträgen auf Aktionen

Mit der Messung bzw. Schätzung von Aktionsfolgen wird versucht, wirtschaftlich relevante Sachverhalte quantitativ zu erfassen. Es wird damit aber noch nichts über die Beziehungen zwischen den ermittelten Vorgängen und den sie bedingenden Sachverhalten ausgesagt. Eine Kontrollrechnung wird ihrer Aufgabe, die Ergiebigkeit der stattgefundenen wirtschaftlichen Tätigkeit zu ermitteln, um so eher gerecht, je vollständiger sie Auskunft darüber gibt, ob einerseits die erfaßten Sachverhalte durch die innerhalb des *Kontroll*zeitraums unternommenen Aktionen verursacht sind und ob andererseits sich diese im Kontrollzeitpunkt bereits voll ausgewirkt haben. Folgen einer dispositiven Maßnahme sind sämtliche Veränderungen, die irgendwann „im gesamten Verfügungsbereich des Individuums infolge dieser Aktion eintreten“[52].

Eine wirtschaftliche Maßnahme hat in der Regel eine doppelte Wirkung[53], die sich in Bewegungen von Wirtschaftsgütern äußert: Dem

---

50 Der Vorteil einer festen Zuordnungsregel besteht darin, daß „die Vergleichbarkeit der zu verschiedenen Zeiten und an verschiedenen Orten ermittelten Meßresultate gewährleistet“ wird (*Schulze* [Messung] 33), was für den externen, nicht aber den hier interessierenden internen Abschluß von besonderem Wert ist.

51 *Barth* [Aussagewert] 300.

52 *Engels* [Bewertungslehre] 58; vgl. auch 89 f.

53 Vgl. *Riebel* [Grundlagen] Anlage 6.

Güterzufluß bzw. der Güterentstehung als positiver Komponente steht der Güterabfluß bzw. der Güterverbrauch als negative Komponente gegenüber[54]. Da Mehrgeld aus Produktion resultiert, sind Erfolgskomponenten der Güterverbrauch einerseits und die Güterentstehung andererseits[55]. Sie sind demnach die doppelte Bezugsgröße, an die eine verursachungsgemäße Zurechnung anknüpfen muß. Hier bieten sich zwei Zurechnungsrichtungen an: die Zurechnung von Güterverbrauch und -entstehung auf die Produktionsfaktoren als *Mittel* des Leistungsprozesses und die Zurechnung von Güterverbrauch und -entstehung auf die Endleistungen als *Zweck* des Kombinationsprozesses. Beide Alternativen setzen voraus, daß die positiven *und* negativen Erfolgskomponenten als einander entsprechende doppelte Wirkungen des Wirtschaftens hinreichend genau erfaßt werden können: Es sind „nur jeweils solche entstandenen Leistungsgüter und solche verzehrten Kostengüter einander eindeutig - zwingend gegenüberstellbar, ... die gekoppelte Wirkungen ein und desselben Kausalprozesses sind“[56, 57].

Das festzustellen wird grundsätzlich dadurch erschwert, daß das Ursachenverhältnis „ebenso wenig wie das Zweckverhältnis direkt aufweisbar“ ist. „Nur die Reihe der Zustände selbst in den Prozessen ist gegeben“[58], d. h. weder die verursachende Größe tritt zutage, noch der Umstand, ob eine Wirkung gewollt oder ziellos herbeigeführt worden ist. Vereinfachend hingegen könnte sich die mit dem Periodenabschluß bezweckte globale Wirtschaftlichkeitskontrolle auswirken[59], wonach lediglich die Gesamtheit der positiven und negativen Veränderungen des Entscheidungsfeldes verursachungsgerecht auf die im Kontrollzeitraum stattgefundene unternehmerische Tätigkeit zuzurechnen ist, nicht aber aufgeschlüsselt zu werden braucht. Das Zurechenproblem tritt also beim Periodenabschluß unter dem Aspekt der richtigen *Periodisierung*

54 Ausnahmen von der doppelten Wirkung einer Aktion sind z. B. Steuerzahlungen, deren einseitige Wirkung im Verbrauch von Nominalgütern besteht; vgl. *Kosiol* [Kostenrechnung] 25.

55 Da die Leistungsabgaben der Produktionsfaktoren Ursachen des Kausalprozesses sind, kann zwischen ihrem Verbrauch, der Minderung des Leistungspotentials als negativer Wirkung, und der Entstehung der Endleistungen oder Wiedereinsatzgüter als positiver Wirkung „*keine* Kausalbeziehung bestehen“. *Riebel* [Grundlagen] Anlage 6.

56 *Riebel* [Verursachungsprinzip] 60 f.

58 *N. Hartmann* [Teleologisches Denken] 20.

57 Daher unterscheidet Riebel je nach dem der Zurechnung zugrunde liegenden Gewißheitsgrad zwischen der „nach dem ‚Identitätsprinzip‘ “ und der „nach dem ‚Proportionalitätsprinzip i. e. S.‘ “ erfolgenden Zurechnung. Die erste muß die „Rückführbarkeit des Werteverzehrs *und* der Existenz des Kalkulationsobjektes auf eine identische (dieselbe) Disposition oder Maßnahme“ zulassen, die zweite bedeutet „Proportionalität zum ‚durchschlagenden Faktor‘ “, wenn die Korrelationsanalyse einen Koeffizienten über + 0,71 ergibt. Sie wird jedoch von Riebel nur für die Grobplanung und grobe Vorkalkulation als ausreichend angesehen. *Riebel* [Grundlagen] Anlage 7.

59 Vgl. *Leffson* [GoB] 146.

der Handlungsfolgen auf. Daraus folgt für die Abrechnung des am Bilanzstichtag vorhandenen Produktionsapparates: Es brauchen nicht die Erfolgsbeiträge[60] von Maßnahmen in bezug auf die Verwendung einzelner Gütermengen — in Form der Einzelbewertung — erfaßt zu werden, sondern es ist allein die Gesamtheit der Erfolgsbeiträge aus dem kombinativen Einsatz aller vorrätigen Produktionsfaktoren — in Form der Gesamtbewertung — zu ermitteln.

Inhaltlich verlangt der Abrechnungszweck die Zurechnung der geldlichen Folgen. Ein monetärer Erfolg kommt zwar erst dadurch zustande, daß die für die Endleistungen am Absatzmarkt erzielten Entgelteinnahmen die am Beschaffungsmarkt für die Produktionsfaktoren, die zur Erstellung der Endleistung erforderlich sind, hingegebenen Entgeltausgaben über- oder unterschreiten. Da aber die als Gegenleistungen zeitlich asynchron zu- bzw. abfließenden Geldmengen einwandfrei ermittelt werden können, spielt ihre Höhe für das Zurechnungsproblem keine Rolle. Deshalb ist es zurechnungstheoretisch gleichgültig, ob der Maßausdruck G^* güterwirtschaftliche Vorgänge kennzeichnet, die mit Hilfe der tatsächlich gezahlten Preise oder lediglich fiktiver Preise gleichnamig gemacht werden, wenn nur die jeweilige Menge an Geldeinheiten, die den Gütermengen zuzuordnen ist, durch eine Regel eindeutig bestimmt wird. Entscheidend ist also, daß die verbrauchten und entstandenen *Güter*mengen entsprechend ihren gemeinsamen Ursachen zugeordnet werden können. Daraus folgt, daß eine reine, allein auf Zahlungszeitpunkte abgestellte Einnahmen-Ausgaben-Rechnung keine verursachungsgemäße Erfolgsermittlung zuläßt, während Aufwands-Ertrags-Rechnung und Kosten-Leistungs-Rechnung als güterwirtschaftlich orientierte Rechnungen die gleiche Zurechnungsproblematik aufweisen[61, 62]. Daher können für die hier beabsichtigte grundsätzliche Untersuchung die Ausdrücke Aufwendungen und Kosten und Erträge und Leistungen

[60] Da als Erfolg der Periodenüberschuß, den die Unternehmung als Ganzes in einem fest umrissenen Zeitabschnitt erwirtschaftet, bezeichnet wird, soll hier mit Leffson in bezug auf eine einzelne Aktion bzw. mehrere Handlungen innerhalb des gesamten Aktionsprogramms von Erfolgsbeitrag gesprochen werden. Leffson definiert ihn als „den Saldo zwischen dem einzelnen Ertrag und dem entsprechenden Aufwand... Ein positiver Erfolgsbeitrag entsteht, wenn der Ertrag größer als der Aufwand, ein negativer, wenn er kleiner ist. Im Grenzfall Ertrag = Aufwand entsteht kein Erfolgsbeitrag". *Leffson* [GoB] Fn. 6 zu 175.

[61] Die Erfolgsrechnung und die Kosten- und Leistungsrechnung unterscheiden sich lediglich hinsichtlich des *Umfangs* des zu erfassenden *Mengen*gerüstes: In der Kostenrechnung bleiben einerseits leistungsneutrale — in der GuV auszuweisende — Güterverbräuche unberücksichtigt, während andererseits auch ausgabenlose Verbräuche als Zusatzkosten ermittelt werden. Das gilt im gleichen Sinne für die Güterentstehungen. Die Erfolgsrechnung hingegen soll nur insoweit Güterverbräuche und -entstehungen ausweisen, als ihnen Geldbewegungen entsprechen, wann diese auch eingetreten sein oder eintreten werden mögen.

jeweils synonym verwandt werden. Sie seien hier — ohne Festlegung auf eine bestimmte Bilanztheorie — als diejenigen mit Zahlungen verbundenen Güterverbräuche und -entstehungen bezeichnet, die der während eines bestimmten Teils der Gesamtperiode unternommenen Tätigkeit verursachungsgemäß zuzurechnen sind.

Dem Umfang nach erfordert der Bilanzzweck die vollständige Zurechnung der finanziellen Folgen auf die wirtschaftliche Tätigkeit der Kontrollperiode. Also sind auch die Geldein- und -ausgänge zu erfassen, die mit Hilfe der in der Vergangenheit angeschafften oder hergestellten Güter in Zukunft bewirkt werden. Das erfordert die mittelbezogene Zurechnung: retrograde Erfassung der Güterentstehungen, die nicht nur den in der Kontrollperiode realisierten, sondern auch den unrealisierten Güterverbräuchen entsprechen, soweit diese durch die am Bilanzstichtag vorhandenen Realgüterbestände repräsentiert werden[63, 64]. Die „Erlöse am Absatzmarkt so auf eine Kombination von Produktionsfaktoren aufzuteilen, daß der Wert jedes einzelnen Faktors ermittelt werden kann“[65], scheitert jedoch am „ganzheitlichen Charakter der betrieblichen Erfolgsbildung“[66]. Denn allein das komplementäre Zusammenwirken aller Produktionsfaktoren — der gegenwärtig vorhandenen und der noch zur Beendigung der eingeleiteten Umsatzprozesse erforderlichen — erbringt gemeinsam das Produkt[67].

Da grundsätzlich die Unternehmungsprozesse sowohl zeitlich-horizontal wie zeitlich-vertikal in bezug auf die Endleistungen miteinander verbunden sind, ermöglicht auch die Gesamtbewertung der gegenwärtigen Realgüterbestände nicht die mittelbezogene Zuordnung. Denn durch Gesamtbewertung werden nicht nur — ohne Gefährdung des Rechenzwecks — die am Bilanzstichtag vorhandenen und abzurechnenden Produktionsfaktoren, sondern notwendigerweise *zugleich* alle künftig zu beschaffenden Faktoren als einheitliche Ertragsquelle bewertet[68],

---

62 Die Erfolgsrechnung wäre nur dann *zugleich* eine *finanz*wirtschaftlich adäquate Rechnung, wenn die tatsächlich gezahlten Entgeltausgaben und -einnahmen, die stellvertretend für die Güterverbräuche und -entstehungen erfaßt werden, *direkt* gemessen werden könnten, was aber nur ausnahmsweise möglich ist (vgl. S. 52 f.).

63 Vgl. *Leffson* [GoB] 200.

64 Bezogen auf die den betrachteten güterwirtschaftlichen Vorgängen entsprechenden unrealisierten Entgelteinnahmen, bedeutet mittelbezogene Zurechnung: Aufteilung der an den Absatzmärkten künftig erzielbaren Entgelteinnahmen in die *vergangenheits*bedingten Entgelteinnahmenerwartungen — verkörpert durch die gegenwärtig vorhandenen Verbrauchsgüter — und in die *zukunfts*bedingten Entgelteinnahmenerwartungen — verkörpert durch die zwecks Beendigung der schwebenden Geschäfte erst zu beschaffenden und mit jenen kombinativ einzusetzenden Realgüter.

65 *Leffson* [Jahresabschluß] 382; vgl. Leffsons Zahlenbeispiel in [GoB] 201; vgl. *Jacob* [Neuere Entwicklungen I] Fußnote 11 zu 502.

66 *Riebel* [Relative Einzelkosten] 584.

67 Vgl. *Käfer* [Zukunftsrechnung] 38; *Jacob* [Neuere Entwicklungen I] 502 ff.; *Leffson* [GoB] 206; *Adam* [Restwerte] 393.

womit das Gegenteil des gewünschten Effektes eintritt: Die Zurechnung von Erfolgen auf die wirtschaftliche Tätigkeit während der abgelaufenen Teilperiode einerseits und auf die Unternehmungsprozesse im restlichen mehrperiodischen Zeitraum andererseits ist überhaupt nicht mehr möglich.

Demnach bleibt die zweite Alternative der Periodenabgrenzung, die zweckbezogene Zurechnung, auf ihren empirischen Aussagegehalt hin zu prüfen. Als Realisationsprinzip im weiteren Sinne ist sie zu einem der tragenden Pfeiler des traditionellen Jahresabschlusses herausgebildet worden[69]. Der zweckbezogenen Zurechnung liegt die Frage zugrunde, welche und wieviele Produktionsfaktoren insgesamt einzusetzen waren bzw. sind, um die in einem bestimmten Zeitabschnitt abgesetzte Unternehmungsendleistung gemeinsam zu erbringen. Ausgangsgröße ist hier die Ertragsrealisation[70]. Sie findet im Zeitpunkt der jeweiligen Leistungsbewirkung am Absatzmarkt statt[71, 72] und folgt somit zeitlich dem komplexen Kombinationsprozeß, womit sich die retrograde Aufspaltung der Entgelteinnahmen auf die einzelnen Realgüter erübrigt. Da der Transformationsprozeß zeitlich unbegrenzt abläuft, muß er zeitlich-vertikal durchschnitten werden, indem die für jede Absatzleistung erzielte Entgelteinnahme als Unterzweck des in der abgelaufenen Teilperiode zu erfüllenden erwerbswirtschaftlichen Zwischenziels betrachtet wird, das wiederum — soweit die Zukunft überschaubar ist — als Unterzweck des in einem übergeordneten mehrperiodischen Abrechnungszeitraum durchzusetzenden Oberzwecks erscheint. Mit der Festlegung der abzurechnenden Endleistungen bestimmt das Realisationsprinzip indirekt auch die Zuordnungsregel für die Güterverbräuche bzw. gegenläufigen Entgeltausgaben: Der Teil des gesamten Ausbringungsauf-

---

[68] „Erfolgsbeiträge lassen sich ... nur dem Bündel aus den in t_2 (am Bilanzstichtag, d. Verf.) vorrätigen *und* danach zu beschaffenden Faktoren insgesamt" zurechnen. *Leffson* [GoB] 206 (Hervorhebung durch d. Verf.).

[69] Vgl. *Leffson* [GoB] 129 ff. und 145 ff.

[70] Das Realisationsprinzip im engeren Sinne regelt, wann „der Wert der Güter einen Sprung vom Kosten- zum Absatzwert" macht und somit „die Erzeugnisse und Dienste des Unternehmens nicht mehr als ein Bündel von Produktionsfaktoren", sondern als erfolgswirksam kombinierte Endleistung zu betrachten sind. Der Realisationszeitpunkt ist ein güterwirtschaftliches Kriterium, der Absatztag: Erfolgswirksam kann eine Entgelteinnahme „nur durch einen Umsatz am Absatzmarkt oder durch einen analogen Vorgang, bei dem das Unternehmen den Anspruch auf den Gegenwert erwirbt, entstehen — ‚realisiert' werden —". *Leffson* [GoB] 145; vgl. auch *Kosiol* [Buchhaltung] 21.

[71] Vgl. *Leffson* [GoB] 151.

[72] Den Zeitpunkt des Geldeingangs für die abgesetzte Leistung zu wählen ist zurechnungstheoretisch unzutreffend, da eine Einzahlung der entsprechenden Forderung immer zugeordnet werden kann. Der mögliche Einwand, die Forderung sei bis zu ihrer Einlösung unsicher, berücksichtigt zwar die Ungewißheit künftigen Geschehens, der aber durch eine globale Wertberichtigung besser Rechnung getragen werden kann.

wands, d. h. der in der Abrechnungsperiode insgesamt verbrauchten Gütermengen[73], dem am Bilanzstichtag produzierte, aber noch nicht abgesetzte Güter unterschiedlicher Fertigungsreife entsprechen, ist den künftigen Absatzleistungen zuzuordnen und damit gegenwärtig als erfolgsneutral abzugrenzen[74].

Die methodische Ableitung dieser Abgrenzungsregel sagt allerdings noch nichts darüber aus, inwieweit sie im einzelnen exakt durchführbar ist. Tatsächlich steht der zweckbezogenen Zurechnung der Aufwendungen partiell die fehlende *Unterteilbarkeit* der Produktionsfaktoren entgegen, d. h. derjenigen, deren Leistungsabgaben sich nur mehr oder minder genau schätzen oder sogar nur willkürlich verteilen lassen[75]. Die fehlende Unterteilbarkeit der nur mittelbar verbrauchbaren Realgüter wirkt sich erfolgsrechnerisch jedoch um so weniger störend aus, je umfassender die Bezugsgröße in zeitlich-horizontaler und -vertikaler Ausdehnung gewählt wird, d. h. je höher ihr Rang innerhalb der „mehrstufigen Hierarchie von Zurechnungsobjekten" ist[76, 77]. Da mit dem Perioden-

---

73 Vgl. *Kosiol* [Aufwand] 282.

74 „Mit der Festlegung der Erträge durch das Realisationsprinzip ist zugleich für einen großen Teil der Aufwendungen die Periodenzugehörigkeit" (*Leffson* [GoB] 136) geregelt, was Leffson im ‚Grundsatz für die sachliche Abgrenzung der Aufwendungen' zusammenfaßt: Ihm zufolge sind „alle Aufwendungen, die dazu dienen, bestimmte realisierte oder noch nicht realisierte Erträge zu erzielen, entsprechend dem Ertragsanfall zu periodisieren". *Leffson* [GoB] 138.

75 „Die Problematik der quantitativen Erfassung und Darstellung des Verzehrs bzw. Entstehens von Gütern ist durch die *mengenmäßige Zuordenbarkeit* der Einsatzgüter zu den Ausbringungsgütern bis hin zur absatzreifen Unternehmungsendleistung gekennzeichnet. Die quantitative Zuordenbarkeit ist solange problemlos, wie der Charakter der *Unterteilbarkeit* von Einsatzgütern und Arbeitsobjekten, die zu Wiedereinsatzgütern werden, bis zum Endprodukt *lückenlos beibehalten* wird, so daß bei jedem Transformationsschritt angegeben werden kann, wieviel Einheiten jedes Einsatzgutes gebraucht werden, um eine bestimmte Anzahl von Wiedereinsatzgütern zu erzeugen, und wieviel Einheiten im zweiten Transformationsschritt für eine ebenfalls quantitativ bestimmte Menge weiterer Produkte notwendig sind. Ist diese Bedingung erfüllt, so ist ... ein geschlossenes Zuordnungssystem von den ersten Einsatzgütern bis hin zu den absatzreifen Unternehmungsendleistungen gegeben." Schulze [Messung] 169 (Hervorhebung durch d. Verf.).

Schulze kennzeichnet zwar treffend die Frage, wie bei begrenzter Teilbarkeit des Produktionsapparates die Einsatzgüter den Ausbringungsgütern mengenmäßig zugeordnet werden können, für ihn ist aber ein *materielles* Problem damit nicht verbunden, da sich sein Meßbegriff im formalen Kriterium der eindeutigen Zahlenzuordnung zu Gegenständen erschöpft (vgl. S. 53). Dann reduziert sich notwendigerweise das Problem darauf, daß der *fingierte* „Charakter der Unterteilbarkeit ... *lückenlos beibehalten* wird".

76 *Riebel* [Relative Einzelkosten] 583 f.

77 Im Grenzfall, wenn sämtliche während der Totalperiode zu erstellenden Endleistungen als Bezugsgröße gewählt werden, gelingt die Zurechnung vollkommen bzw. braucht nicht mehr durchgeführt zu werden; denn die Frage nach ihr ist ja nur sinnvoll, wenn wenigstens für zwei Abschnitte der Totalperiode die einander entsprechenden positiven und negativen Handlungsfolgen erfaßt werden sollen.

abschluß allein eine globale Wirtschaftlichkeitskontrolle bezweckt wird, kann die Summe der in der gesamten Teilperiode abgesetzten Endleistungen bzw. ihrer gegenläufigen Entgelteinnahmen als Kalkulationsobjekt gewählt werden. Ihm sind als Block die Periodeneinzelkosten gegenüberzustellen[78]. Das sind alle für die Abrechnungsperiode direkt erfaßbaren Kosten, die sich aus Einzelkosten und unechten Gemeinkosten zusammensetzen. Die letzten sind „ihrem Wesen nach direkt zurechenbar", worauf aber „aus Gründen der Wirtschaftlichkeit oder der Bequemlichkeit ... verzichtet" wird[79]. Es verbleibt der Teil der nur zu schätzenden oder fiktiv anzunehmenden Güterverbräuche: die (Teil-)Periodengemeinkosten[80], die sich exakt nur den Erträgen eines übergeordneten mehrperiodischen Abrechnungszeitraumes als (Gesamt-)Periodeneinzelkosten gegenüberstellen lassen[81].

Damit lassen sich die Untersuchungen über das Zurechnungsproblem zusammenfassen:

— Die mittelbezogene Zurechnung der Güterentstehungen bzw. der gegenläufigen Entgelteinnahmen scheitert grundsätzlich am ganzheitlichen Zusammenwirken der Produktionsfaktoren, das die Rückführbarkeit von Erlösanteilen auf einzelne Faktoren ausschließt. Dagegen ist die zweckbezogene bzw. realisationsgemäße Zuordnung der Güterverbräuche bzw. der mit ihnen korrespondierenden Entgeltausgaben in dem Umfang exakt durchführbar, wie der Verbrauch der Produktionsfaktoren direkt gemessen werden kann. Daher lassen sich den an den Absatzmärkten realisierten Endleistungen als Kalkulationsobjekt eindeutig nur *Brutto*-Erfolgsbeiträge zurechnen: „die jeweils einander entsprechenden direkten ... Erlös- und Kostenteile"[82].

— Nach dem Realisationsprinzip werden nicht die Erfolge der Aktionen erfaßt, die im Abrechnungszeitraum unternommen worden sind, sondern derjenigen Dispositionen, welche in der Kontrollperiode Marktumsatzprozesse zum Abschluß gebracht haben, unabhängig davon, in welcher früheren Periode die sie auslösenden bzw. einleitenden Dispositionen stattgefunden haben. Das bedeutet negativ: Der den in der Abrechnungsperiode realisierten Geschäften sachlich und zeitlich nicht zugeordnete Teil der bereits verbrauchten Gütermengen

---

[78] Vgl. *Riebel* [Grundlagen] Anlage 9.

[79] *Riebel* [Relative Einzelkosten] Fn. 19 zu 555.

[80] Periodengemeinkosten sind alle „Kosten, die der Abrechnungsperiode nicht eindeutig zugerechnet werden können". *Riebel* [Relative Einzelkosten] 584.

[81] Der Anlagenverbrauch erscheint demnach dann als relative Einzelkosten der übergeordneten Periode, wenn sie mindestens so lang währt, wie mit der Anlage Leistungen erstellt werden.

[82] *Riebel* [Deckungsbeitragsrechnung] 1

gilt nicht als durch die vergangenen Handlungen, sondern als durch diejenigen künftigen Aktionen bedingt, aufgrund derer die eingeleiteten Marktumsatzprozesse am Absatzmarkt beendet werden. Das Realisationsprinzip ist damit zwar kein verursachungsgemäßes bzw. -gerechtes, aber das einzige operationale verursachungs*bezogene* Periodisierungskriterium. Es ist selbstverständlich unabhängig vom jeweiligen Unternehmungsziel, dessen Realisierungsgrad mit Hilfe der Kontrollrechnung ermittelt werden soll.

— Die meß- oder schätzweise Erfassung der restlichen Gütermengen beinhaltet jedoch *nicht* zugleich eine Aussage darüber, ob bzw. inwieweit sie nach Art und Umfang für den künftigen Produktionsprozeß erforderlich sind und damit spätere Entgeltausgaben für Ersatzbeschaffungen zu ersparen ermöglichen. Die Einzelbewertung der Bestände mit Hilfe von Entgeltausgaben dient lediglich dazu, „alle unterschiedlichen Güter auf einen Generalnenner umzuwerten“[83], ohne diesen aus dem erwarteten durchschnittlichen Erfolgsbeitrag ableiten zu können.

— Soll die Verwertbarkeit der gegenwärtig vorhandenen Produktionsfaktoren im Rahmen einer Gesamtbewertung, die allein den betrieblichen Interdependenzen Rechnung trägt, beurteilt werden, muß die Gesamtbewertung *neben* der Einzelbepreisung durchgeführt werden, da anderenfalls die realisationsgemäße Ermittlung des Teilperiodenerfolgs vereitelt würde. Eine sich wahrscheinlich zwischen der Summe der Einzelwerte und dem Gesamtwert ergebende Differenz ist daher gesondert auf der Aktivseite und erkennbar als positiver bzw. negativer Korrekturposten zum Eigenkapital auf der Passivseite der Bilanz auszuweisen.

C. Die Prognostizierbarkeit von Aktionsfolgen

Keine Bilanztheorie mit empirischem Geltungsanspruch kommt umhin, sich mit der Prognostizierbarkeit der finanz- und güterwirtschaftlichen Vorgänge auseinanderzusetzen, die durch den Abschluß der am Bilanzstichtag eingeleiteten Marktumsatzprozesse ausgelöst werden. Denn alle Nichtgeldbestände sollen irgendwann direkt oder indirekt zu finanzwirksamen Güterbewegungen führen[84]. Da die aus dem kombinativen Einsatz der vorhandenen Gebrauchsgüter resultierenden — vergangenheitsbedingten — Entgelteinnahmen nur im Rahmen einer geschlossenen Planung ermittelt werden können, müssen darüber hinaus sämtliche — zukunftsbedingten — Entgelteinnahmen, die künftig aus dem alternativen Einsatz des gegenwärtigen Produktionsapparates erzielbar erschei-

---

83 *Schulze* [Messung] 128.
84 Vgl. S. 26 und S. 75.

nen, und all die Entgeltausgaben prognostiziert werden, die für die Beschaffung der zur Durchführung der alternativen Aktionsprogramme erforderlichen Produktionsfaktoren aufzubringen sind[85]. Denn rationales Handeln ist ohne hinreichende Kenntnis des zielrelevanten zukünftigen Geschehens nicht möglich. Dieses ist jedoch mehr oder minder oder sogar völlig ungewiß. Also hängt die prospektive Abrechnung der schwebenden Geschäfte davon ab, in welchem Umfang und mit welcher Gewißheit die künftig gleichzeitig und im Zeitablauf auftretenden Handlungsfolgen prognostiziert werden können.

Formal lassen sich Prognosen als besondere Aussagen über den Eintritt eines künftigen Ereignisses kennzeichnen, die aus wenigstens einer allgemeinen Aussage über Gesetz- oder zumindest Regelmäßigkeiten und aus besonderen Aussagen über die jeweiligen Randbedingungen abgeleitet werden[86, 87]. Material setzt eine Prognose erstens voraus, daß die allgemeinen Sätze empirisch gehaltvolle und genügend bestätigte Hypothesen über — innerhalb einer gewissen Bandbreite — überall und immer gültige Abhängigkeiten zwischen den zu erklärenden bzw. zu prognostizierenden Vorgängen und bestimmten anderen Vorgängen sind[88]. Zweitens müssen die besonderen Sätze die Randbedingungen zu-

---

[85] Im wesentlichen müssen für eine geschlossene Planung folgende Größen bekannt sein:
- die nach Höhe und Dauer verfügbaren Finanzierungsmittel und komplementär durchführbaren externen Investitionen;
- die an den Absatzmärkten erzielbaren Preis-Mengen-Relationen für die herstellbaren Produkte;
- die Verwendungsart, Kapazität, technische Lebensdauer, Höhe der Anschaffungsausgaben, fixen Ausgaben (z. B. für Wartung, Raummiete) und der variablen Produktionsausgaben und der Umfang des im Planungshorizont vorhandenen restlichen Leistungspotentials der alternativ einsetzbaren maschinellen Anlagen und
- die Höhe der Kapitalbindung im Umlaufvermögen.

Vgl. *Jacob* [Neuere Entwicklungen II] 555 f.; *Jacob* [Investitionsplanung] 102.

[86] Vgl. *Albert* [Prognose] 130; *Kosiol* [Problematik] 85; *R. B. Schmidt* [Wirtschaftslehre] 23.

[87] Beispielsweise versuche eine Unternehmung, das Ausmaß der künftigen Inanspruchnahme von Lieferantenkrediten durch ihre Großabnehmer (vgl. Fn. 100) zu prognostizieren, um ihren Finanzbedarf zu ermitteln: Sie geht von der allgemeinen Feststellung aus — deren Wahrheit oder Falschheit für die Ableitung der Vorhersage unerheblich ist —, daß bei überdurchschnittlichen Gewinn- und unveränderten sonstigen Finanzierungsmöglichkeiten die Lieferantenkredite voll ausgeschöpft werden. Außerdem sprechen die volkswirtschaftlichen Indikatoren für eine Hochkonjunktur in der nächsten Zukunft, woraus vereinfachend die besondere Aussage über gute Gewinnaussichten der Abnehmerfirmen während dieser Zeit hergeleitet wird. Aus beiden Sätzen ist zu folgern, daß die Abnehmer in der ersten Teilperiode des betrachteten mehrperiodischen Zeitraums die ihnen kraft branchenüblicher Usance einzuräumenden Kredite voll in Anspruch nehmen werden und damit von der Unternehmung Finanzierungsmittel in dieser Höhe und für diese Dauer eingeplant werden müssen.

[88] Formal sind Prognosen gleich aufgebaut wie Erklärungen, nur ihre besonderen Aussagen über die Randbedingungen beziehen sich auf einen unterschiedlichen Raum-Zeit-Bereich. Vgl. *Albert* [Prognose] 126 f.

treffend beschreiben, bei deren Eintritt die Gesetz- bzw. Regelmäßigkeiten zur Wirkung gelangen. Da die Randbedingungen als räumlich und zeitlich begrenzte Situationen auftreten[89], gilt jede Erklärung bzw. Prognose nur insoweit, als jene gegeben sind bzw. sein werden. Demnach kann jede Prognose nur eine *begrenzte* Reichweite aufweisen[90].

Das Problem, das sich aus diesen Anforderungen realtheoretisch fundierter Vorhersagen ergibt, liegt auf der Hand: In bezug auf den Umfang der für eine geschlossene Planung benötigten Informationen liegt nur für wenige technische und soziale Sachverhalte hinreichend großes Untersuchungsmaterial vor[91], aus dem allgemein formulierte Aussagen über Regelmäßigkeiten beispielsweise mit Hilfe der Regressionsverfahren[92] und der statistischen Wahrscheinlichkeitsrechnung[93, 94] gewonnen werden können. Hier kommt kaum mehr als die Berechnung von Verbrauchsfunktionen, Ausschußquoten, Forderungsausfällen, Pensionsrückstellungen und ähnlich beschaffenen Sachverhalten in Betracht[95]. Weiterhin lassen sich, selbst wenn generelle Hypothesen verfügbar sind, die künftigen Ereignisse dann nicht prognostizieren, wenn für das künftige Eintreten der Randbedingungen überhaupt keine genügenden Anhaltspunkte bestehen[96, 97] oder von der jeweiligen Unternehmung keine diesbezüglichen Informationen beschafft werden. Andererseits sind allein die Randbedingungen die von der Unternehmung zum Teil beeinflußbaren Situationen, d. h. daß deren Eintritt — entsprechend dem gegebenen Entscheidungsfeld und Zielsystem der Unternehmung — mit herbeigeführt oder sogar allein bewirkt werden kann. In diesen Fällen spielen die „eigenen Handlungsalternativen ... die Rolle kausalrelevan-

---

89 Vgl. *Albert* [Prognose] 130.

90 Das bedeutet, bezogen auf das obige Beispiel, daß nicht für den gesamten mehrperiodischen Zeitraum oder gar für die Ewigkeit mit der vollen Inanspruchnahme der Lieferantenkredite zu rechnen ist.

91 Vgl. *Kosiol* [Problematik] 78 f. und 89.

92 Vgl. *Jaensch* [Wert und Preis] 45 ff.

93 Vgl. *Jaensch*, ebenda, 47 ff.; vgl. *Leffson* [GoB] 275 ff.

94 Sie gelangt zur Anwendung, „wenn zwischen den Ursachen und den Ereignissen keine gesetzmäßigen oder nur stochastische Abhängigkeiten bestehen, oder wenn gesetzmäßige Abhängigkeiten zwar bestehen, aber nicht bekannt sind, oder wenn die wirkenden Ursachen selbst unbekannt sind". *Engels* [Bilanz] 699.

95 Vgl. z. B. die Untersuchungen Langens über die „Abhängigkeit der Bareinnahmen von Umsätzen und Auftragseingängen". *Langen* [Prognose] 289 ff. Vgl. auch *Langen* [Betriebliche Zahlungsströme] 261 ff.

96 Vgl. *Kosiol* [Problematik] 85; *Jaensch* [Wert und Preis] 46 ff. und 54; *Leffson* [GoB] 276.

97 So seien, bezogen auf das obige Beispiel, zwar die regelmäßig bestehenden generellen Beziehungen zwischen Gewinnchancen und Kreditinanspruchnahmen hinreichend bekannt, aber es lasse sich keine bestimmte künftige konjunkturelle Situation und damit auch nicht diejenige Phase, in der die bekannten Abhängigkeiten auftreten, mit für ausreichend gehaltener Wahrscheinlichkeit voraussagen.

ter Umstände (Randbedingungen)"[98] und schaffen damit die Voraussetzungen für das Eintreten der in den generellen Hypothesen beschriebenen Sachverhalte[99, 100].

Da nun in bezug auf den benötigten Umfang der Informationen die Eingriffsmöglichkeiten einer Unternehmung in das künftige Geschehen meist nicht ausreichen und noch weniger generelle Abhängigkeiten der planungsrelevanten Sachverhalte von bestimmten Vorgängen bekannt sind, muß man in der Mehrzahl der Fälle nicht nur hinsichtlich der allgemeinen, sondern auch der besonderen Aussagen „auf möglichst plausible, aber ungenügend verifizierte Hypothesen oder gar unbestätigte Annahmen zurückgreifen. Natürlich fließen auch in diese bewußt oder unbewußt bisher gemachte Erfahrungen ein, doch ist ein objektiver Bewährungsgrad nicht bekannt. Solche Prognosen sind daher als realtheoretisch nichtfundiert zu bezeichnen"[101]. Sie werden in der Regel durch Induktions- oder Analogieschlüsse gewonnen[102]. Mit dem Übergang auf diese schwächere Form der Prognose wird natürlich die Grenze zwischen der empirisch mehr oder minder gehaltvollen Prognose[103] und der allein denkbaren und somit nur logisch nachprüfbaren reinen Annahme bzw. Behauptung verwischt[104], was aber einerseits aufgrund der praktischen Gegebenheiten unvermeidlich ist, andererseits nicht zur Akzeptierung unverbindlicher idealtheoretischer Aussagen führen darf[105, 106].

---

[98] *Albert* [Prognose] 130.

[99] Nach dem Grad der Einwirkungsmöglichkeiten auf die Ausgangssituationen des künftigen Geschehens sind daher bei der Planung zu unterscheiden:
— die Aktionsparameter als die *unmittelbar* beeinflußbaren Randbedingungen,
— die Reaktionsparameter als die *mittelbar* beeinflußbaren Randbedingungen und
— die Datenparameter als die *nicht* beeinflußbaren Randbedingungen.
Vgl. *Kosiol* [Problematik] 81.

[100] So vermag im obigen Beispiel die Unternehmung unter den gegebenen Möglichkeiten auf die Finanzierungsentscheidungen ihrer Marktpartner unterschiedlich bis gar nicht einzuwirken: auf die Dispositionen der von ihr beherrschten Firmen *direkt* (durch Beanspruchung von ihr einzuräumenden Kundenkrediten), auf die der kleineren und mittleren Kunden *indirekt* (durch Variation der ihnen gewährten Skonti) und auf die Entscheidungen der Großabnehmer *überhaupt nicht* — hinsichtlich einer etwaigen Kürzung der ihnen einzuräumenden Lieferantenkredite.

[101] *Kosiol* [Problematik] 86.

[102] Vgl. *Jaensch* [Wert und Preis] 49 ff.

[103] „Die Vorhersage ist ... zwar auch irgendwie fundiert, aber eben nicht durch das objektive nomologische Wissen, wie es durch eine Realtheorie geliefert wird." *Kosiol* [Problematik] 86.

[104] „So ist zum Beispiel eine Extrapolation vergangener Tendenzen in die Zukunft nur insoweit als eine Prognose und nicht als eine ‚reine' Zukunftshypothese anzusprechen, als sie noch durch Schlüsse aus bestimmten vergangenen Ereignissen modifiziert werden kann. Letzteres mag für kurzfristige Extrapolationen zutreffen, nicht dagegen für die mittel- und langfristigen Extrapolationen." *H. Koch* [Optimalitätskriterium] Fn. 90 zu 428; vgl. *Jaensch* [Wert und Preis] 44 f.

Den zugänglichen Informationen entsprechend, fällt die Erwartungsstruktur der ableitbaren möglichen Vorhersagen aus. Sie wird durch zwei Kriterien gekennzeichnet: die Erwartungsbreite und die Art der Verteilung der Erwartungen. Sie sind also meistens „mehrwertig, d. h. der Eintritt des zukünftigen Ereignisses erscheint innerhalb einer Bandbreite von Werten möglich"[107, 108]. Lassen sich einzelne Werte oder Zonen mit unterschiedlichen Wahrscheinlichkeitsgraden belegen, spricht man von subjektiv mehrwertigen Erwartungen, sind für jene auch subjektiv keine Anhaltspunkte mehr zu finden, gelten die Erwartungen als objektiv mehrwertig[109, 110]. Folglich ist der Informationsgehalt einer Prognose um so größer, je mehr künftige Konstellationen mit als ausreichend angesehener Gewißheit ausgeschlossen werden, d. h. je mehr der *gesamte* Verteilungsbereich, innerhalb dessen der Eintritt des jeweiligen entscheidungsrelevanten Parameters mit einiger Wahrscheinlichkeit erwartet wird, auf eine operationale Bandbreite eingegrenzt werden kann und je mehr die Glaubwürdigkeitsgrade, die einzelnen Erwartungswerten oder -bereichen *innerhalb* der Gesamtbreite zuordenbar erscheinen, voneinander differieren. Dabei wird der abnehmenden Sichtweite entsprechend, nicht nur „die (subjektive) Wahrscheinlichkeitsverteilung der Erwartungen mit der Ausdehnung des Prognosezeitraums abgeflacht"[111], sondern ebenso rücken die Extremwerte des gesamten Erwartungsbereichs auseinander. In beiden Kriterien kommt formal der Übergang der unvollkommenen Information in vollkommenes Nichtwissen zum Ausdruck. Da diese Situation in bezug auf die für die Planung benötigten einzelnen Parameter in unterschiedlicher Entfernung vom Bilanzstichtag

---

105 Würde man nicht zwischen einer schwächer, aber noch empirisch abgestützten Voraussage und einer bloßen Behauptung unterscheiden, so könnte in bezug auf all diejenigen Ereignisse, deren Prognose nicht den strengen realtheoretischen Anforderungen gerecht wird, ebensogut gefolgert werden, der Planende könne alles und nichts voraussagen.

106 In diesem Sinn sei mit H. Koch — notwendigerweise etwas vage — unter „Prognose ... eine über die Zukunft gehegte Vermutung verstanden, die durch Schlüsse aus vergangenen Ereignissen empirisch gestützt wird. Im Gegensatz hierzu steht die ‚reine' Zukunftshypothese. Diese ist dadurch definiert, daß sie nicht durch Schlüsse aus der Vergangenheit fundiert ist." *H. Koch* [Optimalitätskriterium] Fn. 90 zu 428; vgl. auch *Kosiol* [Problematik] 81 und 85.

107 *Leffson* [GoB] 279 f.; vgl. *Jaensch* [Wert und Preis] 55.

108 Im Gegensatz zu den mehrwertigen Erwartungen werden die einwertigen dadurch definiert, daß sie „entweder sicher sind oder durch mathematische Wahrscheinlichkeiten ausgedrückt werden können". *Jaensch* [Wert und Preis] 55.

109 Vgl. *Jaensch*, ebenda, 56.

110 Objektive Mehrwertigkeit bzw. Ungewißheit stellt also „einen Sonderfall der subjektiven Ungewißheit dar, nämlich den, bei dem die für möglich gehaltenen Ereignisse nicht mit Graden unterschiedlicher Wahrscheinlichkeit bewertet werden können". Daher hält Jaensch zu Recht die Bezeichnung ‚objektiv' nicht für treffend. *Jaensch*, ebenda, Fn. 242 zu 60.

111 *Jaensch*, ebenda, 57; vgl. *H. Koch* [Optimalitätskriterium] Fn. 90 zu 428.

eintritt, muß der Prognosezeitraum durch Einführung eines ökonomischen Horizontes auf denjenigen Zukunftsbereich beschränkt werden, für den zumindest noch die Schlüsselgrößen aufgrund empirisch gehaltvoller Hypothesen vorausgesagt werden können.

Auf die Frage, nach welchem Auswahlkriterium bei gegebener Erwartungsstruktur der „Alternativwert der für möglich gehaltenen Parameterwerte zu bestimmen (ist), der dem ex post richtigen Wert am nächsten kommt“[112], werden in der Literatur unterschiedliche Antworten gegeben. Ohne weitere Prüfung kann hier im Falle subjektiver Ungewißheit die von Jaensch befürwortete Höhe der mathematischen Erwartung als plausibelstes Kriterium akzeptiert werden[113]. Sie ist das mit den jeweiligen — hier subjektiv angenommenen — „Wahrscheinlichkeiten gewichtete arithmetische Mittel aller für möglich erachteten Einzelwerte“[114]. Wesentlich für den Fortgang dieser Arbeit ist allein die Frage, ob bei objektiv unsicheren Erwartungen, die in bezug auf die meisten Datenkonstellationen nach dem ökonomischen Horizont vorliegen, eine rationale Entscheidung für einen bestimmten Wert *innerhalb* eines mehr oder minder kleinen bis praktisch unendlich großen Erwartungsbereichs überhaupt möglich ist. Jaensch setzt sich mit den für diesen Fall in der Literatur vorgeschlagenen spieltheoretisch fundierten Entscheidungsregeln auseinander und weist nach, daß letztlich sowohl die Minimax-Risiko-Regel[115, 116] als auch die Laplace-Regel als Prinzip vom unzureichenden Grunde[117] die Entscheidung zwischen den für möglich gehaltenen Parameteransätzen von der Höhe der mathematischen Erwartung abhängig machen: Unter der Prämisse, daß der Eintritt jeder möglichen Datenkonstellation *gleichwahrscheinlich* ist[118], empfiehlt sich als optimaler Wert das arithmetische Mittel der erwarteten Extremwerte. Die Entscheidungskriterien sind also bei subjektiver und objektiver Ungewißheit formal identisch[119].

Sich vorsichtig ausdrückend, lehnt Jaensch wie Engels[120] zu Recht „die These der Gleichwahrscheinlichkeit“ ab, da sie „einen Kunstgriff der

---

112 *Jaensch* [Wert und Preis] 103.

113 Vgl. *Jaensch*, ebenda, 108. Zur Kritik an der mathematischen Erwartung als Auswahlkriterium vgl. *Jaensch*, ebenda, 109 ff.

114 *Jaensch*, ebenda, 108. Die „mathematische Erwartung einer Wahrscheinlichkeitsdistribution gibt denjenigen Wert an, bei dem die Gesamtheit aller denkbaren Abweichungen ein Minimum darstellt“. *Jaensch*, ebenda, 114.

115 Vgl. hierzu *Jaensch* [Wert und Preis] 120 ff.

116 Die Minimax-Risiko-Regel ist eine modifizierte Form des Minimax-Prinzips. Die Abwandlung beruht auf der Frage nach dem zutreffendsten Entscheidungswert in bezug auf den künftigen Eintritt des zu prognostizierenden Ereignisses: Es soll nicht der risikominimale Parameteransatz — entsprechend dem Minimax-Prinzip —, sondern der Erwartungswert ermittelt werden, „bei dem ... die mögliche Abweichung von dem richtigen, d. h. von der Zukunft bestätigten Wert ein Minimum darstellt“. *Jaensch*, ebenda, 121.

117 Vgl. hierzu *Jaensch*, ebenda, 124 f.

118 Vgl. *Jaensch*, ebenda, 126.

Entscheidungstheoretiker darstellt, die objektive oder völlige Ungewißheit über den weiteren Entwicklungsverlauf wieder in eine Form der Wahrscheinlichkeitsverteilung zu pressen"[121]. Diese „Überführung der objektiven Ungewißheit in eine bestimmte Form der Wahrscheinlichkeitsverteilung ... widerspricht der Charakterisierung objektiver Ungewißheit als der Erwartungsstruktur, der sich *keine* Wahrscheinlichkeitsgrade zumessen lassen"[122]. Mit anderen Worten: Aus dem Unvermögen, kraft fehlender Informationen bestimmten Parameterwerten nicht einmal subjektiv begründbare Glaubwürdigkeiten zuordnen zu können, kann sinnvollerweise nicht durch Umkehrschluß die subjektiv gehegte Erwartung gefolgert werden, daß alle möglichen Datenkonstellationen mit gleicher Wahrscheinlichkeit eintreten werden[123]. Demnach erscheint, wenn „eine Bandbreite vorhanden ist ..., jeder Wert zwischen den beiden Extremwerten möglich"[124]. Ist nun der Erwartungsbereich aufgrund plausibler Annahmen operational begrenzt, so kann auf den unteren Extremwert zurückgegriffen werden[125]. In diesem Fall läßt sich also ein bestimmter Prognoseansatz begründen.

Bei praktisch unendlich breitem Erwartungsbereich erscheint jedoch vernünftiges Verhalten ausgeschlossen. Dennoch hält Jaensch an dem auf die restliche Totalperiode ausgedehnten Prognosezeitraum fest[126]: „Bei der Unternehmungsbewertung muß ... grundsätzlich davon ausgegangen werden, daß es der Unternehmerdisposition gelingt, das ursprünglich im Unternehmen eingesetzte Kapital auf die Dauer zu er-

---

119 „Die Übereinstimmung ergibt sich daraus, daß die mathematische Erwartung ein mit den Wahrscheinlichkeiten gewichtetes arithmetisches Mittel ist. Können für die möglichen Parameterwerte keine unterschiedlichen Wahrscheinlichkeitsgrade angegeben werden (= der Fall objektiver Ungewißheit), dann ist eine Gewichtung der zur Auswahl stehenden Werte überflüssig: einfaches arithmetisches Mittel und gewogenes arithmetisches Mittel fallen hier zusammen." *Jaensch,* ebenda, 123 f.

120 „Unter vollkommener Unsicherheit, d. h., wenn man auch die Hypothesen nicht mehr mit Wahrscheinlichkeitswerten belegen kann, ist das Entscheidungsproblem — im Sinne einer rationalen Entscheidung — prinzipiell nicht lösbar." *Engels* [Bewertungslehre] 53.

121 *Jaensch* [Wert und Preis] 126.

122 *Jaensch* [Wert und Preis] 126.

123 „Nichts berechtigt ... dazu, einen Durchschnittswert zu wählen und damit einem Wert innerhalb der Bandbreite mehr Wahrscheinlichkeit als den anderen Werten beizumessen. Die unter anderen von Keynes vorgetragene Überlegung, bei gleicher Wahrscheinlichkeit aller möglichen Fälle sei der Mittelwert der wahrscheinlichste Wert, ist falsch; in Wirklichkeit läßt sich hier keine Aussage über die Wahrscheinlichkeit machen." *Leffson* [GoB] 280.

124 *Leffson* [Jahresabschluß] 389.

125 In diesem Sinne versteht Leffson das Vorsichtsprinzip: Ansatz des unteren Endes der für jeden Parameter erwarteten Bandbreite; denn wenn jeder dazwischen liegende Wert eintreten kann, „läßt sich durchaus vertreten, daß der ‚vorsichtige' Wertansatz der richtige Wertansatz ist ..., vorausgesetzt, daß ... über das Ausmaß der Bandbreite informiert" wird. *Leffson,* ebenda, 389; vgl. *Leffson* [GoB] 274 ff.

halten und daraus eine seinem Wert entsprechende Verzinsung zu erzielen. So läßt sich zwar sagen, daß die Unternehmung nicht ewig bestehen wird, wohl aber das Kapital, das im Unternehmen investiert ist und das letzten Endes auch bewertet werden soll[127]." Aus dieser Prämisse folgt, daß unteres Ende der Bandbreite spätere Entgelteinnahmen in Höhe des im Planungszeitraum gebundenen Kapitals zuzüglich einer Normalverzinsung sind; oberes Ende, auf das es in diesem Zusammenhang weniger ankommt, sind offenbar zumindest so hohe Gewinne, daß überhaupt eine diskutable Bandbreite entsteht. „Das Wirtschaftssubjekt kann dann nach subjektivem Empfinden auf dem zwischen den Extremwerten liegenden Bereich möglicher Gesamtwerte disponieren[128,129]." Mit den Annahmen über die beiden Extremwerte widerspricht Jaensch aber dem von ihm zu Recht gegen die These der Gleichwahrscheinlichkeit vorgebrachten logischen Einwand, aufgrund dessen er „nicht von der Möglichkeit einer ‚rationalen' Entscheidung unter objektiv ungewissen Erwartungen überzeugt" ist[130]. Denn die Aussage, nichts über künftige Entwicklungen sagen zu können, ist unverträglich mit dem Ausschluß *bestimmter* künftiger Konstellationen. Das sind die von Jaensch per definitionem ausgeklammerten Kapitalverlustrisiken. Sie bestehen darin, daß möglicherweise *nach* dem ökonomischen Horizont Kapitalverluste eintreten, die durch *innerhalb* des Planungszeitraums unternommene und grundsätzlich nur unter Inkaufnahme finanzieller Einbußen revidierbare Aktionen induziert werden[131]. Läßt sich also der Erwartungsbereich als Ganzes nicht mehr operational begrenzen, so muß — worauf Jaensch zu Recht an anderer Stelle hinweist — im „Extremfall ... mit dem Konkurs des zu bewertenden Unternehmens in der gleichen Wahrscheinlichkeit

---

126 „Für die nur als subjektiv ungewiß angesehene Zukunft, die etwa dem ökonomischen Horizont entsprechen mag, wird es ... möglich sein, eine zuverlässige Erfolgsvorstellung zu gewinnen. Für die in fernerer Zukunft liegenden Perioden, die im Gegenwartszeitpunkt als objektiv unsicher gelten, kann eine Kapitalisierung mit jeweils den günstigsten und den ungünstigsten potentiellen Parameterwerten angebracht sein. Man erhält dann durch Addition des Erfolgswertes der unmittelbar dem Bewertungszeitpunkt folgenden Perioden mit den beiden Ertragswerten der weiteren Zukunft zwei Extremwerte für den möglichen Gesamtwert." *Jaensch* [Wert und Preis] 127.

127 *Jaensch,* ebenda, 33.

128 *Jaensch,* ebenda, 127.

129 Akzeptiert man die Prämissen über das obere und untere Ende des Erwartungsbereichs, so spielt die Entscheidung für einen bestimmten Wert *innerhalb* des für möglich gehaltenen Gesamtbereiches eine um so kleinere Rolle, je geringer für den Unternehmer „die Bedeutung der weiter in der Zukunft liegenden Perioden" ist. Denn aufgrund der seiner Zeitpräferenz entsprechenden Abzinsung wird „die Spanne zwischen den Extremwerten möglicher Gesamtwerte in der Regel nicht zu groß sein ..., um sie als eine brauchbare Dispositionsgrundlage ... verwenden zu können". *Jaensch,* ebenda, 127; vgl. *Jacob* [Gesamtwert] Fn. 6 zu 521.

130 *Jaensch* [Wert und Preis] 126.

131 Vgl. S. 105.

gerechnet werden wie mit dem Eintreten sehr hoher Gewinne"[132]. In diesem Fall ist also jede Aussage über eine bestimmte Entwicklung reine Spekulation und eine rationale Entscheidung nicht mehr möglich[133].

Da also die Annahme irreal ist, von der Kapitalerhaltung als Untergrenze des nach dem Planungshorizont erzielbaren restlichen Totalerfolgs auszugehen[134], bleibt einer realtheoretisch fundierten Bilanzkonzeption nichts anderes übrig, als ihre Aussagen über rationales Verhalten bei Unsicherheit auf den Zeitraum bis zum ökonomischen Horizont zu beschränken. Daraus folgt, daß die im Planungshorizont aufgrund der Unteilbarkeit der mittelbar verbrauchbaren Produktionsfaktoren sich bildenden nichtgeldlichen Bestände lediglich als Restpotential geschätzt und mit irgendwelchen Preisen gleichnamig gemacht werden können. Hier kommen aus der Sicht des Planungshorizonts die gegenwärtigen Veräußerungspreise, vergangenen Anschaffungspreise oder sonstige vergangene oder gegenwärtige Beschaffungspreise oder der Preis Null in Betracht[135]. Derartige Wertansätze können nur in Ausnahmefällen als isolierte Aussage — in Form einer erwarteten Ausgabenersparnis — über den späteren ökonomischen Nutzen der Realgüterbestände, d. h. über ihre Eignung zur anteiligen Erfüllung des künftigen erwerbswirtschaftlichen Ziels, verstanden werden[136].

Aufgrund der Untersuchungen über die Prognostizierbarkeit von Handlungskonsequenzen läßt sich nunmehr der grundsätzlich zulässige Bereich abstecken, innerhalb dessen eine prospektive Abrechnung der am Bilanzstichtag schwebenden Geschäfte möglich erscheint:

— Da sich keine realitätsnahen Voraussagen über die entscheidungsrelevanten Parameter für die Totalperiode gewinnen lassen, wenn das

[132] *Jaensch*, ebenda, 114.

[133] „Wenn der Betreffende über keine Informationen in bezug auf die Folgen seiner Handlung verfügt, so ist es offensichtlich unsinnig, von ihm eine rationale Wahl ... zu verlangen." *Engels* [Bewertungslehre] 53, vgl. auch 17.

[134] Die Prämissen der Erhaltung des Kapitals als Einkommensquelle und der ewigen Rentierlichkeit unterscheiden sich lediglich formal (vgl. *Kosiol* [Modellanalyse] 324): Die letzte bezieht sich auf die *nach* dem Planungshorizont angenommenen Einnahmenüberschüsse als *Bewegungs*größen, die erste auf deren Bar- bzw. Kapitalwert *im* ökonomischen Horizont als *Bestands*größe.

[135] Vgl. S. 103 ff. zur Frage, welcher Preis dem Unternehmungsziel am ehesten gerecht wird.

[136] *Teil*aussagen über wirtschaflich relevante Entwicklungen nach dem Planungshorizont sind in aller Regel möglich; denn die Prognostizierbarkeit von Ereignissen bricht nicht schlagartig im ökonomischen Horizont ab. Anderenfalls würde beispielsweise ein Automobilunternehmen nicht rational gehandelt haben, wenn es im Jahre 1960 einen zehnjährigen Unternehmungsplan aufgestellt und in ihm Ausgaben für die Entwicklung eines Elektromotors vorgesehen hätte, der auf keinen Fall bis 1970 in die Produktion gehen sollte. Derartige Informationen reichen aber nicht zur Aufstellung eines geschlossenen Unternehmungsplanes aus.

Unternehmungsende hinter dem ökonomischen Horizont liegt, sind die Abrechnungsregeln einer realwissenschaftlich fundierten Bilanztheorie so zu formulieren, daß der (Teil-)Periodenerfolg allein aufgrund der im jeweils überschaubaren Zeitraum auftretenden Handlungsfolgen ermittelt wird.

— Da sich einerseits die aus dem kombinativen Einsatz der Verbrauchsgüter resultierenden Entgeltzahlungen nur in einer geschlossenen Abrechnung ermitteln lassen, andererseits nicht alle im insgesamt überschaubaren Zeitraum auftretenden planungsrelevanten Sachverhalte prognostiziert werden können, müssen insoweit anstelle empirisch gehaltvoller Aussagen reine Annahmen bzw. Fiktionen[137] verwandt werden. Sie dienen der Komplettierung des den Planungszeitraum umgreifenden Gesamtmodells und dürfen sich daher nur auf *einzelne* Ereignisse beziehen[138]: in Form von Aussagen über Randbedingungen oder Regelmäßigkeiten als die Bestandteile einer Prognose oder sogar über die Voraussage selbst. Unzulässig ist, *alle* empirisch gehaltvollen allgemeinen und besonderen Aussagen durch Fiktionen zu ersetzen. Denn damit würde die durch Raum-Zeit-Abhängigkeit gekennzeichnete Prognose zugunsten einer bedingungslosen, sich über eine beliebige Zeitspanne — im Extremfall bis zum Ende der Totalperiode — erstreckenden bloßen Behauptung bzw. Spekulation aufgegeben werden[139].

---

137 Fiktionen sind „als methodisches Hilfsmittel eine bewußt widerspruchsvolle oder falsche Annahme, die nichtsdestoweniger zu einem richtigen Ergebnis, zur Bewältigung einer sonst unlösbaren Aufgabe oder zur Erreichung eines praktischen Zweckes führen kann, wenn der Fehler in das Ergebnis nicht oder nicht nennenswert eingeht". (*Hoffmeister* [Wörterbuch] 233). Fiktionen sind identisch mit reinen Hypothesen bzw. Irreal-Prämissen.

138 Vgl. Teil 2, I, Fn. 48.

139 Vgl. *Albert* [Prognose] 131.

Zweiter Teil

Die bilanztheoretischen Lösungsansätze

Mit den Ausführungen des ersten Teils sollte der Bereich herausgearbeitet werden, innerhalb dessen die Antwort auf das allen Bilanztheorien gemeinsame materiale Bilanzierungsproblem liegen muß. Das Problem entsteht aufgrund des Auseinanderklaffens zwischen rechnungstheoretischen Anforderungen und Möglichkeiten des Periodenabschlusses: Einerseits soll er — in Form einer zu einem einzigen Geldmengenausdruck komprimierten Aussage — über *sämtliche* finanziellen Folgen der während eines *Teils* der Totalperiode unternommenen wirtschaftlichen Handlungen informieren — unabhängig davon, ob jene am Bilanzstichtag bereits eingetreten sind oder nicht. Andererseits sind der vollständigen Durchführung dieser Aufgabe in jedem Fall zwei Schranken gesetzt: erstens die prinzipielle Unmöglichkeit, Entgelteinnahmen den an ihrer Erwirtschaftung beteiligten einzelnen Produktionsfaktoren zurechnen zu können, sowie die begrenzte Möglichkeit, den durch Absatz realisierten Entgelteinnahmen alle für ihre Erzielung aufzuwendenden Entgeltausgaben zuordnen zu können. Zweitens hat jede Prognose immer nur eine begrenzte Reichweite, so daß die (teil-)periodenanteilige Ermittlung des Totalerfolgs ausgeschlossen ist und die im Planungshorizont sich bildenden Restbestände nicht — aus dessen Sicht — zukunftsbezogen abgerechnet werden können.

Im zweiten Teil sind zunächst die traditionelle und die ökonomische Bilanzkonzeption in ihren Grundzügen darzustellen, wobei hier im wesentlichen der zur Lösung des Bilanzierungsproblems jeweils eingeschlagene Ansatz interessiert, da er die überhaupt erreichbare Aussagefähigkeit einer Bilanztheorie impliziert. Jene bestimmt sich danach, inwieweit die dem bilanztheoretischen Lösungsansatz zugrunde liegenden Prämissen den empirisch-kognitiven Aussagemöglichkeiten entsprechen. Im folgenden kritischen Vergleich ist der Aussagegehalt der Bilanzkonzeptionen aus der Sicht des einerseits nicht überschreitbaren, andererseits aber erreichbaren Informationsgrades zu beurteilen. Der Umfang, in dem er von ihnen ausgeschöpft wird, bedingt ihre abschließende Bewertung.

I. Der Sachinhalt und Formalaufbau der bilanztheoretischen Konzeptionen

A. Die Bilanzierungsprinzipien der traditionellen und ökonomischen Konzeption

Eine problemadäquate Bilanztheorie kann unbestritten nur als Rechnung über Geld aufgebaut werden[1] und hat daher Regeln anzugeben, nach denen die finanziellen Auswirkungen der in der abgelaufenen Periode ergriffenen wirtschaftlichen Handlungen durch eine bestimmte Geldmenge ausgedrückt werden können. Schwierigkeiten bereitet die Abrechnung der schwebenden Geschäfte, so daß die sie betreffenden Vorschriften hier im Vordergrund der Darstellung stehen. Weiterhin ist zu klären, ob die Interpretation der nichtmonetären Bestände, wonach sie „formal als Einnahmen und Ausgaben gedeutet" werden[2], nicht nur der Bewertung entspricht, sondern ob Bewertungsgrundsatz und Art der geldlichen Interpretation auch auf die Erfüllung des vorgegebenen Bilanzzwecks ausgerichtet sind[3].

1. Die traditionelle Konzeption

a) Die Abrechnung der stattgefundenen Aktionen

Die traditionellen Bilanztheorien spalten ausdrücklich oder stillschweigend den allen Erfolgskonzeptionen gemeinsamen Bilanzzweck auf, indem erstens der aufgrund der *abgeschlossenen* Marktumsatzprozesse erzielte *Erfolg* zu ermitteln und zweitens „Rechenschaft über das im Unternehmen (d. h. in den *schwebenden* Geschäften, d. Verf.) *arbeitende Kapital*"[4] zu geben ist[5]. Dennoch beruhen die zur Lösung beider Aufgaben entwickelten Abrechnungsregeln auf einem *einzigen* Abrechnungsgrundsatz, dem Realisationsprinzip, als tragendem Element aller Ausprägungen der traditionellen bilanztheoretischen Konzeption. Denn das Realisationsprinzip ist nicht nur die Grundlage für die *Abgrenzung* der realisierten von den unrealisierten monetären Folgen der stattgefundenen Aktionen[6], sondern auch für die *Bewertung* der die unrealisierten

---

1 Vgl. *Rieger* [Einführung] 212.

2 *Kosiol* [Buchhaltung] 86.

3 Das erscheint zwar selbstverständlich, bleibt aber tatsächlich weitgehend unbeachtet, was insbesondere die Kritik der bilanztheoretischen Konzeptionen zeigen wird. Vgl. Abschnitt II.

4 *Leffson* [GoB] 48 (Hervorhebung durch d. Verf.).

5 Vgl. S. 21 ff.

6 „Das in der Periodenrechnung zur Anwendung kommende Realisationsprinzip besagt, daß der Erfolg — ohne Rücksicht auf den zeitlichen Anfall von baren Einnahmen und Ausgaben — dann verwirklicht ist, wenn der Umsatzprozeß im Markt vollendet ist, d. h. wenn der durch Absatz erzeugte Ertrag und der zugehörige Aufwand als *Real*gütervorgänge stattgefunden haben." *Kosiol* [Buchhaltung] 21 (Hervorhebung durch d. Verf.); vgl. S. 58 f.

Folgen verkörpernden schwebenden Geschäfte: „Aus dem Realisationsprinzip folgt ... zugleich, daß die den einzelnen Geschäften zuzuordnenden Aufwendungen bis zur Realisation dieser Geschäfte am Markt ohne einen Wertauftrieb, d. h. zu den Anschaffungs- oder Herstellungskosten, zu bewerten sind[7, 8]."

Mit dieser aus dem Periodisierungskriterium abgeleiteten Abbildungsvorschrift, die sowohl das Bewertungsverfahren, die *Einzel*bewertung, als auch die Höhe des Wertansatzes, die *Anschaffungs*preise, festgelegt, wird ein grundlegender Widerspruch in den traditionellen bilanztheoretischen Lösungsansatz hineingetragen: Einerseits wird ihm die Prämisse der Unternehmungsfortführung zugrunde gelegt[9], die die prospektive Abrechnung der in den Endbeständen zum Ausdruck kommenden eingeleiteten Marktumsatzprozesse erfordert; andererseits läßt die Anschaffungspreisbilanz nur deren retrospektive Abrechnung zu, derzufolge sie „Bestandsgrößen zum Ausdruck bringt, die ... zu einem bestimmten Zeitpunkt als *Reste* vorhanden sind"[10]. Diesen Widerspruch versuchen die Bilanztheoretiker durch unterschiedliche Interpretation und zum Teil Modifikation des Anschaffungspreisprinzips zu beheben: Die Schöpfer der Bilanztheorien, Kosiol und F. Schmidt explizit und Schmalenbach implizit, sehen in der vergangenheitsorientierten Ermittlung und vergangenheits- bzw. gegenwartsbezogenen Gleichnamigmachung der Restbestände einen Nachweis über die *Erhaltung* des erst künftig „durch Absatz zu erneuernde(n) Kapital(s)"[11], indem die Nichtgeldbestände gegenwärtigen oder künftigen finanzwirksamen Güterbewegungen mehr oder minder gleichgesetzt werden[12]. Leffson hingegen betrachtet denselben Tatbestand als globale Feststellung der Höhe der Kapital*bindung*[13] am Bilanzstichtag und als detaillierte Rechenschaft über „die Sachform, in der das Kapital investiert ist"[14], und muß dafür in Kauf nehmen, daß der Periodenerfolg nicht nur als Differenz gleichartiger, d. h. monetärer Größen, ermittelt wird, sondern auch heterogene Komponenten enthält.

Demnach unterscheiden sich die traditionellen Bilanztheorien den Intentionen ihrer Schöpfer zufolge im wesentlichen darin, ob ohne oder

---

7 *Leffson* [GoB] 145.

8 Aufgrund dieses einheitlichen, sowohl der Periodisierung wie der Bewertung zugrunde liegenden Abrechnungsprinzips, das allen traditionellen Bilanztheorien gemeinsam ist, werden hier die von ihren Schöpfern als eigenständige Aussagensysteme verstandenen Theorien zum Oberbegriff der traditionellen bilanztheoretischen Konzeption bzw. Erfolgskonzeption zusammengefaßt.

9 Vgl. *Leffson* [GoB] 131 f.

10 *Schulze* [Messung] FN 37 zu 134 (Hervorhebung durch d. Verf.).

11 *Kosiol* [Buchhaltung] 110.

12 Vgl. S. 75 ff. zur monetären Interpretation der Nichtgeldbestände.

13 Vgl. S. 21.

14 *Leffson* [GoB] 48.

mit Durchführung einer weiteren Rechenoperation in Höhe der jeweiligen Restbestände, die als Nebenprodukt der realisationsgemäßen Abrechnung der *abgeschlossenen* Geschäfte anfallen, zugleich der Tatbestand der Kapitalerhaltung in den *eingeleiteten* Marktumsatzprozessen angenommen wird: Während Kosiol die Kapitalerhaltung ohne weitere Annahmen fingiert[15], versuchen Schmalenbach und F. Schmidt, ihr durch Modifikation des Anschaffungspreisprinzips Rechnung zu tragen. Schmidt vertritt konsequent einen gegenwartsbezogenen Bewertungsmaßstab: die Abbildung sämtlicher Nominal- und Realgüter mit den am Bilanzstichtag geltenden Tagesbeschaffungspreisen, deren Summe dem Reproduktionswert der Unternehmung entspricht[16]; Schmalenbach entscheidet sich für eine kasuistische, partiell zukunftsbezogene Bewertung: das Imparitätsprinzip, demzufolge unrealisierte negative Erfolgsbeiträge aus der geplanten Verwertung der Vorräte zu berücksichtigen sind[17]. Auch in der Periodisierung der sich ergebenden Wertdifferenzen unterscheiden sich F. Schmidt und Schmalenbach: F. Schmidt neutralisiert die Preisdifferenzen auf dem Konto Wertänderungen am ruhenden Vermögen[18] — einem Unterkonto des Kapitalkontos —, während Schmalenbach sie mit dem realisierten Periodenerfolg direkt saldiert, ohne sie als antizipierte künftige Aufwendungen in der Gewinn- und Verlustrechnung zu kennzeichnen.

Da auch die modifizierte vergangenheitsbezogene Abrechnung der gegenwärtigen Wirtschaftsgüter nicht die durch ihre Verwertung beeinflußte künftige Zahlungsentwicklung berücksichtigt, kennzeichnet folgender Widerspruch die traditionellen Abrechnungsregeln gemeinsam: Die Nichtgeldbestände werden zwar als schwebende, d. h. von der Vergangenheit in die Zukunft reichende Geschäfte begriffen, aber einheitlich oder überwiegend retrospektiv abgerechnet. Daraus folgt, daß der (Teil-)Periodenerfolg nur *formal* mithilfe des Kongruenzprinzips — wonach „die Summe aller (Teil-)Periodenerfolge gleich dem Totalerfolg sein muß"[19, 20] — auf den Gesamterfolg der Totalperiode bzw. des überschaubaren mehrperiodischen Zeitraums bezogen werden kann[21].

---

15 Vgl. *Kosiol* [Buchhaltung] 111; vgl. S. 22 und S. 119 ff.

16 *F. Schmidt* [Tageswertbilanz] 67.

17 Vgl. *Schmalenbach* [Dynamische Bilanz] 136.

18 Vgl. *F. Schmidt* [Tageswertbilanz] 70; vgl. Teil 2, III, Fn. 5.

19 *W. Lehmann* [Dynamische Bilanz] 32.

20 Die „Kongruenz zwischen der Summe der Periodenerfolge und dem nur gedachten Totalerfolg" wird durch den Grundsatz des Bilanzzusammenhangs, der Bilanzidentität bzw. der formalen Bilanzkontinuität gewährleistet. Danach müssen „die Schlußbilanz einer Periode und die Eröffnungsbilanz der Folgeperiode identisch sein". Er soll verhindern, „daß der Inhalt aller Einzelperioden nicht gleich dem Inhalt der Totalperiode sein könnte". *Leffson* [GoB] 117 und 116.

b) Die Interpretation der Nichtgeldbestände

Die an einem beliebigen Stichtag vorhandenen und geschuldeten Bestände an nichtmonetären Wirtschaftsgütern lassen sich entsprechend dem auf Gelderwerb gerichteten Unternehmungsziel, dessen Erreichung sie dienen, sinnvollerweise allein als *künftige* finanzwirksame Güterbewegungen interpretieren. Während in jeder Bilanztheorie die Geldforderungen und -schulden, die Nominalgüter, und — mit Einschränkung — die nicht zu kombinierenden Realgüter gleichermaßen als Einzahlungs- bzw. Auszahlungserwartungen dargestellt werden, bestehen für die Realgüter, deren Leistungsabgabe im komplementären Zusammenwirken mit anderen Produktionsfaktoren erfolgt, also die Verbrauchsgüter, zwei Deutungsmöglichkeiten: Interpretation als anteilige Einzahlungserwartungen, d. h. wie die übrigen Aktiva, und als erwartete Ausgabenersparnisse. Das gleiche gilt umgekehrt für die geschuldeten Realgüter.

Die einheitliche Interpretation der Nichtgeldbestände als *schwebende* Geschäfte und die *Einzel*bewertung der Verbrauchsgüter mithilfe vergangener oder heutiger Entgeltausgaben sind allein dadurch in Einklang zu bringen, daß jene als „Ausgabenersparnisse der kommenden Periode durch Vordisposition“[22] begriffen werden: Infolge der künftigen Verwertung der gegenwärtig vorrätigen Produktionsfaktoren reduzieren sich die im Falle ihres Nichtvorhandenseins aufzubringenden Gesamtausgaben in Höhe der jene abbildenden An- oder Beschaffungsausgaben[23]. Verbrauchsgüter stellen also erwartete (Entgelt-)*Ausgabenmin-*

---

[21] Der Fall der Totalrechnung „ist nur angenommen; in Wirklichkeit gibt es ihn nicht“. ... „Gleichwohl ist es gut, daß derjenige, der mit der Aufstellung der Periodenrechnung in einem Betriebe beauftragt ist, sich daran erinnert, daß das, was er macht, im Grunde ein Abschnitt ist. Wie das Geschäftsjahr ein Abschnitt der Lebensdauer, so ist die Periodenrechnung ein Abschnitt einer, wenn auch *nur gedachten* Totalrechnung“. *Schmalenbach* [Dynamische Bilanz] 49 und 50 f.

Als Grundlage der Periodenrechnung „behält ... die *Idee* der Totalerfolgsrechnung theoretische Bedeutung. Mit dem Übergang zur Abrechnung von Teilperioden werden die Periodenerfolge als periodisierte Teilerfolge des Totalerfolges ermittelt“. *Kosiol* [Buchhaltungs 19.

„Da die Erfolge für bestehende Unternehmen ermittelt werden müssen, ist die Totalperiode eine *Fiktion*, nicht etwa das einzig Reale.“ *Leffson* [GoB] 129 (Hervorhebungen durch d. Verf.).

[22] *Engels* [Bewertungslehre] 206.

[23] „Die Bedeutung“ der Realgüterbestände „liegt darin, daß sich der Wert der künftigen Auszahlungen um den Gegenwartswert der durch diese Gegenstände ersparten Auszahlungen vermindert: Man kann unterscheiden zwischen den Bruttoauszahlungen, das sind alle erwarteten Auszahlungen, die zur Erzielung der angesetzten erwarteten Einzahlungen erforderlich wären, wenn gar keine Produktionsfaktoren an dem betreffenden Stichtag zur Verfügung stünden, und den Nettoauszahlungen, das heißt den in Anbetracht der vorhandenen Produktionsfaktoren effektiv erwarteten Auszahlungen. Die Differenz zwischen Brutto- und Nettoauszahlungen, die Minderauszahlungen“, werden durch die gegenwärtigen Realgüterbestände verkörpert. *Moxter* [Bilanztheorie] 48.

derungen dar. Umgekehrt bedeuten geschuldete Sach- und Dienstleistungen, für die der Unternehmung als Gegenleistung die Entgelteinnahmen bereits zugeflossen sind, erwartete (Entgelt-)*Einnahmenminderungen;* denn in ihrer Höhe sind künftig zwecks Erstellung der geschuldeten Endleistungen Entgeltausgaben aufzubringen, die ohne die bereits im voraus abgegoltenen Realverpflichtungen durch entsprechende Entgelteinnahmen kompensiert würden.

Dieser prospektiven Deutung der vorhandenen und geschuldeten Realgüter, deren Einsatz bzw. Erstellung kombinativ vonstatten geht, entsprechen die von Schmalenbach verwendeten Begriffe „Ausgabe noch nicht Aufwand" und „Ertrag noch nicht Aufwand" einerseits und „Einnahme noch nicht Ertrag" und „Aufwand noch nicht Ertrag" andererseits[24, 25]. Kosiol hingegen interpretiert die Güterbestände in bezug auf die Blickrichtung heterogen. Während die vorhandenen und geschuldeten Nominalgüter als „Antizipationen von Barvorgängen"[26] Voreinnahmen und Vorausgaben darstellen, „haben alle aktivierten Realgüter grundsätzlich transitorischen Charakter"[27, 28]: Die als Entgelte für die in der Abrechnungsperiode nicht verbrauchten Realgüter abgeflossenen Anschaffungsausgaben werden nicht nur als (Rück-)*Einnahmen*[29], sondern als bis zum Bilanzstichtag *bereits stattgefundene* finanzwirksame Bewegungen betrachtet. Diese Deutung widerspricht in zweifacher Weise den wirklichen Gegebenheiten, ohne daß ihr auch bei idealisierender Betrachtung ein Vorteil zuerkannt werden könnte: Erstens lassen sich einzelnen Verbrauchsgütern keine Entgelteinnahmen zurechnen und zweitens wird der von Schmalenbach herausgearbeitete *schwebende* Charakter *aller* Nichtgeldbestände verkannt. In welcher Weise insoweit die „pagatorische Bilanztheorie ... auf der dynamischen Bilanz*deutung* fußt"[30], bleibt demnach Kosiols Geheimnis.

Die durchgehend prospektive, mit der Einzelbewertung der Nichtgeldbestände korrespondierende monetäre Deutung des Bilanzinhalts muß demnach folgendermaßen beschaffen sein:

---

24 *Schmalenbach* [Dynamische Bilanz] 56.

25 Diese schwebenden Posten führen künftig zu geringeren *Bar*aufwendungen bzw. -erträgen, d. h. von den Gesamtaufwendungen bzw. -erträgen der jeweiligen Periode werden sich folgende Gütervorgänge nicht als Ausgaben bzw. Einnahmen auswirken:
— „Aufwand jetzt, Ausgabe früher"
— „Aufwand jetzt, Ertrag früher" einerseits und
— „Ertrag jetzt, Einnahme früher"
— „Ertrag jetzt, Aufwand früher" andererseits.
Schmalenbach [Dynamische Bilanz] 57.

26 *Kosiol* [Buchhaltung] 24.

27 *Kosiol,* ebenda, 29.

28 Das gilt analog für die passivierten Realgüterschulden.

29 *Kosiol,* ebenda, 28 (Einklammerung durch d. Verf.).

30 *Kosiol,* ebenda, 129 (Hervorhebung durch d. Verf,).

Aktiva

1. Erwartete Auszahlungsminderungen
   = mittelbar finanzwirksam als auszahlungsersparende Güterverbräuche:
1.1. mengenmäßig unteilbare Sachgüter (Dauerverbrauch)
1.2. mengenmäßig teilbare Sachgüter (Sofortverbrauch)
1.3. Sach- und Dienstleistungsforderungen (nach Zufluß Dauer- oder Sofortverbrauch)
2. Einzahlungserwartungen
   = unmittelbar finanzwirksam als einzahlungsbedingende Güterabflüsse und Forderungstilgungen:
2.1. Geldforderungen und Beteiligungen
2.2. fertige Erzeugnisse und nicht zum Verbrauch bestimmte Sachgüter
3. Zahlungsmittel

Passiva

1. Erwartete Einzahlungsminderungen
   = mittelbar finanzwirksam als einzahlungslose Realgüterabflüsse: Sach- und Dienstleistungsverpflichtungen (nach Entstehung Abfluß)
2. Auszahlungserwartungen
   = unmittelbar finanzwirksam als auszahlungsbedingende Schuldtilgungen:
2.1. Beteiligungen[31]
2.2. realisierter Geldgewinn bei Erhaltung des gebundenen Kapitals
   = 2.2.1. realisierter Gewinn aufgrd d. abgeschlossenen Geschäfte[32]
   — 2.2.2. unrealisierter anteiliger Verlust aus der Abwicklung der schwebenden Geschäfte[33]
2.3. Gelddarlehen und Rückstellungen

Erst aufgrund der vorstehenden, konsequent prospektiven monetären Interpretation der Nichtgeldbestände läßt sich als Resultante der vergangenheitsbezogenen Erfolgsbildung und der zukunftsbezogenen Kapitalerhaltung der *(Geld-)*Gewinn durch *homogene* Größen definieren. Das

[31] Sie repräsentieren das i. d. R. erst bei Auflösung der Unternehmung zurückzuzahlende Eigenkapital.

[32] Im umgekehrten Falle ist auf der Aktivseite unter 1. der Posten ‚realisierter Verlust aufgrund der abgeschlossenen Geschäfte‘ als erwartete Auszahlungsminderung auszuweisen. Denn in dieser Höhe reduzieren sich aus der gegenwärtigen Sicht die aufgrund der Eigenkapitaleinlagen bestehenden Rückzahlungsverpflichtungen gegenüber den Eigenkapitalgebern. Dementsprechend erscheinen künftige Gewinne in dem Maße, wie sie frühere Verluste kompensieren, als Minderungen bestehender Auszahlungsminderungserwartungen.

[33] Vgl. S. 115 ff.

bedeutet: Es wird nicht nur die *Differenz*größe, d. h. der Betrag, um den unter Hinzurechnung der Anfangsbestände die vorhandenen die geschuldeten Wirtschaftsgüter über- bzw. unterdecken (= realisierter Erfolg), als in Geldform vorhanden oder überführbar betrachtet. Sondern in gleicher Weise stellt sich auch die *Sockel*größe selbst dar, also das gesamte übrige Vermögen (= Grad der unrealisierten Kapitalerhaltung).

Diese homogene Deutung der Nichtgeldbestände wird besonders anschaulich, wenn man die oben in Staffelform aufgeführten Aktiva und Passiva in der traditionellen Bilanzform gruppenweise gegenüberstellt:

Endbilanz

Aktiva	Passiva
Auszahlungsminderungserwartungen	Einzahlungsminderungserwartungen
Netto-Auszahlungsminderungserwartungen	Netto-Auszahlungserwartungen
Einzahlungserwartungen Zahlungsmittel	Auszahlungserwartungen

Rechnet man die erwarteten Einzahlungsminderungen gegen die Auszahlungsminderungen auf, so erhält man die positiv finanzwirksamen künftigen Netto-Auszahlungsminderungen. Umgekehrt ergibt die Saldierung der erwarteten Einzahlungen zuzüglich der Zahlungsmittel mit den Auszahlungserwartungen die negativ finanzwirksamen künftigen Netto-Auszahlungen. Wird nun von ihnen der „unrealisierte anteilige Verlust aus der Abwicklung der schwebenden Geschäfte", der als Wertberichtigungsposten zu den Aktiva fungiert, abgezogen, so kennzeichnet die Unterdeckung der künftigen Netto-Auszahlungen durch die Netto-Auszahlungsminderungen den erwarteten *Grad der Kapitalerhaltung*[34].

Wird nun, im Gegensatz zum bisher eingeschlagenen Weg, der Widerspruch zwischen *prospektiver* Interpretation und *retrospektiver* Abrechnung dadurch behoben, daß man die monetäre Deutung auf die als gegeben betrachtete Abrechnungsrichtung abstimmt, ohne wie Kosiol[35] auf

[34] Daß der Grad der Kapitalerhaltung formal immer 100 % beträgt, beruht darauf, daß die Auszahlungsminderungserwartungen in Höhe der fortgeführten Anschaffungspreise fingiert werden.

[35] Wie bereits ausgeführt, interpretiert Kosiol die für die aktivierten Realgüter geleisteten (Vorrats-)Ausgaben als (Rück-)Einnahmen und die für die passivierten Realgüter empfangenen (Reservat-)Einnahmen als (Rück-)Ausgaben. Vgl. S. 76.

Fiktionen zurückzugreifen, wo realitätsnahe — wenn auch nicht zweckadäquate[36] — Aussagen möglich erscheinen, so muß der Bilanzinhalt heterogen in der Weise gedeutet werden, daß die Bilanz neben dem realisierten Erfolg Zustand und Umfang der ebenfalls vergangenheitsbezogenen Kapital*bindung* indiziert. Hieraus resultiert zwangsläufig eine *heterogene* Definition des Periodengewinnes, da er sich als Differenz ungleichartiger Größen ergibt: Unter Einbeziehung der gleichartigen Anfangsbestände werden gegenübergestellt der aktivische Saldo der *vergangenen*, durch die vorhandenen und geschuldeten Realgüter repräsentierten Ausgaben und Einnahmen einerseits — bei homogener Erfolgsdefinition entsprechen ihrem Saldo die erwarteten Netto-Auszahlungsminderungen — und der passivische Saldo der Geld oder *künftige* Ein- und Auszahlungen repräsentierenden vorhandenen und geschuldeten Nominalgüter andererseits. Der aufgrund der eingeleiteten Geschäfte *stattgefundene* — aktivische — Ausgabenüberschuß gibt den Umfang des im Produktionsapparat *gebundenen* Kapitals an, während der *erwartete* — passivische — Ausgabenüberschuß den gleich großen Umfang des *geschuldeten* Kapitals anzeigt.

2. *Die ökonomische Konzeption*

a) Die Abrechnung der stattgefundenen Aktionen

Die ökonomische[37] Erfolgskonzeption — vertreten in den beiden Varianten der Kapitalwertmethode und der Methode des internen Zinsfußes — unterscheidet sich radikal dadurch von der traditionellen Erfolgskonzeption, daß sie auf die *verursachungsbezogene* Ermittlung des *Teil*periodenerfolges verzichtet. Statt dessen propagiert sie die *präferenzgemäße* Verteilung des vergangenen Geldüberschusses und des erwarteten restlichen totalen Zahlungsstromes auf die abgelaufene Kontroll- und die noch ausstehende Totalperiode. In Anbetracht der in aller Regel anzutreffenden konfliktären Zielentscheidungssituation wird als repräsentative Ausschüttungspräferenz der Gewinnberechtigten angenommen, daß „jede vorteilhafte Entscheidung in eine gleichmäßige Einkommenserhöhung für alle künftigen Perioden, in eine ewige Rente, umzudeuten" sei[38]. Als rechnerisches Verfahren zur Kontrolle der hier-

---

[36] Vgl. S. 124 f.

[37] Die Verwendung der Bezeichnung ‚ökonomisch' beinhaltet ein Werturteil und ist daher als Beschreibung eines bestimmten Rechnungsverfahrens abzulehnen. Denn es wird zugunsten der hierdurch ausgezeichneten Konzeption der Eindruck vermittelt, allein sie werde den ökonomischen Anforderungen an eine Rechnungstheorie gerecht, was natürlich jede Konzeption für sich beansprucht. Da aber dieser Terminus in der Literatur verbreitet ist, soll er hier als klassifikatorischer Gegenbegriff zu ‚traditionell' beibehalten werden. Vgl. auch *Jaensch* [Bilanzgewinn] Fn. 49 zu 59.

[38] *D. Schneider* [Ausschüttungsfähiger Gewinn] 14 u. 4; vgl. S. 42 f.

auf gerichteten vergangenen unternehmerischen Anstrengungen wird die Gesamtwertermittlung zum Periodenanfang und -ende betrachtet[39].

Kennzeichen der ökonomischen Erfolgskonzeption ist demnach die Abrechnung der durch die jeweiligen Nichtgeldbestände repräsentierten eingeleiteten Marktumsatzprozesse im Rahmen einer *geschlossenen Planung*. Sie soll die Konsequenzen der sich an jedem Bilanzstichtag bietenden alternativen zeitlich-horizontal und zeitlich-vertikal *totalen* Aktionsprogramme erfassen, deren Beurteilung formal nach der Methode des Gesamtvergleichs[40] bzw. der *Gesamtbewertung* erfolgt. Als Ergebnis wird der Ertragswert der Unternehmung ermittelt[41]. Abrechnung nach der ökonomischen Erfolgskonzeption ist also nur ein anderer Ausdruck für die Aufstellung eines geschlossenen Wirtschafts- bzw. Investitions- und Finanzierungsplans und für die Gegenüberstellung der durch Abzinsung in Bestandsgrößen transformierten Ein- und Auszahlungen[42].

Der Gesamtwert bzw. das Erfolgskapital[43] beziffert die Höhe der bei Durchführung der optimalen Alternative *insgesamt* bis zum Unternehmungsende erwarteten und auf den Bilanzstichtag mit dem externen bzw. internen Kalkulationszinsfuß diskontierten Zahlungsüberschüsse. Daraus ergibt sich der ökonomische *(Teil-)*Periodenerfolg: Er entspricht der „Verzinsung des Gesamtwertes zu Beginn der Periode mit dem der Gesamtbewertung zugrunde gelegten Kapitalisierungszinsfuß"[44]. Das gleiche Ergebnis drückt die „Änderung des Erfolgskapitals in einer Rechnungsperiode zuzüglich der Entnahmen und abzüglich der Einlagen in dieser Periode" aus[45]. Formal ist diese Erfolgsdefinition bei beiden Varianten der ökonomischen Konzeption zwar identisch, material führt sie aber zu unterschiedlichen Erfolgshöhen, da bei Verwendung des internen Zinsfußes Erfolgskapital und Nominalkapital der Höhe nach ein-

---

39 Eine auf der Gesamtbewertung basierende Bilanzierung führt „im Rahmen eines gegebenen Gesamtplanes in jeder Periode zu einer Gewinnrealisation in einer Höhe ..., die eine konstante Rentabilität des zu Beginn einer Periode noch gebundenen Kapitals gewährleistet". *Albach* [Synthetische Bilanztheorie] 29.

40 Vgl. *H. Koch* [Optimalitätskriterium] 389.

41 Vgl. *H. Hax* [Bilanzgewinn] 647; *Münstermann* [Dynamische Bilanz] 525; *Albach* [Synthetische Bilanztheorie] 27.

42 Diese Identität zwischen Planung und Abrechnung nach der ökonomischen Erfolgskonzeption mag die Ursache dafür sein, daß alle Vertreter der ökonomischen Erfolgskonzeption sich auf allgemeine Ausführungen beschränken, aber keine detaillierten Vorschriften aufstellen, mit welcher Geldmenge die am Bilanzstichtag vorhandenen Güter abzubilden sind. Jene müßten material die Verfahren der Informationsbeschaffung und formal die Regeln für die Umformung der Informationen in einem Bewertungskalkül beinhalten.

43 Vgl. *Münstermann* [Ökonomischer Gewinn] 580; *Leffson* [Jahresabschluß] 378.

44 *Münstermann* [Dynamische Bilanz] 526; vgl. *Göppl* [Rechnungslegung] 568; *Albach* [Synthetische Bilanztheorie] 26.

45 *Münstermann* [Dynamische Bilanz] 526.

ander entsprechen müssen[46], wohingegen bei Zugrundelegung eines externen Kalkulationszinses beide Kapitalgrößen um den Geschäftswert bzw. Goodwill differieren[47].

Problematisch erscheint zunächst die dem Kalkulationszinsfuß übertragene Doppelfunktion: Er erfüllt nicht nur die Aufgabe der *Zahlungsverteilung* — gemäß der als repräsentativ angenommenen Zeitpräferenz —, sondern auch die Funktion des *Prognoseersatzes*[48], d. h. als reine Annahme an die Stelle realtheoretisch mehr oder minder fundierter Prognosen zu treten. Die zweite Funktion erlaubt es formal, die für die Gesamtwertermittlung benötigten Ein- und Auszahlungen für die restliche Totalperiode zu schätzen, obwohl nur noch einzelne nach dem ökonomischen Horizont eintretende Ereignisse aufgrund empirisch gehaltvoller Hypothesen prognostiziert werden können. Daher unterscheiden sich die beiden Varianten der ökonomischen Erfolgskonzeption im wesentlichen darin, wie die am Ende des Planungszeitraums zu erhaltende Kapitalgröße bestimmt wird, die den unverändert hohen gleichbleibenden „Entnahmestrom auf unbegrenzte Dauer"[49] annahmegemäß zu erzielen ermöglicht[50].

Nach der insbesondere von D. Schneider und Münstermann vertretenen Kapitalwertmethode wird unter „Vorsichtserwägungen"[51] davon ausgegangen, „nach dem Planungshorizont gebe es für die Unternehmung nur noch Investitionen, die sich zum gegenwärtigen Kalkulationszinsfuß rentieren"[51]. Also sei das gesamte gegenwärtige Erfolgskapital einzubehalten, „um auch für später das Einkommen zu sichern, das sich für den

---

46 Denn der interne Zinsfuß wird als derjenige Zinsfuß definiert, bei dem der auf den Bilanzstichtag bezogene Barwert der künftigen Einzahlungsüberschüsse gleich der Summe der zu Anschaffungspreisen abgebildeten Vermögensbestände ist. Vgl. *Albach* [Synthetische Bilanztheorie] 26; *E. Schneider* [Wirtschaftlichkeitsrechnung] 10.

47 Vgl. *Münstermann* [Dynamische Bilanz] 527.

48 In bezug auf die im Planungszeitraum erwarteten Ein- und Auszahlungen wirkt sich der fiktive Charakter des Kalkulationszinsfußes in zweifacher Weise aus: Erstens beinhaltet er eine Annahme über die Erfolge der am Bilanzstichtag überhaupt *nicht* berücksichtigten Aktionen und zweitens über die Erfolgsbeiträge der *innerhalb* des Planungszeitraums durchzuführenden Supplementaktionen, wenn der Unternehmungsplan keine ausreichenden Angaben über den Wiedereinsatz aller aus der Durchführung des optimalen Aktionsprogramms zurückfließenden Entgeltüberschüsse enthält. Vgl. *Jacob* [Neuere Entwicklungen I] 490 ff. und [Investitionsplanung] 94; *Albach* [Investition] 55 f.; *D. Schneider* [Ausschüttungsfähiger Gewinn] 24; *H. Hax* [Bewertungsprobleme] 755 f.

49 *D. Schneider* [Ausschüttungsfähiger Gewinn] 26.

50 „Weil nur für einen begrenzten Zeitraum geplant werden kann, deshalb muß am Planungshorizont ein (vorerst unbekannter) Endwert vorhanden sein. Der Endwert hat dem Betrag zu gleichen, der erforderlich ist, um nach dem Planungshorizont das Einkommen zu sichern, das während des Planungszeitraums bezogen wird." *D. Schneider* [Ausschüttungsfähiger Gewinn] 26; vgl. auch 13; *H. Koch* [Optimalitätskriterium] 430; vgl. S. 40 f.

51 *D. Schneider* [Ausschüttungsfähiger Gewinn] 26.

Planungszeitraum ergab“[51]. Als Vertreter der internen Zinsfußmethode äußern sich Albach und Göppl nicht ausdrücklich über die Prämissen, die den für die Zeit nach dem ökonomischen Horizont gebildeten Zahlungserwartungen zugrunde liegen. Da sie einerseits als Erfolgsbezugsgröße den „Ausgabenbetrag für alle Wirtschaftsgüter des Unternehmens unmittelbar vor Beginn der Bilanzierungsperiode“[52] wählen, andererseits von der Erzielbarkeit einer konstanten Eigenkapitalrentabilität ausgehen[53], müssen sie unterstellen, daß bei Erhaltung des gegenwärtig eingesetzten Eigenkapitals die gleichen Gewinne nach dem Planungszeitabschnitt wie bis zu dessen Ende zu erwirtschaften sind[54]. Nur dann können ohne Gefährdung der Ertragsquelle sämtliche das nominale Eigenkapital übersteigende Einzahlungsüberschüsse ausgeschüttet werden[55].

Das zweite und für eine Kontrollrechnung wesentlichere Problem besteht darin, ob die Gesamtwertermittlung im Zeitablauf bei grundsätzlich gegebenen unsicheren Erwartungen die Feststellung von „Ertragswert*fehl*schätzungen“[56] und damit einen Kontrolleffekt ermöglicht. Eine Kontrollrechnung setzt voraus, daß der Rechnungsgegenstand nach Ablauf der zu kontrollierenden Periode mit größerer Gewißheit als zu deren Beginn erfaßt wird. Nur dann kann bei abweichenden Ertragswertschätzungen die am (Teil-)Periodenanfang vorgenommene Ermittlung als Fehlschätzung erkannt werden. Zu unterscheiden ist also zwischen einem anderen und einem falschen Gesamtwert. Beide Male variiert mit ihm auch der anteilige (Teil-)Periodenerfolg. Denn nur unter sicheren Erwartungen würden keine Erfolgsschwankungen auftreten[57], da der ex ante wie der ex post ermittelte Gesamtwert exakt den jeweils restlichen totalen Zahlungsstrom indizierte und demnach ein Erfolg *allein* dadurch entstehen könnte, daß aufgrund des nähergerückten Unternehmungsendes am Ende der Kontrollperiode die Zahlungserwartungen für eine Teilperiode weniger abgezinst zu werden brauchten, d. h. genau die zu Periodenbeginn geplante Verzinsung durch Zeitablauf eingeholt bzw. ‚verdient‘ würde. Die Kette der ex post errechneten Erfolge

---

[52] *Albach* [Synthetische Bilanztheorie] 25.

[53] Vgl. *Albach*, ebenda, 29.

[54] Von der gleichen Annahme geht auch *H. Koch* aus: „Angesichts dessen, daß der Unternehmensablauf hinter dem ökonomischen Horizont überhaupt nicht prognostiziert werden kann“, kommt H. Koch zufolge als „Maßstabsgröße ... sinnvollerweise allein das am Ende des Planungszeitabschnitts vorhandene Eigenkapital in Betracht ... Selbstverständlich wird hierbei vorausgesetzt, die Vermögensstruktur am Ende des Planungszeitabschnitts sei derart, daß eine erfolgreiche Weiterführung des Unternehmens überhaupt möglich ist“. *H. Koch* [Optimalitätskriterium] 429 f.

[55] Vgl. *D. Schneider* [Ausschüttungsfähiger Gewinn] 26 f.

[56] *D. Schneider* [Bilanzgewinn] 464 (Hervorhebung durch d. Verf.).

[57] Vgl. *Münstermann* [Ökonomischer Gewinn] 582; *Göppl* [Rechnungslegung] 571; *D. Schneider* [Bilanzgewinn] 464.

müßte also entsprechend dem Grundgedanken der ökonomischen Konzeption eine ewig gleichbleibende Rente ergeben[58].

Die Realität ist aber durch Ungewißheit aller Grade gekennzeichnet, die mit wachsender Entfernung vom Bilanzstichtag zunimmt. Daher werden die Ertragswertschätzungen im Zeitablauf unterschiedlich ausfallen. Diese Schwankungen sind den Vertretern der ökonomischen Erfolgskonzeption zufolge — und nur dann kann ein Kontrolleffekt bejaht werden — „auf die zu Beginn jeder Periode wegen des inzwischen *größeren* Informationsgrades erforderlichen Planrevisionen zurückzuführen“[59]: Dadurch, daß „das am Anfang der Periode geschätzte Erfolgskapital aufgrund der neuen Informationen am Ende der Periode nachträglich korrigiert“[60] wird, „werden die Prognoseirrtümer ausgeschaltet, die im Laufe des Jahres (nach Berechnung des Ertragswertes am Beginn des Jahres) eintreten könnten“[61]. Gerade das erscheint aber fragwürdig, wenn der Gesamtwert und damit der ökonomische (Teil-)Periodenerfolg als dessen Verzinsung immer aufgrund derjenigen Ein- und Auszahlungen ermittelt wird, die bis zum jeweiligen im Zeitablauf *mitwandernden*[62] ökonomischen Horizont erwartet werden[63].

Gemeinsam ist also beiden Varianten der ökonomischen Erfolgskonzeption, daß ihre Vertreter mit dem „nachträglich berechneten Idealgewinn ... rechentechnisch die Tatsache von Ertragswertfehlschätzungen“[64, 65] einfangen zu können glauben. Unwesentlich hingegen ist der formale Unterschied, wonach die Abweichungen zwischen dem ex ante und dem ex post ermittelten Gesamtwert einmal in der rückwirkenden Änderung des Erfolgskapitals bei konstantem externen Zinsfuß und das andere Mal in der rückwirkenden Änderung des internen Zinsfußes zum Ausdruck kommen.

b) Die Interpretation der Nichtgeldbestände

Nach der formal durch die Methode der Gesamtbewertung gekennzeichneten ökonomischen Erfolgskonzeption werden die gegenwärtigen

[58] Das trifft allerdings bei Anwendung der Kapitalwertmethode für den letzten Kontrollabschnitt vor dem Unternehmungsende nicht zu; denn der letzte Periodengewinn ergibt sich aus der Verzinsung des Erfolgskapitals und der Höhe des bis dahin einbehaltenen Geschäftswertes.

[59] *Albach* [Synthetische Bilanztheorie] 29 (Hervorhebung durch d. Verf.).

[60] *Münstermann* [Ökonomischer Gewinn] 582; vgl. *D. Schneider* [Bilanzgewinn] 464 und *D. Schneider* [Ausschüttungsfähiger Gewinn] 14 und 22.

[61] *D. Schneider* [Ausschüttungsfähiger Gewinn] 14.

[62] Vgl. *H. Hax* [Bilanzgewinn] 649; *Albach* [Synthetische Bilanztheorie] 29.

[63] Der Kapitalwert der *nach* dem ökonomischen Horizont in Höhe der kalkulatorischen Verzinsung fingierten Überschüsse beträgt ja Null.

[64] *D. Schneider* [Bilanzgewinn] 464.

[65] Der ‚ideale‘ Gewinn ist der unter der Voraussetzung sicherer Erwartungen am Periodenanfang ermittelte ökonomische Gewinn. Vgl. *D. Schneider* [Bilanzgewinn] 462; *Münstermann* [Ökonomischer Gewinn] 582.

Verbrauchsgüterbestände wie die übrigen vorhandenen Wirtschaftsgüter gedeutet[66]: als einheitlicher Block künftiger (Entgelt-)*Einnahmen*. Gemäß dieser Interpretation, die Riegers Auffassung vom ‚heutigen Wert' entspricht[67], ergeben sich die folgenden nach der Kapitalwertmethode und der Methode des internen Zinsfußes getrennten Schemata der Abschlußbilanz[68], die von Münstermann, Albach und Göppl offenbar ohne Anspruch auf systematische Vollständigkeit aufgestellt worden sind[69].

Bilanzierung nach der Kapitalwertmethode:

Endbilanz

Aktiva	Passiva
1. Zahlungsmittel	1. Erfolgskapital zu Periodenbeginn
	1.1. Nominales Eigenkapital (= gebundenes Eigenkapital)
	1.2. Geschäftswert[70] zu Periodenbeginn (Barwert der erwarteten Einzahlungsüberschüsse, der das um die Zahlungsmittel verminderte nominale Eigenkapital übersteigt)
	= *gleichbleibend* bei sicheren Erwarutngen[71]
	= *verändert* aufgrund rückwirkender Revision bei Erwartungsänderungen[72]
2. Barwert der Einzahlungserwartungen (abgezinst mit dem externen Kalkulationszinsfuß)	2. Barwert der Auszahlungserwartungen (abgezinst mit dem externen Kalkulationszinsfuß)
	3. Gewinn[73]
	= 3.1. Verzinsung des nominalen Eigenkapitals zu Periodenbeginn
	+ 3.2. Verzinsung des Geschäftswerts zu Periodenbeginn
	± Mehr-/Wenigerausschüttung
	− Einlagen

[66] Vgl. S. 75.

[67] Die „Rechnung der Unternehmung ... kann nur aus zwei Elementen bestehen, aus Einnahmen und Ausgaben, oder, was dasselbe ist, aus Gelderträgen und aus Geldaufwendungen. Was sich konkret hinter diesen Preisen verbirgt an Gütern und Leistungen, ist gleichgültig". *Rieger* [Einführung] 183.

[68] Vereinfachend werden die Einzahlungserwartungen aus der isolierten und der kombinativen Verwertung der Wirtschaftsgüter zusammengefaßt.

[69] Vgl. *Münstermann* [Ökonomischer Gewinn] 583; *Albach* [Synthetische Bilanztheorie] 26 f.; *Göppl* [Rechnungslegung] 568 ff.

[70] Im Verlustfall ist der Geschäftswert negativ und in der Vorspalte vom nominalen Eigenkapital abzusetzen; vgl. *D. Schneider* [Bilanzgewinn] 464.

Bilanzierung nach der Methode des internen Zinsfußes:

Aktiva	Endbilanz[74] Passiva
1. Zahlungsmittel	1. Nominales Eigenkapital zu Periodenbeginn (= gebundenes Eigenkapital)
2. Barwert der Einzahlungserwartungen (abgezinst mit dem internen Zinsfuß)	2. Barwert der Auszahlungserwartungen (abgezinst mit dem internen Zinsfuß)
	3. Gewinn = Verzinsung des nominalen Eigenkapitals zu Periodenbeginn = Verzinsung mit *gleichbleibendem* internen Zinsfuß bei sicheren Erwartungen = Verzinsung mit *verändertem* internen Zinsfuß aufgrund rückwirkender Revision bei Erwartungsänderungen ± Mehr-/Wenigerausschüttung – Einlagen

Die Gewinn- und Verlustrechnung wird aus der Anfangs- und Endbilanz als aufgegliederte Bestandsdifferenzenrechnung abgeleitet:

[71] Da sich die einzelnen Bestände nicht als Summe der jeweiligen *tatsächlichen* Zahlungserwartungen, sondern als Summe ihrer auf den Bilanzstichtag *abgezinsten* Zahlungswerte ergeben und da annahmegemäß nur die Zinsen auf das nominale Eigenkapital und den Geschäftswert als Gewinn zu errechnen und auszuschütten sind, kann sich die Höhe des Geschäftswertes unter sicheren Erwartungen nicht ändern. Das ist allerdings auch unter sicheren Erwartungen dann der Fall, wenn ein anderer externer Kalkulationszins gewählt wird.

[72] Bei unsicheren Erwartungen ändert sich aufgrund der am Periodenende vorliegenden *abweichenden* Informationen über den mehrperiodischen Planungszeitraum die Höhe der bisher geschätzten künftigen Zahlungsüberschüsse. Sie werden zusammen mit dem zu Beginn der Kontrollperiode vorhandenen Zahlungsmittelbestand und dem in diesem Zeitraum realisierten Zahlungsüberschuß durch Diskontierung gleichmäßig auf die Planungs- und Kontrollperiode verteilt. Dadurch tritt eine rückwirkende positive oder negative Änderung des Geschäftswertes ein.

[73] Ein Gewinn entsteht dadurch, daß infolge des *nähergerückten* Unternehmungsendes am Periodenende die Zahlungserwartungen für eine Periode weniger abgezinst zu werden brauchen, da die zu Periodenbeginn vorgenommene Abzinsung durch Zeitablauf eingeholt, d. h. ‚verdient' worden ist.

[74] Vgl. die Fn. 70 bis 73, die mit Ausnahme der arteigenen Unterschiede hier ebenfalls zutreffen.

Aufwendungen	GuV-Rechnung Erträge
1. Lfd. Auszahlungen — Ausschüttungen	1. Lfd. Einzahlungen — Einlagen
2. Minderung des Barwerts der Einzahlungserwartungen Mehrung des Barwerts der Auszahlungserwartungen	2. Minderung des Barwerts der Auszahlungserwartungen Mehrung des Barwerts der Einzahlungserwartungen
3. Gesamtausschüttung = Verzinsung des Erfolgskapitals/ Nominalkapitals ± Mehr-/Wenigerausschüttung[75] — Einlagen	

B. Die Verdeutlichung der Erfolgsbegriffe anhand eines Zahlenbeispiels

Die Darstellung des traditionellen und ökonomischen bilanztheoretischen Lösungsansatzes soll mit einem einfachen Zahlenbeispiel abgeschlossen werden, das verdeutlicht, welch unterschiedliche Periodenerfolge sich ergeben, je nachdem, gemäß welcher Bilanztheorie bzw. Erfolgskonzeption der Periodenabschluß vorgenommen wird. Dem Beispiel werden zwei Varianten des als repräsentativ angenommenen Handlungszieles zugrunde gelegt, deren Realisierungsgrad innerhalb der jeweils abgelaufenen Teilperiode der Jahresabschluß zu indizieren hat: die Maximierung eines in der Totalperiode gleichbleibenden Entnahmestroms, d. h. einer ewigen Rente, und die Maximierung eines gleichbleibenden Entnahmestroms bis zum Planungshorizont bei Wiedergewinnung des eingesetzten Kapitals[76].

Repräsentativ für die traditionellen auf dem Realisationsprinzip aufgebauten Bilanztheorien steht hier die unmodifizierte bzw. strenge An-

---

[75] Übersteigt die Gesamtausschüttung unter Abzug der Einlagen den Gewinn — als die Verzinsung des Erfolgs-/Nominalkapitals mit dem externen/internen Zinsfuß —, so kommt diese Mehrausschüttung einer Substanzausschüttung gleich, in deren Höhe Verpflichtungen der Eigenkapitalgeber zu künftigen Einlagen oder Gewinnverzichten zu berücksichtigen sind. Demgemäß müssen in dieser Höhe auf der Ertrags- und Aktivseite zwei einander ausgleichende Korrekturposten ausgewiesen werden. Wenn umgekehrt die Gesamtausschüttung unter Abzug der Einlagen geringer als die Verzinsung der jeweiligen Kapitalgröße ist, so stellt diese Wenigerausschüttung einen Gewinneinbehalt dar, der als zusätzlicher Posten in gleicher Höhe auf der Aufwands- und Passivseite auszuweisen ist. In beiden Fällen liegt eine Änderung der Ausschüttungspräferenzen vor. Zum Verrechnungsmodus vgl. auch S. 116 f.

[76] Vgl. S. 43 f.

schaffungspreisbilanz[77], für die der von Kosiol verwandte Ausdruck ‚pagatorische Bilanz' nur eine andere Bezeichnung ist. Die ökonomische Erfolgskonzeption hingegen wird durch beide Varianten — als Ertragswerterhaltung und als Nominalkapitalerhaltung im Planungshorizont — vertreten. Darüber hinaus wird in bezug auf das zweite Handlungsziel der mehrperiodische Entgeltüberschuß ermittelt, der sich bei Abbildung der im Planungshorizont auftretenden Nichtgeldbestände mit ihren Veräußerungspreisen ergibt.

Vor fünf Jahren hat eine Industrieunternehmung ihre Tätigkeit aufgenommen. Der zu Beginn in t_0 und am Anfang der folgenden Perioden für jeweils drei Perioden aufgestellte Unternehmungsplan war und ist am Ende der einzelnen Zeitabschnitte zu kontrollieren und gegebenenfalls zu revidieren. Eine Planrevision wurde und wird immer dann vorgenommen, wenn die neuen Informationen zu abweichenden Schätzungen der Zahlungsströme führen, die — entsprechend der abgelaufenen Zeit — in dem um die jeweils erste Teilperiode verkürzten und um einen weiteren Abschnitt verlängerten bisherigen mehrperiodischen Planungszeitraum erwartet werden. Die erste Teilperiode dieses übergeordneten Abrechnungszeitraums ist mit der abgelaufenen Kontrollperiode identisch. Zu Beginn des vierten Jahres, d. h. in t_3, hat die Unternehmungsleitung auf einen vierperiodischen Planungszeitraum umgestellt. Um nun ihre Tätigkeit während der jeweils abgelaufenen Teilperiode kontrollieren zu können, benötigt sie ein Instrument, das die Erfassung des ‚Ist' erlaubt. Hierfür wendet sie alternativ die Abrechnungsvorschriften gemäß der traditionellen und der ökonomischen Erfolgskonzeption an.

Beide Erfolgskonzeptionen haben notwendigerweise die gleichen realen Größen zum Ausgangsmaterial: den weitgehend durch die Marktdaten „bestimmten Absatzstrom (d. h. Folge periodischer Absatzmengen) und den damit verbundenen Strom von primär (d. h. nicht durch die Wiederanlage bereits erzielter Finanzüberschüsse) entstehenden periodischen Finanzüberschüssen"[78]. Diesen *Primär*überschuß definiert H. Koch als „die Differenz zwischen der Summe sämtlicher Geldeingänge (Eigenkapitaleinlagen, Krediteinnahmen und Entgelteinnahmen) und der Summe sämtlicher Ausgaben, d. h. Geldtransaktionen an andere Subjekte (Kreditausgaben und ... Entgeltausgaben)"[79]. Der Unterschied zwischen beiden Konzeptionen besteht darin, für welchen Zeitraum der Primärüberschuß zu erfassen ist — Kontrollperiode ohne oder mit Einbeziehung der Planungsperiode — und wie dieser rechnerisch umgeformt wird.

---

[77] Die zahlenmäßige Verdeutlichung der Bilanztheorien Schmalenbachs und F. Schmidts würde zu viele Einzelannahmen erfordern, wodurch das Beispiel unmäßig aufgebläht würde, ohne daß dadurch ein größerer Erklärungswert zu erreichen wäre. Außerdem spricht für die strenge Anschaffungspreisbilanz, daß sie grundsätzlich geeignet erscheint, über den Umfang der Kapital*bindung* zu informieren; vgl. S. 121 ff.

[78] *H. Koch* [Optimalitätskriterium] 426.

[79] *H. Koch,* ebenda, 426.

Nach der traditionellen Erfolgskonzeption ist allein vom Primärüberschuß der Kontrollperiode auszugehen. Von ihm wird über zwei Transformationsschritte der Periodenerfolg abgeleitet: Zunächst wird der Primärüberschuß einerseits um die in der Kontrollperiode stattgefundenen Eigenkapitaleinlagen und diejenigen Krediteinnahmen und Kreditausgaben gekürzt, die nicht mit den nach dem Realisationsprinzip abzugrenzenden, direkt meßbaren[80] Gütervorgängen verbunden sind, und andererseits wird er — im gleichen Sinne — um die den periodisierten Gütervorgängen entsprechenden Kreditbewegungen aus Vorperioden ergänzt. Daraus ergibt sich der *Brutto*-Entgeltüberschuß. Ihm werden in einem zweiten Schritt die nur ‚zwangsweise indirekt meßbaren' Güterverbräuche bzw. in ihrer Höhe fingierte Entgeltausgaben als (Teil-)Periodengemeinkosten hinzugerechnet. Das Resultat ist der *Netto*-Entgeltüberschuß bzw. der (Teil-)Periodenerfolg aufgrund der abgeschlossenen Marktumsatzprozesse.

Das wesentliche Merkmal der ökonomischen Erfolgskonzeption besteht darin, die Erfolgsermittlung auf die jeweils restliche Totalperiode abzustellen: Zu errechnen ist eine ewige Rente. Da sie in gleichbleibender Höhe angestrebt wird, sind die in den einzelnen Abschnitten des mehrperiodischen Planungszeitraums erwarteten unterschiedlich hohen Primärüberschüsse unter Einbeziehung des in der Kontrollperiode erzielten Überschusses durch *sekundäre* Finanztransaktionen entsprechend zu glätten, so daß aus der Sicht des Kontrollperiodenanfangs die Primär- und Sekundärüberschüsse zusammen eine uniforme ewige Zahlungsreihe ergeben. Dabei sind die den beiden Varianten der ökonomischen Konzeption zugrunde liegenden unterschiedlichen Annahmen in bezug auf die Zeit nach dem Planungshorizont zu berücksichtigen: die Rentierlichkeit der Unternehmung in Höhe des externen bzw. internen Zinsfußes. Ist die externe niedriger als die interne Rendite — was in diesem Beispiel der Fall ist —, so folgt aus der Kapitalwertmethode die Abrechnungsregel und damit Handlungsanweisung: Von den bis zum Planungshorizont erwarteten Überschüssen muß so viel einbehalten werden[81], daß

---

[80] Je nachdem, ob der Periodenerfolg als finanz- oder güterwirtschaftliche Vermögensänderung verstanden wird, lassen sich weniger oder mehr Sachverhalte direkt messen. Auf diese Differenzierung muß hier aber verzichtet werden. Der Unterschied betrifft im wesentlichen den Verzehr unmittelbar verbrauchbarer Güter bzw. die ihn abbildenden Entgeltausgaben: Der Verbrauch kann direkt gemessen werden, nicht aber die Anschaffungsausgabe, wenn die eingesetzten Güter zu unterschiedlichen Preisen angeschafft und nicht vollständig verbraucht worden sind (vgl. S. 54). Zur Ermittlung der Preiskomponente des Geldausdrucks werden dann entweder für die Abgänge Verbrauchsfolgen unterstellt und somit tatsächlich vereinbarte Preise zur Abbildung verwandt, oder die Abgänge werden mit ihren gewichteten durchschnittlichen Preisen angesetzt.

[81] Die einzubehaltenden Beträge kommen im Geschäftswert zum Ausdruck, der bei Vollausschüttung gleich Null ist.

nach dem Horizont ein ebenso hoher Betrag je Teilperiode der Unternehmung entzogen werden kann wie *während* des Planungszeitraumes. Dagegen verlangt die als zweite Variante der ökonomischen Konzeption vertretene interne Zinsfußmethode notwendigerweise die Vollausschüttung[82].

Tatsächlich können die Zahlungs- und Güterströme nur bis zum jeweiligen Planungshorizont geschätzt werden. Danach soll die Unternehmung zwar zeitlich unbegrenzt fortgeführt werden, es ist aber für den weiteren wirtschaftlichen Verlauf keine detaillierte Prognose mehr möglich. Es kann lediglich wirklichkeitsnah angenommen werden, daß die im Planungshorizont in Geld vorhandenen oder überführbaren Bestände ad infinitum zum dann herrschenden Zinssatz langfristiger risikoarmer Wertpapiere am Kapitalmarkt angelegt werden können. Vereinfachend wird unterstellt, daß dieser Zinssatz dem für den Planungszeitraum zugrunde gelegten externen Kalkulationszinsfuß gleicht.

Da mit diesem Zahlenbeispiel insbesondere die unterschiedlichen Antworten der beiden konträren Bilanzkonzeptionen auf das ihnen gemeinsame Bilanzierungsproblem verdeutlicht werden soll, kann das hier zugrunde gelegte Modell dahingehend vereinfacht werden, daß zwar einerseits die zahlenmäßigen Aussagen auf die problemrelevanten Vorgänge reduziert werden, daß aber andererseits nicht mit Hilfe irrealer Annahmen die damit verbundenen empirisch kognitiven Probleme, die Bewertungs- und Periodisierungsfrage, umgangen werden. Zwei vereinfachende Voraussetzungen werden unterstellt, die den realen Vorgängen nur im Grenzfall gerecht werden[83]: Erstens fallen Brutto- und Netto-Entgeltüberschuß zusammen, indem in Höhe der (Teil-)Periodengemeinkosten tatsächlich anfallende Entgeltausgaben angenommen werden[84].

---

[82] Die gleiche Anweisung ergibt sich aus der Beschränkung des Unternehmungs- und damit Abrechnungsziels auf den überschaubaren Zeitraum, die dem zweiten hier verfolgten Ziel zugrunde liegt: Maximierung des Barwerts einer Rente bis zum ökonomischen Horizont bei Wiedergewinnung des eingesetzten Kapitals.

[83] Hinzu kommt die schon bei der Kennzeichnung des Bilanzierungsproblems getroffene realitätsnahe Annahme, daß Barzahlungen einerseits und die Gewährung von Geldkrediten oder die Möglichkeit der Ausschöpfung des gegebenen Kreditrahmens andererseits finanzwirtschaftlich gleich behandelt werden (vgl. S. 28 f. und S. 75). In diesem Sinn wird hier angenommen: Aufgrund einer Vereinbarung mit der Hausbank kann der Forderungsbestand jederzeit gegen den vollen Nominalbetrag an sie veräußert werden, so daß die bei Absatz der Endleistungen entstehenden Forderungen liquiditätsmäßig wie Einzahlungen wirken.

[84] Die (Teil-)Periodengemeinkosten entsprechen in diesem Beispiel den auf Maschinen und Lizenzen vorgenommenen Abschreibungen. Die durch sie gekennzeichneten Potentialminderungen könnten dann Ausgaben gleichgesetzt werden, wenn etwa die folgende Situation für den Abrechnungszeitraum zuträfe: Mittelbar verbrauchbare Wirtschaftsgüter werden entweder gemietet oder auf Kredit angeschafft, wobei mit dem Kreditgeber, ihrem Verkäufer oder der Hausbank, Tilgungsraten in Höhe der laufenden Abschreibungen vereinbart werden. Dann entspricht in jeder Teilperiode dem geldlichen Aus-

Zweitens entspricht der Netto-Entgeltüberschuß dem Primärüberschuß, indem unterstellt wird, daß Vermögens- und Finanzdispositionen genau auf den durch die betriebliche Wertschöpfung bestimmten Rhythmus von Güterbereitstellung und -verbrauch abgestellt sind[85]. Aufgrund dieser Annahmen ist das nach der ökonomischen Erfolgskonzeption umzuformende periodische Ausgangsmaterial identisch mit den nach der traditionellen Konzeption für die Kontrollperiode und den mehrperiodischen Planungszeitraum ermittelten (Teil-)Periodenerfolgen, und die von beiden Konzeptionen auf die Bilanzierungsfrage gegebenen Antworten schälen sich deutlich heraus:

Problematisch ist die Bewertung der schwebenden Geschäfte, wobei zugleich dem Planungs- und dem Kontrollaspekt Rechnung zu tragen ist. Die traditionelle Bilanzkonzeption rechnet die am Bilanzstichtag eingeleiteten Marktumsatzprozesse zwar nach dem retrospektiven Anschaffungspreisprinzip ab, betrachtet aber die derart gewonnenen Bilanzansätze als Antwort auf die prospektive Frage nach den Aussichten auf Kapitalerhaltung. Die ökonomische Konzeption hingegen bewertet die schwebenden Geschäfte in einer geschlossenen Planungsrechnung. Dabei wird erstens unter dem Planungsaspekt unterstellt, daß für die im Planungshorizont sich bildenden Nichtgeldbestände wiederum der Ertragswert ermittelt werden kann. Zweitens wird unter dem Kontrollaspekt angenommen, daß dieses sich im Zeitablauf überlappende System von Planungsrechnungen jeweils am Ende der Kontrollperiode eine zutref-

---

druck für die Potentialminderung eine laufende Entgelt- oder Kredittilgungsausgabe.

Es wird davon ausgegangen, daß die Maschinen und Lizenzen jeweils erworben werden, so daß hier zumindest formal dem Abschreibungsproblem Rechnung zu tragen ist: Die mittelbar verbrauchbaren Güter werden linear abgeschrieben, d. h. mit dem Teil der Entgeltausgaben angesetzt, der sich bei gleichmäßiger Verteilung des Anschaffungspreises — abzüglich des Wertansatzes für das im Planungshorizont verbleibende Restpotential — auf den übergeordneten Abrechnungszeitraum ergibt.

85 Diese Annahme setzt etwa folgende Situation voraus: Die Erstausstattungsinvestitionen und alle später getätigten Ersatzbeschaffungen sind betriebsnotwendig, d. h. soweit es sich um Verbrauchsgüter handelt, sind sie im Wege der kombinativen Verwertung zur Erzielung der geplanten Überschüsse erforderlich. Auch der sich während der ersten Periode bildende Bestand an Forderungen aus Lieferungen und Leistungen ist betriebsnotwendig. Außerdem bleibt das Umlaufvermögen im Zeitablauf konstant, d. h. daß die Abgänge in Form von Verbräuchen bzw. Abflüssen und die Zugänge in Form von Ersatzbeschaffungen und Forderungsentstehungen in jeder Periode einander entsprechen. Schwankungen des Betriebsvermögens treten dann allein im Anlagevermögen aufgrund dessen stoßweiser Beschaffung auf.

Die unverändert hoch bleibenden Bestände im Umlaufvermögen und das Grundvermögen sind der Höhe nach durch eigene Mittel und langfristiges Fremdkapital gedeckt, während die Anlagegüter entsprechend der beabsichtigten Gesamtnutzungsdauer und Abschreibungsart finanziert werden können (vgl. Fn. 84).

fendere Information über die eingeleiteten Aktionsprogramme als am (Teil-)Periodenanfang gibt.

Demgemäß werden hier einheitlich die am Bilanzstichtag bzw. Planungshorizont[86] vorhandenen Nichtgeldbestände mit ihren fortgeführten Anschaffungspreisen bewertet, d. h. als Wirtschaftsgüter unterschiedlicher Art gleichnamig gemacht. Dieser Wertansatz überrascht zunächst hinsichtlich der ökonomischen Konzeption, ist aber als Untergrenze in der von ihr in bezug auf den Planungshorizont aufgestellten Abbildungsvorschrift enthalten. Denn der als Rendite der ganzen Unternehmung fingierte „Ertragssatz ... bewertet zugleich alle (einzelnen, d. Verf.) Investitions- und Finanzierungsmöglichkeiten, die über den gegenwärtigen Planungshorizont hinausreichen"[87], und der den Anschaffungspreis übersteigende positive Erfolgsbeitrag wirkt sich auf die Erfolgsermittlung nicht aus, da sein Kapitalwert aufgrund des Abzinsungseffektes Null beträgt[88].

Mit der prospektiven Umdeutung des Anschaffungspreisprinzips durch die beiden Bilanzkonzeptionen ist aber zwangsläufig eine mehr oder minder fiktive Aussage über das zukünftige Geschehen verbunden, wenn man wie das traditionelle Konzept auf dessen Prognose verzichtet oder wie das ökonomische Konzept eine Voraussage macht, die sich nicht mehr empirisch absichern läßt. Die reine Annahme umfaßt die Differenz zwischen den fortgeführten Anschaffungspreisen und den erzielbaren Veräußerungspreisen. Das Problem liegt darin, daß für beide Konzeptionen das künftige Eintreffen dieser fingierten Einnahmendifferenzen notwendige Bedingung dafür ist, daß die ermittelte Periodenerfolgsziffer eine zutreffende Aussage über den vergangenen Unternehmungsprozeß beinhaltet, unabhängig davon, ob ein ermittelter Gewinn ausgeschüttet wird oder nicht. Wichtig ist allein, daß die Unternehmensleitung an den Erfolgsausweis irgendwelche Konsequenzen knüpft, die immer auch vermögenswirksam sind[89].

---

86 Als im Planungshorizont schwebende Geschäfte kommen im Zeitpunkt der Planung nur die über ihn hinaus nutzbaren, d. h. wegen ihrer Unteilbarkeit nicht in ihrer Gesamtheit kapazitätsmäßig auf den Planungszeitraum abstimmbaren Gebrauchsgüter in Betracht.

87 *D. Schneider* [Modellvorstellungen] 725.

88 Einzel- und Gesamtbewertung müssen im Planungshorizont mangels einer fundierten weiterreichenden Prognose zum gleichen Ergebnis führen, da die gemäß der ökonomischen Konzeption fingierte künftige Rentierlichkeit in Höhe des externen bzw. internen Kalkulationszinses sowohl jeder einzelnen Kapitaleinheit als auch der Summe des im Planungshorizont gebundenen Kapitals zugerechnet werden kann.

89 Zur Höhe des (Teil-)Periodengewinns, der als Maßstab für die Ergiebigkeit der stattgefundenen Unternehmungstätigkeit maximal ausschüttbar ist, vgl. S. 116 f. und S. 128.

Zwischen den fortgeführten Anschaffungspreisen des abnutzbaren Anlagevermögens und seinen aus der jeweiligen ex ante-Sicht geschätzten Veräußerungspreisen ergeben sich folgende Bewertungsdifferenzen, wobei der Vereinfachung halber die ex post-Schätzungen den ex ante-Ansätzen gleichgesetzt werden:

gegenwärtiger Planungshorizont bzw. künftiger Bilanzstichtag	t_3	t_4	t_5	t_6	t_7	t_8	t_9
ex ante = ex post ermittelte Bewertungsdifferenz	60	48	112	40	100	140	120

Diese Bewertungsdifferenzen gehen aber, wie gesagt, nicht in die Erfolgsermittlung ein, sondern sollen deren teilweise fiktiven Gehalt lediglich demonstrieren. Die Netto-Entgeltüberschüsse werden also unter Bewertung der Restbestände mit Anschaffungspreisen ermittelt. Aus der nachstehenden Bewegungsdifferenzenrechnung und der umseitigen Bestandsdifferenzenrechnung ergeben sich für die einzelnen Teilperioden bis zum gegenwärtigen Bilanzstichtag t_5 und danach bis zum augenblicklichen Planungshorizont t_9 folgende Netto-Entgeltüberschüsse:

		t_0—t_1	t_1—t_2	t_2—t_3	t_3—t_4	t_4—t_5	t_5—t_6	t_6—t_7	t_7—t_8	t_8—t_9
Entgelteinnahmen ..		1509	1567	1664	1629	1487	1422	1617	1626	1598
Roh-, Hilfs- u. Betriebsst. ..	−870									
Löhne und Gehälter	−320									
Pachtzinsen	− 30									
Steuern	−150									
(Teil-)Periodeneinzelkosten .		−1370	−1370	−1370	−1370	−1370	−1370	−1370	−1370	−1370
Brutto-Entgeltüberschuß ...		139	197	294	259	117	52	247	256	228
(Teil-)Periodengemeinkosten		−130	−130	−130	−130	−115	−115	−115	−115	−175
Netto-Entgeltüberschuß ...		9	67	164	129	2	− 63	132	141	53

Die Periodeneinzelkosten brauchen nur einmal aufgeführt zu werden, da vereinfachend die Konstanz der ausgabengleichen Aufwendungen angenommen wird. Unterschiedliche Netto-Entgeltüberschüsse entstanden bzw. entstehen daher nur aufgrund der schwankenden Entgelteinnahmen bzw. Erträge und (Teil-)Periodengemeinkosten.

Schließlich sei noch eine weitere vereinfachende, aber realistische Annahme eingeführt. Sie betrifft die Ermittlung des ökonomischen Erfolgs nach der internen Zinsfußmethode: Da der Kalkulationszinsfuß in der ökonomischen Erfolgskonzeption die Hauptfunktion der Zahlungs*verteilung* erfüllen soll, werden hier die erwarteten Entgeltüberschüsse statt mit dem internen mit dem *externen* Kalkulationszinsfuß zunächst auf den Periodenbeginn diskontiert und danach mit Hilfe des Kapitalwiedergewinnungsfaktors[90] gleichmäßig auf die einzelnen Teilperioden des übergeordneten Abrechnungszeitraums verteilt. Der Unterschied zur konsequenten Anwendung der internen Zinsfußmethode besteht darin,

Ermittlung des retrospektiven bzw. traditionellen Period

Bilanzstichtage / Bestände	t_0		t_1		t_2		t_3	
Grundstücke	240		240		240		240	
Maschinen	310	[−115]	195	[−115]	80	+120 [−115]	85	
Lizenzen	60	[− 15]	45	[− 15]	30	[− 15]	15	
Vorräte[2]	350		350		350		350	
Forderungen aus Lief. u. Leist.[2]		+120	120		120		120	
Kasse und Bankguthaben[3]	20	+139 −130	29	− 9 +197 −130	87	− 67 +294 −130	184	
Verlust aufgrund der abgeschlossenen Geschäfte[4]								
	980		979		907		994	
Eigenkapital[2]	400		400		400		400	
Fremdkapital[2] [4]	580	+120 −130	570	−130	440	+120 −130	430	
Gewinn aufgrund der abgeschlossenen Geschäfte		+ 9	9	− 9 + 67	67	− 67 +164	164	
	980		979		907		994	
Veränderung des abnutzbaren Anlagevermögens[5] [6]								
1 Maschine Typ A	100	− 25	75	− 25	50	− 25	25	
1 Maschine Typ B	90	− 30	60	− 30	30	− 30		+ 9
3 Maschinen Typ C	120	− 60	60	− 60		+120 − 60	60	
Lizenzen	60	− 15	45	− 15	30	− 15	15	
	370	−130	240	−130	110	+120 −130	100	+ 9
erzielbare Veräußerungspreise							40	
nicht in Geldform überführbares Vermögen im Planungshorizont[7]							[60]	

1) Die Pfeile verdeutlichen die *in* einer Periode (= zeitlich-vertikal) und die über sie *hinaus* (= zeitlich-horizontal) bestehenden bzw. angenommenen *finanz*wirtschaftlichen Zusammenhänge von Gütervorgängen. *Senkrechte* Pfeile kennzeichnen die direkt aufeinander abgestimmten Veränderungen des Anlagevermögens und des Fremdkapitals (vgl. Fn. 84), die *waagerechten* Pfeile das zeitliche Auseinanderfallen der zum Bilanzstichtag vorgenommenen Gewinnermittlung und der danach stattfindenden Gewinnausschüttung. *Durchgezogene* Pfeile drücken reale finanzwirksame Beziehungen aus, *gepunktete* Pfeile machen die Relation zwischen einem tatsächlichen und einem fingierten — durch eckige Klammern gekennzeichneten — finanzrelevanten Gütervorgang deutlich.

2) Zur im Zeitablauf gleichbleibenden Höhe der Vorräte und Forderungen aus Lieferungen und Leistungen sowie zu ihrer Finanzierung durch eigene und langfristige fremde Mittel vgl. Fn. 85.

3) Als Kassen*zugänge* werden nur die Netto-Zugänge angegeben, die nach Verrechnung der realen Entgeltausgaben und -einnahmen als Brutto-Entgeltüberschüsse der einzelnen Perioden anfallen (vgl. die vorstehende Bewegungsdifferenzenrechnung). In der kommenden Periode $t_5 - t_6$ erhöht sich dieser Kassenzugang von 52 GE um die Krediteinnahme von 63 GE.

ges mithilfe einer Bestandsdifferenzenrechnung[1])

t_4		t_5 (gegenwärtiger Bilanzstichtag)		t_6		t_7		t_8		t_9	bis t_∞
240		240		240		240		240		240	
60	+220 [−115]	165	[−115]	50	+210 [−115]	145	[−115]	30	+340 [−135]	235	
							+110	110	[− 40]	70	
350		350		350		350		350		350	
120		120		120		120		120		120	
149	−129 +117 −115	22	− 2 + 52 + 63 −115	20	+247 −115 − 63	89	− 69 +256 −115	161	−141 +228 −175	73	− 53
			+ 63	63	− 63						
919		897		843		944		1 011		1 088	
400		400		400		400		400		400	
390	+220 −115	495	+ 63 −115	443	+210 −115 − 63	475	+110 −115	470	+340 −175	635	
129	−129 + 2	2	− 2		+132 − 63	69	− 69 +141	141	−141 + 53	53	−53
919		897		843		944		1 011		1 088	
	+100 − 25	75	− 25	50	− 25	25	− 25		+340 −120	220	
60	− 30	30	− 30		+ 90 − 30	60	−30	30	− 15	15	
	+120 − 60	60	− 60		+120 − 60	60	−60				
							+110	110	− 40	70	
60	+220 −115	165	−115	50	+210 −115	145	+110 −115	140	+340 −175	305	
12		−53		−10		−45		−0		−185	
[48]		[112]		[40]		[100]		[140]		[120]	

4) Der in der kommenden Periode $t_5 - t_6$ erwartete Verlust von 63 GE soll durch Aufnahme eines kurzfristigen Kredits finanziert werden, der aus den in der Anschlußperiode $t_6 - t_7$ erwarteten Entgeltüberschüssen zurückgezahlt werden soll. Demnach steht in t_6 dem Verlust eine entsprechende Erhöhung des Fremdkapitals gegenüber, dessen Abbau in t_7 mit der Minderung der Barmittel korrespondiert, während der Verlustvortrag von 63 GE gegen den Gewinn von 132 GE aufgerechnet wird, so daß als auszuschüttender Restgewinn 69 GE verbleiben.

5) Zu Beginn der Periode $t_8 - t_9$ ist eine Umstellung des Produktionsapparates vorgesehen: Zwei Maschinen des weiterentwickelten Typs A′ übernehmen die gesamten Funktionen der bisherigen Typen A, B und C.

6) Die die Anschaffungspreise mindernden Abschreibungen kennzeichnen — ungeachtet der Realitätsnähe der ihrer Schätzung zugrunde liegenden Hypothesen — allein *güter*wirtschaftliche, *nicht* finanzwirtschaftliche Bewegungen. Daher ist allein der *Brutto*-Entgeltüberschuß, d. h. der Entgeltüberschuß vor Abzug der Abschreibungen, eine homogene Geldgröße, während der Netto-Entgeltüberschuß heterogene Komponenten aufweist. Vgl. Fn. 1 zu dieser Tafel, S. 113 f. u. S. 123.

7) Vgl. Fn. 3 und Fn. 2 zur Ausschlagtafel nach S. 96.

daß die infolge der Verteilung der Primärüberschüsse anfallenden Soll- und Habenzinsen nicht in Höhe des internen, sondern des externen Zinsfußes angesetzt werden. Dieses Verfahren ist um so realistischer, je weiter der interne vom externen Zinssatz abweicht, und hat außerdem einen entscheidenden Vorteil: Dadurch, daß die aufgrund der sekundären Finanzdispositionen anfallenden Erfolgsbeiträge auf die auch in Wirklichkeit gleiche Erfolgsquelle — die extern tatsächlich zu entrichtende bzw. erzielbare Verzinsung — zurückgeführt werden, wird der einzig erhebliche Unterschied zwischen beiden Varianten der ökonomischen Erfolgskonzeption herausgestrichen: die unterschiedlichen Fiktionen über die nach dem Planungshorizont erzielbaren Gewinne.

Für den Ausgleich der unterschiedlich hohen Primärüberschüsse durch sekundäre Finanzdispositionen kann die Unternehmung einerseits einen kurzfristigen Bankkredit in Anspruch nehmen und andererseits kurzfristiges Fremdkapital vorfristig zurückzahlen oder Geld vorübergehend zum üblichen Habenzinssatz anlegen. Dabei anfallende Soll- und Habenzinsen entsprechen dem externen Kalkulationszinsfuß. Beide Annahmen, über die Finanzierungsmöglichkeit und die Zinshöhe, decken sich mit denen der ökonomischen Konzeption.

Aufgrund der gegenwärtig bis zum Planungshorizont t_9 erwarteten Netto-Entgeltüberschüsse, die hier den Primärüberschüssen gleichgesetzt werden, und der zu ihrer Glättung notwendigen sekundären Zahlungen[91] errechnen sich bei einer — als Vergleichsmaßstab dienenden — extern erzielbaren Kapitalrendite von 10 % für die Kontrollperiode $t_4 - t_5$ folgende drei Varianten eines prospektiven Periodenerfolges[92]:

---

[90] Der Kapitalwiedergewinnungsfaktor *KWF* ist derjenige Multiplikator, dessen Multiplikation mit einem gegebenen Betrag $B_{\ddot{U}}$ — hier dem Barwert der primären und sekundären Überschüsse —, bei ebenfalls gegebener Anzahl n der Perioden — der Länge des übergeordneten Abrechnungszeitraums — und Verzinsung p — dem zugrunde gelegten externen Kalkulationszinsfuß — die Höhe des gesuchten Gliedes der uniformen Zahlungsreihe ergibt. Der *KWF* entspricht dem reziproken Wert des Diskontierungsfaktors *DF*, d. h.

$$KWF = \frac{1}{DF} = 1 : \frac{(1+i)^n - 1}{i\,(1+i)^n} = \frac{i\,(1+i)^n}{(1+i)^n - 1} \qquad i = \frac{p}{100}$$

Demnach ist der ökonomische (Teil-)Periodenerfolg nach der hier modifizierten internen Zinsfußmethode:

$$x = KWF \cdot B_{\ddot{U}}\ .$$

Vgl. *Karrenberg/Scheer* [Mathematik] 138.

[91] Da annahmegemäß für die Unternehmung die Möglichkeit besteht, die über den gesamten mehrperiodischen Abrechnungszeitraum gewünschte Verteilung der Primärüberschüsse zu finanzieren und die daraus resultierenden Erfolgsbeiträge in Höhe der kalkulatorischen Verzinsung anfallen, deren Kapitalwert Null ist, sind bei Ermittlung der drei Varianten des prospektiven Periodenerfolgs immer nur die am Ende der Kontrollperiode fälligen Zahlungen zu berücksichtigen. Sie resultieren aus der Finanzierung der vorjährigen Gewinnausschüttung oder aus der Anlage des den vorjährigen Gewinn übersteigenden Primärüberschusses.

$$p = 10\,\% \qquad n = 5 \qquad KWF = \frac{0{,}1\,(1 + 0{,}1)^5}{(1 + 0{,}1)^5 - 1} = \frac{0{,}161}{0{,}61} = 0{,}264$$

Prospektiver ewiger bzw. ökonomischer Erfolg gemäß interner Zinsfußmethode:

$$\begin{aligned} x_{t_4-t_5} &= KWF \cdot B_{\ddot{U}A} \\ &= 0{,}264\left[-\frac{(12{,}8 + 1{,}3)}{1{,}1} + \frac{2}{1{,}1} - \frac{63}{1{,}1^2} + \frac{132}{1{,}1^3} + \frac{141}{1{,}1^4} + \frac{53}{1{,}1^5}\right] \\ &= 0{,}264\,(-12{,}8 + 178{,}2) = 0{,}264 \cdot 165{,}4 \\ &= \underline{\underline{43{,}7}} \end{aligned}$$

Prospektiver ewiger bzw. ökonomischer Erfolg gemäß Kapitalwertmethode:

$$\begin{aligned} x_{t_4-t_5} &= i \cdot B_{\ddot{U}KA} = 0{,}1 \left[\frac{(119{,}2 + 11{,}9)}{1{,}1} + \ldots\ldots + \frac{400}{1{,}1^5}\right] \\ &= 0{,}1 \cdot (119{,}2 + 178{,}2 + 248{,}4) = 0{,}1 \cdot 545{,}8 \\ &= \underline{\underline{54{,}6}} \end{aligned}$$

Prospektiver Erfolg bis Planungshorizont:

$$\begin{aligned} x_{t_4-t_5} &= KWF \cdot B_{\ddot{U}V} = 0{,}264 \left[\frac{(46{,}5 + 4{,}7)}{1{,}1} + \ldots\ldots - \frac{120}{1{,}1^5}\right] \\ &= 0{,}264\,(46{,}5 + 178{,}2 - 74{,}5) = 0{,}264 \cdot 150{,}2 \\ &= \underline{\underline{39{,}7}} \end{aligned}$$

Stellvertretend für alle drei Varianten sei noch die von t_1 bis zum gegenwärtigen Bilanzstichtag t_5 eingetretene Entwicklung des primären und sekun-

---

[92] Bedeutung der Symbole:

$$i = \frac{p}{100}$$

p = externer Kalkulationszinsfuß

n = Anzahl der Teilperioden des übergeordneten Abrechnungszeitraums

KWF = Kapitalwiedergewinnungsfaktor

$B_{\ddot{U}A}$ = Barwert der primären Überschüsse, die sich bei Bewertung der Restbestände mit fortgeführten Anschaffungspreisen ergeben, und der sekundären Kredit- und Zinsausgaben bzw. -einnahmen. Sie bilden das erste Glied des Klammerausdrucks.

$B_{\ddot{U}KA}$ = wie $B_{\ddot{U}A}$ unter Einbeziehung des Endkapitals, das letztes Glied des Klammerausdrucks ist.

$B_{\ddot{U}V}$ = wie $B_{\ddot{U}A}$, jedoch Bewertung der Restbestände nicht mit Anschaffungs-, sondern mit Veräußerungspreisen. Die Differenz zwischen beiden Wertansätzen ist letztes Glied des Klammerausdrucks.

dären Zahlungsstroms dargestellt, wie sie sich bei Anwendung der modifizierten internen Zinsfußmethode ergibt (die Summe der primären und sekundären Zahlungen und der Gewinnausschüttung ist zu jedem Stichtag Null):

	t_1	t_2	t_3	t_4	t_5
Primär- bzw. Netto-Entgeltüberschuß	+ 9	+ 67	+ 164	+ 129	+ 2
sekundäre Kreditausgabe	0	− 57,4	− 70,4	− 26,8	− 12,8
sekundäre Zinsausgabe	0	− 5,7	− 7	− 2,7	− 1,3
sekundäre Krediteinnahme	+ 57,4	+ 70,4	+ 26,8	+ 12,8	+ 55,8
Gewinnausschüttung	− 66,4	− 74,3	− 113,4	− 112,3	− 43,7

Damit können nun die verschiedenen Erfolgsbegriffe nach drei wesentlichen Merkmalen systematisiert werden: nach der Abrechnungs*richtung*, der *Höhe* der Bewertung der am Bilanzstichtag bzw. im Planungshorizont vorhandenen Restbestände und nach der *Art* der Annahme über die Zahlungsentwicklung nach dem Bilanzstichtag bzw. Planungshorizont. Dabei lassen sich die Merkmale wie folgt numerisch bezeichnen und ordnen:

— *erste* Ziffer = *Anzahl* der Teilperioden des übergeordneten Abrechnungszeitraums:
  1 = einperiodisch
  2 = mehrperiodisch
— *zweite* Ziffer = *Höhe* der Bewertung der Nichtgeldbestände am Ende des übergeordneten Abrechnungszeitraums:
  1 = Bewertung zu Anschaffungspreisen
  2 = Bewertung zu Veräußerungspreisen
— *dritte* Ziffer = *Art* der den Wertansätzen zugrunde gelegten Annahme über die nach dem Ende des übergeordneten Abrechnungszeitraums erzielbaren Einnahmen:
  0 = *keine* Annahme
  1 = fingierte *einmalige* Kapitalerhaltung in Höhe der Differenz zwischen Anschaffungs- und Veräußerungspreisen
  2 = fingierte *ewige* Kapitalerhaltung in gleicher Höhe zusätzlich einer Rendite in Höhe der *intern* erzielbaren Verzinsung
  3 = wie 2, jedoch fingierte künftige Rentierlichkeit in Höhe der *extern* erzielbaren Verzinsung.

Nach diesen drei Merkmalen lassen sich die von den beiden konträren Bilanzkonzeptionen vertretenen Erfolgsbegriffe in eine retrospektive und zwei Varianten der prospektiven Definition des (Teil-)Periodenerfolges einteilen. Hinzu kommt, dem hier alternativ zugrunde gelegten zweiten Unternehmungsziel entsprechend[93], eine dritte Variante des

[93] Vgl. S. 86 u. Fn. 82.

prospektiven Erfolgsbegriffs, die aus der Beschränkung der Abrechnung auf den übergeordneten Abrechnungszeitraum resultiert[94]. Numerisch klassifiziert, ergeben sich also vier Erfolgsbegriffe, die in gleicher Reihenfolge in der umseitigen Übersicht anschaulich dargestellt werden[95]:

1.1.1. Der retrospektive Erfolg nach der traditionellen Bilanzkonzeption. Er ist der *einperiodische,* relativ *mehr* auf *reinen* Annahmen beruhende Netto-Entgeltüberschuß. Zwar liegen ihm — im Vergleich zum ökonomischen Erfolg — weniger weitreichende und optimistische Fiktionen über die Zeit nach dem Abrechnungszeitraum zugrunde, sie wirken sich aber um so stärker aus, je weniger Teilperioden der übergeordnete Abrechnungszeitraum hat, d. h. je größer das Verhältnis der empirisch gehaltlosen zu den gehaltvollen Annahmen ist. Denn bei „geringer zeitlicher Ausdehnung der Planungsperiode werden zeitlich vertikal Interdependenzen in starkem Maße zerschnitten“[96], und die Länge der Planungsperiode ist bei retrospektiver Abrechnung notwendigerweise Null.

2.1.2. Der prospektive ewige Erfolg gem. der ökonomischen Konzeption in der Variante der internen Zinsfußmethode. Er ist das Glied des *mehr*periodisch uniformen, relativ *weniger* auf *reinen* Annahmen beruhenden Stroms der primären und sekundären Überschüsse.

2.1.3. Der prospektive ewige Erfolg gem. der ökonomischen Konzeption in der Variante der Kapitalwertmethode. Sein teilweise fiktiver Charakter entspricht grundsätzlich dem des Erfolgs 2.1.2., kommt aber einer ausschließlich empirisch gehaltvollen Aussage über den Abrechnungszeitraum dann tendenziell näher, wenn die externe Verzinsung *niedriger* als die interne ist und demnach nur ein *Teil* der im Abrechnungszeitraum erwarteten Primärüberschüsse diesem als erfolgswirksam zugeordnet wird.

2.2.0. Der prospektive Erfolg bei Beschränkung der Erfolgsaussage auf den übergeordneten Abrechnungszeitraum. Er ist das Glied des *mehr*periodisch uniformen, jedoch *nur* auf empirisch *gehaltvollen* Annahmen beruhenden Stroms der primären und sekundären Überschüsse.

---

[94] Diese Variante des prospektiven Erfolgsbegriffs wird bisher noch nicht in der Bilanzliteratur vertreten, da alle zukunftsbezogenen Vorstellungen darauf fixiert sind, den (Teil-)Periodenerfolg aus dem *Total*erfolg ableiten zu wollen.

[95] Die mit der systematisierenden Beschreibung verbundene Einschätzung der Erfolgsbegriffe ist noch einseitig und damit vorläufig. Denn sie betrifft die Bewertung der schwebenden Geschäfte allein unter dem Planungsaspekt. Da hierin — wie die anschließende Kritik der Bilanzkonzeptionen zeigen wird — der prinzipielle Mangel eines retrospektiven bilanztheoretischen Lösungsansatzes liegt (vgl. S. 129 u. S. 134), während die grundsätzliche Schwachstelle einer prospektiven Konzeption erst unter dem hier noch nicht berücksichtigten Kontrollaspekt zutage tritt (vgl. S. 109 f. u. S. 134 f.), muß eine nach *beiden* Abrechnungsgesichtspunkten erfolgende *Gesamt*einschätzung der Erfolgskonzeptionen entsprechend modifiziert werden (vgl. S. 137 f.).

[96] Vgl. *Adam* [Restwerte] 402; vgl. S. 107.

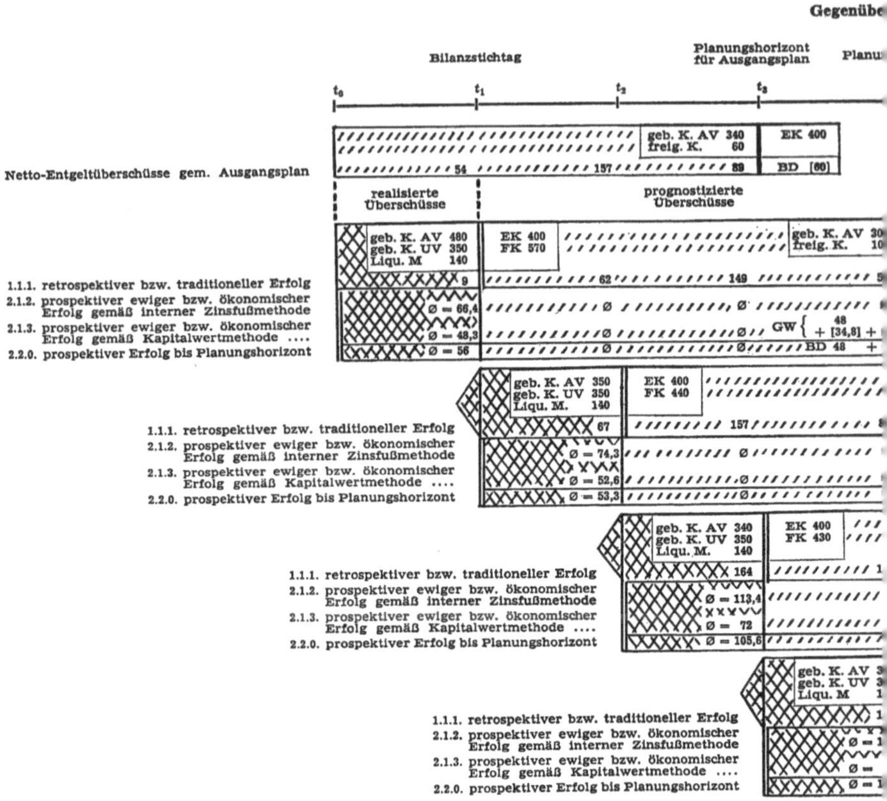

1.1.1. retrospektiver bzw. traditioneller Erfolg
2.1.2. prospektiver ewiger bzw. ökonomischer Erfolg gemäß interner Zinsfußmethode
2.1.3. prospektiver ewiger bzw. ökonomischer Erfolg gemäß Kapitalwertmethode ....
2.2.0. prospektiver Erfolg bis Planungshorizont

Bedeutung der Abkürzungen und Symbole:

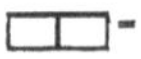 = Bilanz, die an jedem Bilanzstichtag sowohl zum Ende der abgelaufenen Teilperiode als auch zum Ende des übergeordneten Abrechnungszeitraums aufgestellt wird. Sie enthält nicht den je nach Erfolgskonzeption unterschiedlich hohen Teil- bzw. Gesamtperiodengewinn und den ihm entsprechenden Aktivbestand. Ebenso fehlt der bei Ermittlung des Erfolges 2.1.3. sich im Planungshorizont ergebende Geschäftswert.

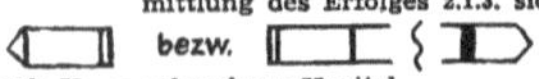 = Bezugsstichtag u. Abrechnungszeitraum d. retrospektiven bzw. prospektiven Erfolgsermittlung.

geb. K. = gebundenes Kapital. AV = Anlagevermögen. EK = Eigenkapital.
freig. K. = freigesetztes Kapital. UV = Umlaufvermögen. FK = Fremdkapital.
Liqu. M. = liquide Mittel (vgl. Fn. 83).
BD = Bewertungsdifferenz: fortgeführte Anschaffungspr. abzügl. erzielbare Veräußerungspr.
GW = Aktivposten in Höhe des Geschäftswertes im Planungshorizont (vgl. S. 88 f.).
Ø = Glied des mehrperiodisch uniformen primären u. sekundären Zahlungsstroms, das sich entweder aufgrd. fundierter Prognosen nur bis zum Planungshorizont errechnet oder aufgrund zusätzlicher irrealer Annahmen über ihn hinaus für die Ewigkeit ergibt.

1) Der retrospektive Erfolgsbegriff entspric des prospektiven Erfolgs basieren auf den pe Entgeltüberschüssen gleichgesetzt werden. U schüsse auf den übergeordneten mehrperio bei der auf den Beginn der Kontrollperiod die hierfür notwendigen sekundären Zahlur Zeitablauf auf (vgl. die repräsentativ wieder Zahlungsstroms auf S. 95).

2) Um beide Bilanzkonzeptionen leichter v folgsbegriff die die reinen Annahmen ausd

er Erfolgsbegriffe[1])[2])

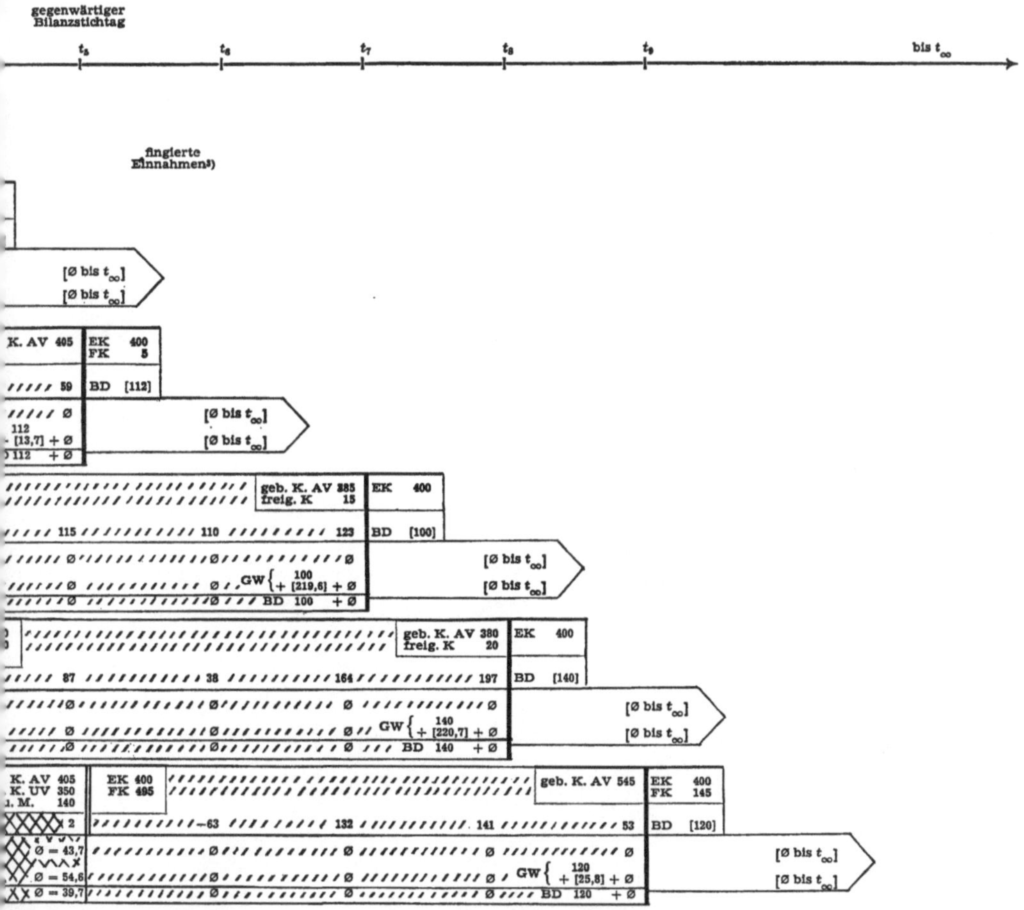

-Entgeltüberschuß. Die drei Varianten
rimärüberschüssen, die hier den Netto-
ımäßigen Verteilung der Primärüber-
chnungszeitraum zu gelangen, werden
kenden prospektiven Erfolgsermittlung
gen. Dadurch treten Verwerfungen im
wicklung des primären und sekundären

ı können, ist beim retrospektiven Er-
vertungsdifferenz (vgl. Fn. 3 zu dieser

Tafel) nicht nach dem Bilanzstichtag, sondern nach dem Planungshorizont — als Ergänzung zur erwarteten Endbilanz — berücksichtigt.

[3]) Die in der traditionellen und ökonomischen Konzeption definierten Erfolgsbegriffe beruhen im Gegensatz zum Periodenerfolg 2.2.0. auf der Fiktion, daß die Kapitalerhaltung am Bilanzstichtag bzw. im Planungshorizont in Höhe der Differenz zwischen den fortgeführten Anschaffungspreisen und den erzielbaren Veräußerungspreisen (vgl. S. 91) gesichert ist. Die Einnahmen werden entweder als einmalige Einzahlung (traditionelle Konzeption) oder als ewiger Einzahlungsstrom (ökonomische Konzeption) für die Zeit nach dem tatsächlich nicht mehr überschaubaren Planungshorizont fingiert. Den irrealen Aussagegehalt der Fiktionen verdeutlichen die eckigen Klammern (zum Begriff und zur Anwendungsberechtigung von Fiktionen vgl. S. 70).

II. Der Aussagegehalt der bilanztheoretischen Konzeptionen

A. Der prospektive Lösungsansatz der ökonomischen Konzeption

Bei prospektiver Abrechnung der am Bilanzstichtag schwebenden Geschäfte ist „die Bilanz zu einem Kontrollinstrument für die unternehmerischen Gewinnerwartungen“[1] auszubauen. Da diese sich nur im Rahmen eines geschlossenen Modells zutreffend ermitteln lassen, ist über den Gesamtwert der Unternehmung für einen der Kontrollperiode übergeordneten Zeitraum Rechnung zu legen, dessen erste Teilperiode mit der jeweils abgelaufenen Kontrollperiode identisch ist. Dabei ist entsprechend den beiden gegensätzlich wirkenden Komponenten des Bilanzierungsproblems, dem Planungs- und dem Kontrollaspekt[2], das Verfahren der Gesamtwertermittlung dahingehend zu überprüfen, welche Aussage es über den *Gesamt*zeitraum und welche es über die abgelaufene *Teil*periode zuläßt.

1. Die Aussage über den in der übergeordneten Gesamtperiode erwarteten Erfolg

a) Der materiale Bezug des Gesamterfolges zum Totalerfolg

Die diskontierten, in der Bilanz gegenübergestellten Ein- und Auszahlungserwartungen informieren nur dann über sämtliche Folgen des zieloptimalen Aktionsprogramms, wenn in dem vorgeschalteten Entscheidungsmodell nicht nur die gleichzeitig, sondern auch die bis zum Unternehmungsende bestehenden Interdependenzen berücksichtigt worden sind[3], was bereits Rieger vor über vierzig Jahren erkannt hat: „Die Theorie verlangt, daß die Bilanzen von allem Anfang an auf das kommende Ende abgestellt sein müssen, wenn sie richtig sein sollen[4, 5].“ Andererseits läßt sich bei beabsichtigter Realitätsnähe der Planungsrechnung und damit der Bilanzierung nur dann der Totalerfolg ermitteln,

---

[1] *H. Koch* [Optimalitätskriterium] Fn. 42 zu 405.

[2] Vgl. S. 31 f.

[3] „Der Planungszeitraum ist bei gewinnmaximalem Verhalten so zu wählen, daß in ihm sämtliche auf eine Entscheidungsalternative zurückzuführenden negativen und positiven Erfolgsbeiträge enthalten sind. Da aber in einem Unternehmen immer eine Vielzahl hinsichtlich des Erfolges miteinander verbundener Aktionsparameter mit unterschiedlicher zeitlicher Dauer der Erfolgswirksamkeit realisiert werden, ist eine Gewinnmaximierung in der Regel nur im Rahmen der Totalperiode eines Unternehmens denkbar. Erstreckt sich eine Planung auf einen kleineren Zeitraum als die Totalperiode, so kann sie nicht optimal im Hinblick auf die Totalperiode sein, da für einzelne Aktionsparameter jene Erfolgsbeiträge nicht berücksichtigt werden, die erst nach dem Ende der Planungsperiode wirksam werden.“ *Adam* [Restwerte] 393.

[4] *Rieger* [Einführung] 232; vgl. *Jaensch* [Wert und Preis] 32.

[5] „Die Unternehmung ist eine untrennbare Einheit auch in der Zeit, und demnach kann es nur einen Gewinn geben, nämlich den Totalgewinn.“ *Rieger* [Einführung] 219.

wenn tatsächlich die zielrelevanten Ereignisse bis zum Ende der Totalperiode prognostiziert werden können. Allein in diesem Fall haben alle in den einzelnen (Teil-)Perioden auftretenden nominal- und realgüterlichen Vorgänge den Charakter von final auf die Erreichung des Oberzweckes, des totalen Gelderfolges, abstimmbaren Wirkungen, d. h. Unterzielen[6]. Das ist die Voraussetzung dafür, den Erfolg der abgelaufenen Totalperiode *material* aus dem Totalerfolg ableiten zu können.

Diesen zurechnungstheoretischen Anforderungen entsprechen die tatsächlichen Handlungsmöglichkeiten jedoch nur in Ausnahmefällen. Denn die Realität stellt sich dem Unternehmer fast immer als unsterbliches[7] Entscheidungsfeld dar: Die benötigten Größen können nur für einen kürzeren Zeitraum prognostiziert werden als die Unternehmung zu wirtschaften beabsichtigt. Darüber hinaus steht die Geschäftsleitung wegen der unübersehbaren Vielfalt der gleichzeitig durchgeführten Aktionen vor einem zeitlich-horizontal offenen Entscheidungsfeld. Trotz unvollkommener Information muß es aber nach beiden Seiten begrenzt werden, da sich anderenfalls das den Gesamtvergleich ausmachende „Wahlproblem ... nicht nur nicht lösen, sondern gar nicht stellen" läßt[8]. Während nun die fehlende Übersicht über alle gleichzeitig gegebenen einzelnen Handlungsmöglichkeiten durch wirklichkeitsnahe Annahmen auf ein kombinatorisches Problem reduziert werden kann, wirft die Berücksichtigung der durch die schwebenden Geschäfte induzierten unendlichen Kette von Handlungsfolgen das Hauptproblem für die Unternehmungsgesamtbewertung auf: Aufgrund der irgendwann in objektive Ungewißheit übergehenden Unsicherheit der Erwartungen stellt sich im Planungshorizont formal, aber nicht materiell die gleiche Aufgabe wie am Bilanzstichtag. Es müssen Realgüterbestände — aus der ex ante-Sicht Anlagengegenstände, Zwischenstadien langfristiger Forschungs- und Entwicklungsarbeiten etc. — monetär abgebildet werden, ohne daß jedoch — im Gegensatz zum Bilanzstichtag — für die dem ökonomischen Horizont folgende Zeit ein geschlossenes Entscheidungsmodell formuliert und damit eine Gesamtbewertung durchgeführt werden kann. Denn wohl lassen sich noch über einzelne nach dem ökonomischen Horizont eintretende Ereignisse empirisch gehaltvolle Aussagen gewinnen, nicht aber über die Mehrzahl der benötigten Sachverhalte und damit über die Ertragsfähigkeit der Unternehmung als Resultante aller negativen und positiven Erfolgskomponenten eines Zeitraums.

Trotz der Einsicht in die begrenzte Voraussehbarkeit des künftigen Geschehens stellen die Vertreter der sich als realwissenschaftlich verste-

---

[6] Vgl. S. 35 f.
[7] *Engels* [Bewertungslehre] 98.
[8] *Engels*, ebenda, 98 und 59.

henden[9] ökonomischen Erfolgskonzeption Regeln für die Ableitung des (Teil-)Periodenerfolgs aus dem Totalerfolg auf: Es wird „ein Ertragssatz geschätzt . . ., zu dem sich vermutlich die Unternehmung nach dem gegenwärtigen Planungshorizont rentiert“[10]. Dadurch wird aber „die einschränkende Wirkung des ökonomischen Horizontes auf die Planung kraft Definition aufgehoben“[11], womit seiner Begründung mit „ungenügender Kenntnis der Zukunft“[12] widersprochen wird. Vielmehr kann der Erfolg in der restlichen Totalperiode „jeden beliebigen Wert annehmen, und es ist dem Unternehmen eben wegen der vom ökonomischen Horizont an bestehenden völligen Unsicherheit nicht möglich anzugeben, auf welchem Niveau er sich tatsächlich einmal einspielen wird“[13, 14]. D. Schneider zufolge wird aber dieser Widerspruch „durch die Wahl eines Kalkulationszinssatzes erzwungen“[15], und H. Koch hält jenen „im Interesse der Exaktheit der theoretischen Analyse“[16] für unvermeidlich. Hierin liegt eine Verwechslung des Bedingungsverhältnisses von Theorie und Realität: Nicht die Formalstruktur irgendwelcher Rechenverfahren bzw.

---

9 Vgl. *D. Schneider* [Ausschüttungsfähiger Gewinn] 21 und 27 f.; *H. Koch* [Optimalitätskriterium] 423.

10 *D. Schneider* [Modellvorstellungen] 725; vgl. *D. Schneider* [Ausschüttungsfähiger Gewinn] 26.

11 *Adam* [Restwerte] 401 und 404.

12 *D. Schneider* [Ausschüttungsfähiger Gewinn] 25.

13 *Adam* [Restwerte] 401 und 404.

14 Adam bezieht diese Ausführungen auf den in der Totalperiode anfallenden Grenzgewinn der restlichen im Planungshorizont vorhandenen Produktionsfaktoren. Die Ermittlung des Grenzgewinnes setzt aber die Kenntnis des Totalgewinnes voraus. Vgl. *Adam* [Restwerte] 400.

15 *D. Schneider* [Ausschüttungsfähiger Gewinn] 26. „Logisch befriedigt sie nicht (die Fiktion über die Erfolgsbeiträge der nach dem Planungshorizont auftretenden Investitions- und Finanzierungsmöglichkeiten in Höhe der externen Verzinsung, d. Verf.). Aber diese Folgerung ist durch die Wahl eines Kalkulationszinsfußes erzwungen worden. Der Kalkulationszins ist ja der Deus et machina, der ein Partialmodell zum Totalmodell macht: All jenes, über das im Partialmodell keine ausdrücklichen Annahmen getroffen werden, verzinst sich bei einer Totalbetrachtung zum Kalkulationszinsfuß (erbringt also einen Kapitalwert von Null). Um aus diesem Dilemma zu kommen, bleibt nur die Möglichkeit, den Planungszeitraum zu erweitern, durch Einzelunterstellungen über die künftige Entwicklung. Das wiederum hat nur Sinn, soweit glaubwürdige Einzelannahmen getroffen werden können.“ *D. Schneider,* ebenda 26.

16 *H. Koch* [Optimalitätskriterium] Fn. 87 zu 424. Eine der Realität angemessene „Ungewißheitsprämisse (darf) der . . . Prämisse der Fähigkeit des Unternehmers zu müheloser exakter Prognose für die ganze Unternehmensdauer nicht widersprechen . . . Aus diesem Grunde muß sie wie folgt abgefaßt sein: Das Subjekt hegt die Vorstellung von mehreren verschiedenen, exakt auf lange Sicht prognostizierten Datenkonstellationen, deren alternativer Eintritt mit gleichem oder unterschiedlichem Grade der subjektiven Wahrscheinlichkeit als glaubhaft erscheint“. Denn es kann „nur unter diesem eingeengten Aspekt der Mehrwertigkeit der exakten Datenvorstellung . . . das Postulat völliger Exaktheit der Analyse erfüllt“ werden. *H. Koch,* ebenda 423 f. und Fn. 87 zu 424.

Kalkülmodelle[17], die durch „semantische Interpretation ..., d. h. durch die inhaltliche Deutung syntaktischer Systeme bedeutungsleerer Sprachzeichen“[18], auf die Unternehmungsrechnung übertragen werden, bestimmt deren realwissenschaftlichen Aussagewert, sondern die Realitätsnähe der den Symbolen unterlegten Aussagen. Das gleiche gilt für H. Kochs Argumentation: Aus reinen Annahmen im Sinne D. Schneiders werden nicht dadurch empirisch gehaltvolle Hypothesen, daß die Wirklichkeit zugunsten deren Konstruierbarkeit umgebogen wird. Vielmehr sollen jene über die Realität informieren. Mit anderen Worten: Der dem Periodenabschluß gesetzte Zweck einerseits und die Möglichkeit, realitätsnahe generelle und singuläre Hypothesen aufstellen zu können, andererseits implizieren den Formalaufbau einer problemadäquaten (Bilanz-)Theorie[19]. Erst dadurch wird die im ökonomischen Horizont notwendige Bewertung der Nichtgeldbestände zum *Problem*, das bei lediglich idealtypischem Entwurf einer bilanztheoretischen Konzeption gar nicht entsteht bzw. mit Hilfe bloßer Behauptung ‚gelöst‘ wird.

Wenn man aber schon wie D. Schneider und H. Koch ausdrücklich und die übrigen Anhänger der ökonomischen Erfolgskonzeption stillschweigend das Bestimmungsverhältnis — Problemstruktur impliziert Formalstruktur — auf den Kopf stellt und zu einer allein logisch nachprüfbaren Möglichkeitsanalyse — in bezug auf die Erfolgs-„Prognose“ nach dem Planungshorizont — Zuflucht nimmt, so verwickelt sich D. Schneider in einen weiteren Widerspruch, wenn er den gemäß der internen Zinsfußmethode definierten Erfolgsbegriff mit dem Argument angreift, daß er der Unternehmungserhaltung bei einer durch Preissteigerungen usw. gekennzeichneten evolutorischen Entwicklung nach dem Planungshorizont nicht gerecht werde[20]. Denn da sich bei objektiver Ungewißheit überhaupt kein Zahlungsstrom für die restliche Totalperiode und damit dessen Barwert als Unternehmungsgesamtwert — was formal das gleiche

---

17 Kalkülmodelle sind abstrakt-symbolische Modelle, deren deduktiver Implikationszusammenhang so durch Kurzsymbole ausgedrückt ist, daß „anhand der Symbole mittels bestimmter Operationsregeln Schlußfolgerungen“ vorgenommen werden können. „Mathematische Modelle stellen ... eine *Sonderform* der Kalkülmodelle dar, indem die Sachverhalte, die einer Quantifizierung fähig sind, mithilfe eines mathematischen Kalküls in einer Gleichung oder einem Gleichungssystem dargestellt werden.“ *Kosiol* [Modellanalyse] 320.

18 *Kosiol* [Unternehmensforschung] 755.

19 „Ein Modell bestimmten Abstraktionsgrades ist nur dann ein *adäquates* Abbild der betrachteten Wirklichkeit und damit wissenschaftlich fruchtbar, wenn zwischen der formalen, insbesondere der Kalkülstruktur des Modells und der materialen Struktur des modellierten Problemzusammenhangs ... *Isomorphie* besteht, d. h. eine *Strukturgleichheit* der gedanklichen und der realen Sphäre“ (*Kosiol* [Modellanalyse] 321). Sie wird allein durch Verwendung „informativer, empirisch gehaltvoller Hypothesen (hergestellt), die so formuliert sein müssen, daß sie überprüfbar sind“. *Kosiol* [Unternehmensforschung] 755.

20 Vgl. *D. Schneider* [Ausschüttungsfähiger Gewinn] 27.

ist[21] — aufgrund empirisch gehaltvoller Hypothesen voraussagen läßt, ist bei Festhalten am zeitlich-vertikalen Totalmodell jede beliebige Annahme zulässig. Das drückt D. Schneider selbst unfreiwillig aus, wenn er den vermeintlichen Zwang zur Totalanalyse mit der „Wahl *(irgend)-eines* Kalkulationszinssatzes"[22] begründet.

Das Ergebnis ist keineswegs überraschend: Aufgrund der zunehmenden Unsicherheit ist „es einem Unternehmer generell nicht möglich ..., den Gewinn in der Totalperiode zu maximieren. Er mag zwar danach streben, diesen Gewinn zu maximieren, es fehlt ihm aber die Möglichkeit, dieses Streben praktisch durchzusetzen"[23], so daß der nach der ökonomischen Erfolgskonzeption für die Unternehmung bzw. deren Gesamtvermögen im Planungshorizont anzusetzende Endwert im Sinne des Kapitalwertes künftiger Periodenerfolge eine unverbindliche Spekulation darstellt. Ebensogut kann sich im Zeitablauf das halbe oder doppelte Kapital zur „Erhaltung der wirtschaftlichen Leistungsfähigkeit"[24] im dann überschaubaren Teil der Totalperiode als erforderlich herausstellen. Daher hat der bei niedrigerem externen als internen Zinsfuß nach der Kapitalwertmethode errechnete höhere Ertragswert, dessen Differenz zum Nominalkapital im Geschäftswert zum Ausdruck kommt, keinen Informationswert als Erfolgs*bezugs*größe, worauf es den Verfechtern dieser Variante der ökonomischen Konzeption gerade ankommt. Vielmehr stellt sich die als *maximal* ausschüttbarer Periodengewinn verstandene Verzinsung dieser Erfolgsbezugsgröße als *Teil*ausschüttung eines höheren Periodengewinnes heraus, der in bezug auf die allein in Betracht kommende Größe, das jeweils eingesetzte Geldkapital, auf diesen Abschnitt des übergeordneten Abrechnungszeitraums entfällt[25]. Natürlich ist die partielle Einbehaltung eines *bis* zum ökonomischen Horizont entstehenden Gesamtgewinnes zur „Sicherung der Einkommensquelle"[26] *nach* dem Planungshorizont in *irgendeiner* Weise dienlich[27], nur sollte man nicht wie D. Schneider behaupten, mithilfe eines so trivialen Rechenverfahrens wie der Kapitalwertmethode eine *informative* Aussage über die von jedermann angestrebte „dauerhafte Erhaltung der Unternehmung als Produktionsstätte und Einkommensquelle"[28] liefern zu können.

---

21 Vgl. Teil 1, III, Fn. 134.

22 Vgl. *D. Schneider* [Ausschüttungsfähiger Gewinn] 26 (Zusatz und Hervorhebung durch d. Verf.).

23 *Adam* [Restwerte] 401.

24 *D. Schneider* [Ausschüttungsfähiger Gewinn] 11.

25 Vgl. die Ausschlagtafel nach S. 96.

26 *D. Schneider* [Diskussionsbeitrag] 573.

27 Vgl. S. 46.

28 *K. Hax* [Substanzerhaltung] 22.

b) Der formale Bezug des Gesamterfolges zum Totalerfolg

Da im Normalfall das Unternehmungsende hinter dem jeweiligen Planungshorizont liegt und daher die am Ende des Planungszeitraums vorhandenen restlichen Güterbestände nicht mehr im geschlossenen Entscheidungsfeld (gesamt-)bewertet werden können, bleibt allein die (Einzel-)Bewertung im restlichen offenen Entscheidungsmodell übrig. Demnach kann der Gesamterfolg des der Kontrollperiode übergeordneten mehrperiodischen Planungszeitraums nicht mehr als ein dem Totalerfolg untergeordnetes Zwischenziel, sondern nur isoliert von diesem als selbständiger letzter Zweck formuliert werden. Das bedeutet: Die Realgüterbestände im Planungshorizont erscheinen aus der Sicht des Planungszeitpunkts nicht als auf die Erreichung eines künftigen Gesamtziels ausgerichtete Mittel, sondern als ziellos herbeigeführte Wirkungen in Form eines in Kauf zu nehmenden Bündels von Produktionsfaktoren, deren Leistungspotentiale nicht teilbar und damit nicht beliebig aufeinander abstimmbar sind[29]. Als Ursachen unterschiedlicher künftiger Wirkungen — je nach der Beschaffenheit des Güterverbandes, innerhalb dessen sie eingesetzt werden — sind die Realgüterbestände erst im *Zeitablauf*, der eine entsprechende Verschiebung des gegenwärtigen ökonomischen Horizontes mit sich bringt, auf ein wiederum begrenzt durchsetzbares Oberziel hin final verwertbar[30]. Daher kann zwischen dem Gesamt- und dem Totalerfolg nur eine *formale* Beziehung im Sinne des Kongruenzprinzips hergestellt werden[31], wobei hier unter Gesamtperiode der überschaubare, mehrere Kontrollperioden umfassende Teil der Totalperiode verstanden wird.

Adam zufolge besitzt die „Gewinnmaximierung in einer Teilperiode ohne Berücksichtigung der Interdependenzen zur Totalperiode ... einen Freiheitsgrad bei der Formulierung des Entscheidungsmodells, da die zu treffenden Entscheidungen in gewissen Grenzen davon abhängen, mit welchem Wertansatz der Unternehmer die Vermögensbestände am ökonomischen Horizont ansetzt. Diese Wertansätze lassen sich, bedingt durch die Unsicherheit, ... nicht mehr aus der Zielsetzung der Gewinnmaximierung selbst ableiten"[32], sondern würden aufgrund anderer Motive,

---

[29] Heinens Aussage ist also eine empirisch nicht nachprüfbare reine Behauptung, einerseits die zeitlich begrenzte Prognostizierbarkeit von Ereignissen zu akzeptieren, andererseits zwischen dem „kurzfristigen (periodenbezogenen)" und dem langfristigen Erfolgsziel, wenn es sich „auf die Gesamtlebensdauer der Unternehmung bezieht, ... Mittel-Zweck-Beziehungen nachweisen" zu wollen und „anzunehmen, daß das Streben nach ... Periodengewinn ... häufig zu einem *‚befriedigenden Totalgewinn'* führt". *Heinen* [Einführung] 111.

[30] Vgl. *N. Hartmann* [Teleologisches Denken] 71 ff. und 121 ff.

[31] Vgl. S. 74.

[32] *Adam* [Restwerte] 401.

z. B. des Sicherheitsstrebens, zustande kommen[33]. Adam unterscheidet „vier praktisch anwendbare Verfahren zur Bewertung von Restvermögenswerten ... Bewertung:

1. zum Grenzgewinn der Produktionsfaktoren, der sich für die betrachtete Teilperiode einstellt,
2. zu anteiligen Anschaffungsausgaben oder Wiederbeschaffungspreisen,
3. zu Liquidations- bzw. Einzelveräußerungswerten,
4. zu einem Wert von Null' [34].

Zu 1: Gegen die Abbildung der sich im Planungshorizont bildenden Realgüterbestände mit ihren im Planungszeitraum geltenden Grenzgewinnen[35] spricht vor allem die nach dem Planungshorizont in bezug auf die meisten Ereignisse bestehende objektive Ungewißheit[36]. Denn diesem Verfahren muß folgende widersprüchliche Prämisse zugrunde gelegt werden: *„Es bleibt alles so, wie es war.* Ist die Planungsperiode aber auf Grund des ökonomischen Horizontes festgelegt worden, so verträgt sich diese Prämisse über die Datenentwicklung nicht mit der Konzeption des ökonomischen Horizontes, der ja gerade davon ausgeht, daß Vorhersagen zur Datenentwicklung über diesen Zeitpunkt hinaus nicht mehr möglich sind. Wird dennoch die Grenzwerttheorie zur Bestandsbewertung eingesetzt, so wird damit letztlich die Existenz des ökonomischen Horizontes verneint"[37]. Weiterhin spricht gegen dieses Verfahren die unzulässige Addierbarkeit der Grenzgewinne: Zwar läßt sich feststellen, wie groß die Erfolgseinbuße bei Herauslösung jedes einzelnen Faktors aus dem unveränderten übrigen Aktionsprogramm ist und wie demnach die Rangfolge der Faktoren in bezug auf die Höhe der bei ihrem Entzug in Kauf zu nehmenden Einbußen aussieht. Aber es scheitert die Verwendung der Grenzgewinne zur Einzelabbildung daran, daß die „Summe der Einzelwerte ... weit höher ... als der Gesamtwert" sein würde[38]. Anders ausgedrückt: „Aus der Addition von Einzelwerten kann nur dann der Wert des Gesamten entstehen, wenn sich die Einzelwerte tatsächlich

---

[33] *Adam*, ebenda, 402.

[34] *Adam*, ebenda, 402 f.

[35] „Bei den Grenzgewinnen der Produktionsfaktoren handelt es sich um jene Gewinnanteile, die entfallen oder zusätzlich erwirtschaftet werden, wenn eine Einheit des entsprechenden Produktionsfaktors aus der dem optimalen Plan zugrunde liegenden Faktorkombination entnommen bzw. dazugefügt wird. Der Grenzgewinn ist also die Gewinnänderung auf Grund einer Faktorenmengenänderung." *Adam* [Restwerte] 396; vgl. *Engels* [Bewertungslehre] 106 f.

[36] Im übrigen ist bei Bestimmung jedes von Null abweichenden Wertansatzes (vgl. auch Punkte 2 und 3) zu beachten, daß einerseits die Entscheidung zwischen den am Bilanzstichtag möglichen Aktionsprogrammen die Kenntnis der Endwerte voraussetzt, andererseits diese nur als Konsequenz des zuvor auszuwählenden optimalen Programms ermittelt werden könnten. Vgl. *Adam* [Restwerte] 403, 404 und 406.

[37] *Adam*, ebenda, 404; vgl. auch 401 f.

[38] *Engels* [Bewertungslehre] 181.

linear kombinieren. Das trifft für die Unternehmung höchstens zufällig zu[39]." Demnach käme unter diesem Gesichtspunkt nur die Abbildung der Restbestände mit ihrem *durchschnittlichen* Ertragswert in Betracht. In diesem Sinn kann die ökonomische Erfolgskonzeption interpretiert werden[40], da ihre Anweisungen für den Ansatz der Restbestände ohne Beeinträchtigung des Ergebnisses sowohl im Sinne einer Gesamt- wie einer Einzelbewertung verstanden werden können[41].

Zu 2: Gegen die Abbildung der restlichen Realgüterbestände mit fortgeführten Anschaffungsausgaben läßt sich auf zwei Interpretationsebenen argumentieren[42]: gemäß der *homogenen* und der *heterogenen* Erfolgsdefinition[43,44]. Die erste wird zwar formal der Geldkapitalerhaltung gerecht, scheitert aber wie der Wertansatz unter Punkt 1 an den empirisch-kognitiven Aussagemöglichkeiten: In Anbetracht objektiver Ungewißheit läßt sich die Annahme nicht stützen, daß später wenigstens in Höhe der fortgeführten Anschaffungsausgaben Entgeltausgaben für die Beschaffung von Verbrauchsgütern erspart werden; denn diese Aussage setzt voraus, daß festgestellt werden kann, ob der durchschnittlich auf die Restbestände entfallende künftige Gesamterfolg einen Mindesterfolgsbeitrag von Null je gebundener Kapitaleinheit ergibt. Die heterogene Erfolgsdefinition[45] hingegen läßt sich „in keiner Weise mehr aus der (Geld-)Gewinnmaximierung selbst ableiten"[46], da sie „letztlich eine beliebige Teilbarkeit der Investitionsobjekte unterstellt", wodurch „die effektiv geltende Datensituation willkürlich zum Zwecke der Rechnung verändert wird. Durch diese Prämisse wird das geltende Entscheidungs-

---

39 *Engels,* ebenda, 180.

40 Vgl. *D. Schneider* [Modellvorstellungen] 725.

41 Vgl. Teil 2, I, Fn. 88.

42 Unabhängig von der Interpretationsart ist zwischen der Mengen- und der Preiskomponente des Geldmengenausdrucks zu unterscheiden, da die Geldmenge, die den infolge ihrer Unteilbarkeit im Planungshorizont entstehenden Restbeständen entspricht, nur ‚zwangsweise indirekt gemessen', d. h. geschätzt werden kann. Vgl. S. 52 f.

43 Vgl. S. 77 ff. und S. 122 f.

44 Adam unterstellt der Methode anteiliger Anschaffungsausgaben allein die heterogene Erfolgsdefinition. Sie ist jedoch nicht allein möglich, da mit dem fortgeführten Anschaffungspreis zunächst nur die *Höhe* des Wertansatzes festgelegt wird, der sowohl als Aussage über die Kapital*erhaltung* wie die Kapital*bindung* verstanden werden kann.

45 Da bei heterogener Erfolgsdefinition der Preis die Funktion eines — aus dem Unternehmungsziel *nicht* herleitbaren — Generalnenners erfüllt, betrifft die wechselseitige Abhängigkeit zwischen Endwertbestimmung und Entscheidung über die optimale Alternative (vgl. Fn. 36) die *mengen*mäßige Erfassung des im Planungshorizont vorhandenen Restpotentials. Vgl. *Adam* [Restwerte] 404.

46 *Adam,* ebenda, 405 (Zusatz in Klammern v. Verf.). Dieses Argument erhält erst dadurch einen Sinn, daß der Erfolg homogen definiert wird: „Unter Gewinn soll ... eine monetäre und nicht ... eine güterliche Größe verstanden werden." *Adam,* ebenda, 392.

feld manipuliert"[47], und zwar sogar im Sinne einer erfolgs*erhöhenden* Verzerrung, da im Vertrauen auf eine künftige zumindest verlustfreie Ertragslage nur ein Teil der tatsächlich zu leistenden Anschaffungsausgaben im Entscheidungskalkül als negative Erfolgskomponente berücksichtigt wird.

Zu 3: Die Bewertung der Restbestände mit Veräußerungspreisen hat Adam zufolge „rein methodisch den Vorteil, daß in der relevanten Planungsperiode nicht nur ein Teil einer Investition auf ihre Vorteilhaftigkeit hin überprüft wird. Das Kalkül bezieht sich vielmehr auf alle Ausgaben und die durch Produktion und Desinvestition erzielbaren Einnahmen"[48]. Andererseits wendet Adam gegen dieses Verfahren ein: Es „beruht... auf der Annahme, daß der Betrieb zum Ende der Planungsperiode umdefiniert" wird[49]. Diese Argumente schließen aber einander aus; denn ein — dem Bewertungsproblem — realtheoretisch adäquater Lösungsansatz kann nicht aus einer irrealen Grundannahme abgeleitet werden. Tatsächlich wird auch nicht mit dem Ansatz zu Liquidationspreisen die Betriebsaufgabe, sondern bei geplanter Unternehmungsfortführung eine später eventuell erforderliche *Entscheidungsrevision* vorgesehen, d. h. der Fall, daß sich im Zeitablauf bei weitergerücktem ökonomischen Horizont gegenwärtige Dispositionen als Fehldispositionen herausstellen[50]. In diesem Fall kann sich die Unternehmung von angeschafften Gütern nur durch deren Rückversetzung an den Beschaffungsmarkt trennen, mag der erzielbare Veräußerungspreis noch so gering und die Fehlentscheidung vor noch so kurzer Zeit erfolgt sein. Die Liquidationspreismethode ermöglicht also allein eine einigermaßen realitätsnahe Aussage über die *volle* Wiedergewinnung des im Planungs- bzw. Bilanzzeitpunkt gebundenen bzw. zur Bindung vorgesehenen Kapitals und damit über die Gewinnuntergrenze. Der Nachteil dieses Verfahrens besteht aber darin, daß die Liquidationspreise schwer zu prognostizieren sind[51], was sogar unmöglich sein kann, wenn es sich um Spezialaggregate oder um Anlagen handelt, die einer besonders raschen technologischen Entwicklung unterliegen.

Zu 4: Schließlich bleibt die Bewertung der sich im Planungshorizont bildenden Restbestände mit dem Preis Null zu erwägen. Er ist ange-

---

47 *Adam*, ebenda, 405.
48 *Adam*, ebenda, 406.
49 *Adam*, ebenda, 405.
50 Bei rationaler Verhaltensweise erscheint eine Entscheidungsrevision künftig angezeigt, wenn der Verkauf der vorhandenen, aus früheren Perioden zu übernehmenden Produktionsfaktoren vorteilhaft in bezug auf die dann absehbaren Kapitalverwendungsmöglichkeiten ist. Ein derartiker Kalkül beinhaltet den Vergleich zwischen dem Grenzgewinn des jeweils betrachteten vorhandenen Produktionsfaktors mit den Grenzgewinnen von Faktoren, die bei Veräußerung des ersten für dessen Erlös beschafft werden können.
51 Vgl. *Adam*, ebenda, 406.

bracht, „wenn der nach dem Ende der Planungsperiode mit einem Investitionsobjekt zu erwirtschaftende Grenzgewinn die Höhe Null annimmt", d. h. der betreffende „Produktionsfaktor in der optimalen Lösung der Planungsaufgabe nicht knapp ist"[52], z. B. bei partiellen Überkapazitäten. Ob aber die jeweiligen Restnutzungspotentiale knapp sein werden oder nicht, ist erstens — wie der Umfang des im Planungszeitraum zu beanspruchenden Potentials — Variable, nicht Datum des Entscheidungskalküls[53] und kann zweitens erst im Zeitablauf beurteilt werden. Die Bewertung mit Null kommt auch nicht, wie Adam zunächst einräumt, „dem unternehmerischen Wunsch nach Sicherheit entgegen"[54]; denn diese läßt sich nur durch eine vorsichtige Handlungsweise, nicht aber vorsichtige Information erreichen[55]. Das führt Adam selbst eine Seite weiter aus: „Bei einem Wertansatz in Höhe von Null für das Restnutzungspotential besteht ... die Gefahr einer unzweckmäßigen Wahl zwischen mehreren funktionsgleichen, alternativen Investitionsobjekten. Die Gefahr einer Fehlentscheidung wird insoweit durch die Bewertung des Restnutzungspotentials mit Null im Vergleich zu anderen Bewertungsverfahren *erhöht*[56, 57]." Der zweifellos am bequemsten zu handhabende Wertansatz mit Null verstößt also in besonderem Maße gegen das Postulat, das gewinnmaximale Aktionsprogramm rechnerisch zu bestimmen, allerdings — im Gegensatz zum Anschaffungspreisverfahren — im Sinne einer erfolgs*mindernden* Verzerrung.

Es bleibt also festzuhalten, daß bei realtheoretischer Fundierung der Bewertungsregeln entgegen Adams Behauptung die Gewinnmaximierung im jeweils überschaubaren Abschnitt der Totalperiode grundsätzlich keinen Freiheitsgrad aufweist; denn die unter Punkt 1, 2 und 4 genannten Bewertungsverfahren verstoßen gegen die zugrunde gelegte Zielfunktion: Die beiden ersten negieren den ökonomischen Horizont, während dem letzten zufolge die Restbestände als verloren oder nutzlos

---

52 *Adam*, ebenda, 406.

53 *Adam*, ebenda, 406.

54 *Adam*, ebenda, 406.

55 Es „hat ... das Wort ‚Vorsicht' in Verbindung mit ‚Information' gar keinen Sinn. Es gibt richtige und falsche, vollständige und unvollständige Information. Vorsichtig oder unvorsichtig kann eine Handlungsweise oder Disposition sein, niemals jedoch eine Information". *Engels* [Bilanz] 698.

56 *Adam* [Restwerte] 407 (Hervorhebung durch d. Verf.).

57 „Insbesondere bei sehr kurzen Planungsperioden mit einem starken Einfluß der Höhe der Restwerte auf die Entscheidung werden Investitionen mit langer Nutzungsdauer und hohen Anschaffungsausgaben kaum mehr vorteilhaft erscheinen. Werden die Restwerte bei Planungsperioden mit geringer zeitlicher Ausdehnung generell mit Null im Kalkül angesetzt, so besteht die Tendenz, langfristige Investitionen mit hohen Anschaffungsausgaben gegen funktionsgleiche Investitionsobjekte mit kürzerer Nutzungsdauer und geringeren Anschaffungsausgaben selbst dann zu substituieren, wenn die variablen Produktionskosten für die Investitionsobjekte mit längerer Nutzungsdauer niedriger sind als bei denen mit kürzerer Lebensdauer." *Adam* [Restwerte] 407.

betrachtet werden. Allein das unter Punkt 3 aufgeführte Liquidationspreisverfahren kann als problemadäquat bezeichnet werden. Die methodischen Einwände wiegen aber in der Realität nicht so schwer, wenn der Einfluß der Restbestandsbewertung auf die zur Wahl stehenden Aktionsprogramme gering ist, was mithilfe einer Sensitivitätsanalyse festgestellt werden kann. Dabei liegt auf der Hand, daß sich unterschiedliche Bewertungen um so weniger erfolgsverzerrend auswirken werden, je länger die Planungsperiode ist[58]. Einer aus diesem Aspekt sich anbietenden Erweiterung des übergeordneten Abrechnungszeitraums steht aber die damit grundsätzlich verbundene Zunahme der Ungewißheit entgegen[59].

2. Die Aussage über den in der abgelaufenen Teilperiode erzielten Erfolg

Bei prospektiver bzw. ökonomischer Bilanzierung wird der Erfolg der übergeordneten Abrechnungsperiode gemäß der Ausschüttungspräferenzen der Erfolgsbeteiligten auf die abgelaufene Kontrollperiode und die restlichen Teilperioden verteilt, wobei es methodisch unerheblich bleibt, ob sich die jeweils überschaubare Gesamtperiode auf die Totalperiode oder nur einen Teil von ihr erstreckt. Wesentlich ist allein, daß mit der Anwendung des Präferenzprinzips bewußt darauf verzichtet wird, weder die Erfolge der abgeschlossenen Marktumsatzprozesse von denen der am Bilanzstichtag erst eingeleiteten, noch deren Erfolge von denen erst geplanter Geschäfte verursachungsgemäß zu trennen. Es wird also für die abgelaufene Teilperiode „ein Gewinn ermittelt, der auch ... Ein- und Auszahlungen enthält ..., die ... erst nach Jahren, vielleicht Jahrzehnten erwartet" werden[60], ohne daß mit der Erfolgsziffer etwas über den Anteil ausgesagt wird, den die tatsächlich zu kontrollierenden stattgefundenen Aktionen der abgelaufenen Teilperiode zur Entstehung des mehrperiodischen Gesamterfolgs beigetragen haben. Vielmehr hat die (Teil-)Periodenerfolgsziffer einen Informationswert allein in Zusammenhang mit der Aussage über den Gesamterfolg.

---

58 Adam zufolge haben „Sensitivitätsanalysen ... gezeigt, daß bei Investitionsmodellen mit einer zeitlichen Ausdehnung von fünf bis zehn Jahren selbst starke Veränderungen des Restwertes kaum zu anderen Investitionsentscheidungen führen. Die Entscheidungen sind damit weitgehend stabil in bezug auf Restwertänderungen". *Adam* [Restwerte] 402.

59 „Mit wachsender zeitlicher Ausdehnung von Entscheidungsfeldern nimmt ... zwar die Unsicherheit der Daten zu, und in gleichem Maße sinkt die Möglichkeit, das Streben nach Gewinnmaximierung praktisch durchzusetzen. Gleichzeitig werden die langfristigen Entscheidungen, bedingt durch die abnehmende Bedeutung der Restwerte im Entscheidungskalkül, aber stabiler. Die beiden Tendenzen wirken sich somit entgegen und heben sich zum Teil in ihren Wirkungen auf." *Adam* [Restwerte] 402.

60 *Honko* [Jahresgewinn] 629; vgl. *D. Schneider* [Bilanzgewinn] 468.

Um eine Aussage über „den Grad des Erreichens unternehmerischer Ziele“[61] in der Kontrollperiode kommen die Anhänger der ökonomischen Erfolgskonzeption aber auch nicht herum. Die Rechenschaft wird in der Weise gelegt, daß den ex ante-Erwartungen, auf denen der zu Periodenbeginn aufgestellte periodische Unternehmungsplan aufgebaut wurde, rückwirkend die ex post-Erwartungen gegenübergestellt und Abweichungen anteilig den einzelnen Teilperioden des übergeordneten Abrechnungszeitraums zugeordnet werden. Fraglich ist nun, ob mithilfe eines derartigen prospektiven Verfahrens das zu Beginn der abgelaufenen Teilperiode geplante Aktionsprogramm an derem Ende tatsächlich zutreffender auf seinen Zielerreichungsgrad beurteilt werden kann. Denn eine Kontrollrechnung erfüllt nur dann ihren Zweck, wenn sie über den Rechnungsgegenstand eine sichere oder eine zumindest auf größerer Gewißheit beruhende Information als der zu kontrollierende Plan erlaubt. Notwendige, wenn auch nicht hinreichende Voraussetzung für die Erlangung von Gewißheit ist, daß die Zukunft Gegenwart wird. Um daher künftige Sachverhalte mit größerer Wahrscheinlichkeit als bisher abschätzen zu können, muß grundsätzlich die zeitliche Distanz bis zu ihrem Eintritt zusammenschrumpfen. Also läßt ein prospektives Rechenschaftsinstrument über den zu Beginn der Kontrollperiode ermittelten Gesamterfolg nur dann eine zutreffendere Aussage zu, wenn der ehemalige Planungshorizont im Zeitablauf nähergerückt und irgendwann erreicht wird.

Im Gegensatz zu dieser sich aus dem Kontrollaspekt ergebenden Anforderung steht aber das folgende unter dem Planungsgesichtspunkt an *dasselbe* prospektive Instrument herangetragene Postulat: Um das zieloptimale Aktionsprogramm bestimmen zu können, ist der Prognosezeitraum so weit auszudehnen, wie eine geschlossene Planung noch möglich erscheint. Im Zeitablauf werden nicht nur zutreffendere Informationen über die in die restlichen Teilabschnitte des bisherigen Planungszeitraums fallenden erwarteten Ereignisse gewonnen, sondern es lassen sich auch Informationen über bisher nicht überschaubar gewesene entscheidungsrelevante Sachverhalte beschaffen. Also muß sich die am Ende der Kontrollperiode — rückwirkend auf deren Anfang — vorgenommene Ermittlung des Gesamtwerts sowohl auf das bisherige Aktionsprogramm als *auch* auf die hinzugetretenen neuen Handlungsmöglichkeiten erstrecken, die sich aufgrund des mitgewanderten ökonomischen Horizontes jetzt abzeichnen[62], d. h. der Ausgangsplan wird entsprechend der ab-

---

[61] *D. Schneider* [Ausschüttungsfähiger Gewinn] 3.

[62] „Planrevisionen werden wegen der Berichtigung von Angaben über die Zahlungsströme von bereits geplanten Entscheidungsobjekten und wegen der Aufnahme neuer, bisher nicht einbezogener Objekte in den Optimalplan erforderlich.“ *Albach* [Synthetische Bilanztheorie] 29; vgl. *H. Hax* [Bilanzgewinn] 649.

gelaufenen Teilperiode um eine ungefähr gleich lange Zeitspanne erweitert. Für dieses in bezug auf die Bewertung richtige Verfahren entscheiden sich die Anhänger der ökonomischen Konzeption.

Damit wird aber der beabsichtigte Kontrolleffekt vereitelt; denn durch die Methode des Gesamtvergleichs werden ja die Aussagen über die Handlungsfolgen, deren Eintritt näher gerückt und die daher grundsätzlich sicherer abzuschätzen sind, mit den Aussagen über die Wirkungen derjenigen Aktionen, die nach Ablauf der Teilperiode neu in den Plan aufgenommen werden, so zu einem einzigen Zahlenausdruck verknüpft, daß ihnen allein ein Informationswert in bezug auf den Erfolg des *gesamten neuen* mehrperiodischen Aktionsprogramms zukommt. Und bei mitwanderndem ökonomischen Horizont beruht der ex post ermittelte Gesamtwert ceteris paribus auf der *gleichen* Unsicherheit wie der ex ante errechnete.

Selbstverständlich entspricht dieses sich im Zeitablauf überlappende System von Planungsrechnungen, das alle für einen jeweils begrenzten Zeitraum geplanten Aktionsprogramme zeitlich-vertikal untrennbar miteinander zum einheitlichen bis zum Totalende reichenden Unternehmungsprozeß verbindet[63], den in der Realität bestehenden Interdependenzen. Nur verzichtet man gerade mit einem Verfahren, das ihnen Rechnung trägt, auf jede nachprüfbare Aussage über den Erfolg einer kürzeren als der totalen Periode. Da aber gerade hierin der Bilanzzweck besteht, müssen die Vertreter der ökonomischen Erfolgskonzeption von der irrealen Prämisse ausgehen, daß die Totalperiode seit der Unternehmungsgründung überschaubar ist und der jeweils restliche totale Zahlungsstrom geplant wird. Allein unter dieser Voraussetzung nimmt die Länge des geplanten Reststromes im Zeitablauf ab und ceteris paribus der Gewißheitsgrad der Prognosen zu.

Der prospektive Lösungsansatz der ökonomischen bilanztheoretischen Konzeption ermöglicht also deshalb keine Information mit höherem Gewißheitsgrad als zu Beginn der Kontrollperiode über den in ihr erzielten Erfolg, weil dieser als Teil des mehrperiodischen Gesamterfolgs isoliert keinen Informationswert hat und über den Gesamterfolg selbst im Zeitablauf keine zutreffenderen, sondern nur *andere* Erwartungen gebildet werden können. Die Kontrolle der zu Periodenbeginn gehegten Gewinnerwartungen findet materiell nicht statt, sie ist allein formaler Natur, indem ein Plan mit dem anderen verglichen und der letzte als Kontroll-

---

[63] Beispielsweise ist der in t_2 für drei Jahre aufgestellte Unternehmungsplan bisher zweimal abgeändert und erweitert worden, so daß in t_5 nicht mehr von der Kontrolle des ursprünglichen Aktionsprogramms, sondern nur dessen letzter Revision in t_4 gesprochen werden kann. Vgl. die Ausschlagtafel nach S. 96.

rechnung deklariert wird. Das bedeutet, daß die Behauptung der Vertreter der ökonomischen Erfolgskonzeption falsch ist, mit der rückwirkenden Gesamtwertermittlung könne der „Tatsache von Ertragswert-*fehl*schätzungen“[64] Rechnung getragen werden. Tatsächlich ist das rückwirkende Verfahren dafür erforderlich, *sämtliche* Folgen der in der Kontrollperiode unternommenen Aktionen zu erfassen, also nicht nur diejenigen der jeweils schwebenden, sondern auch die der *abgewickelten* Geschäfte. Mit der Feststellung von Ertragswertfehlprognosen hingegen müssen sich die Anhänger des ökonomischen Konzepts unter der Annahme stets gleichbleibender Sichtweite solange gedulden, bis derjenige Unternehmungsplan zu kontrollieren ist, dessen Planungshorizont sich mit dem Unternehmungsende deckt, weil dann — nach Ablauf einer weiteren Teilperiode — die Planrevision zum ersten Mal für einen verkürzten Prognosezeitraum erfolgt.

B. Der retrospektive Lösungsansatz der traditionellen Konzeption

In den traditionellen bzw. retrospektiven Bilanztheorien wird der nur idealtheoretisch vollständig erfüllbare Blianzzweck zugunsten einer ihren Verfechtern als durchführbar erscheinenden Untererfüllung aufgeteilt: in die Ermittlung des aufgrund der abgewickelten Geschäfte erzielten Periodenerfolges — als Saldo der bis zum Bilanzstichtag realisierten erfolgswirksamen Geldbewegungen — und in den Nachweis des in den eingeleiteten Marktumsatzprozessen arbeitenden Kapitals — je nach Interpretationsart als Aussage über die Kapitalerhaltung oder die Kapitalbindung[65]. Schwierigkeiten bereitet allein die Abrechnung der kombinativ einzusetzenden Nichtgeldbestände. Sie wirft das Bilanzierungsproblem auf, das einerseits eine zukunftsbezogene Betrachtungsweise erfordert, andererseits von den traditionellen Bilanztheorien mithilfe eines vergangenheitsbezogenen Bewertungsgrundsatzes zu lösen versucht wird, des streng oder modifiziert zu handhabenden, aus dem Realisationsprinzip abgeleiteten Anschaffungspreisprinzips. Der Widerspruch wird von den Bilanztheoretikern insbesondere durch unterschiedliche Interpretation dieses Bewertungsgrundsatzes behoben:

— durch *fiktive* Anpassung der systembedingt erreichbaren Bilanz*aussage* an den problem*adäquat* formulierten Bilanzzweck der Kapital*erhaltung* und

---

[64] *D. Schneider* [Bilanzgewinn] 464 (Hervorhebung durch d. Verf.); vgl. S. 82 f.

[65] Der von Leffson gebrauchte Terminus ‚arbeitendes Kapital‘ (*Leffson* [GoB] 48; vgl. S. 72 f.) wird hier deshalb übernommen, weil er geeignet erscheint, als übergeordneter Ausdruck die aus der homogenen und heterogenen Deutung der schwebenden Geschäfte resultierenden Begriffe der Kapitalerhaltung und Kapitalbindung zu umfassen.

— durch problem*inadäquate* Anpassung des Bilanz*zwecks* an die systembedingt erreichbare Bilanzaussage über die Kapital*bindung*.

Beide Lösungsversuche sind fragwürdig, da der erste keine Information über die abzubildende Realität und der zweite eine Information über einen durch den ursprünglichen Bilanzzweck nicht gedeckten Rechnungsgegenstand zu liefern scheint.

1. Die Aussage über den Erfolg der abgeschlossenen Marktumsatzprozesse

Realisationsgemäße Abrechnung bedeutet Gegenüberstellung aller stattgefundenen gleichartigen Vorgänge. In Betracht kommen diejenigen Geldmengenbewegungen, die parallel, aber entgegengesetzt zu den in der Kontrollperiode realisierten *güter*wirtschaftlichen Vorgänge verlaufen und — unabhängig vom betrieblichen Erzeugungsprozeß — sämtliche finanzwirtschaftliche Bewegungen entsprechend ihrem *zeitlichen* Anfall während der Abrechnungsperiode. Ob das güterwirtschaftliche oder zeitliche Abgrenzungskriterium zu wählen ist, bestimmt sich nach ihrer Eignung, einen Maßstab für den Zielerreichungsgrad des Wertschöpfungsprozesses abzugeben.

Mehrwert wird durch Produktion geschaffen, indem am Beschaffungsmarkt bezogene Faktoren kombinativ in andere Güter transformiert und die Produkte am Absatzmarkt verkauft werden. Also sind erfolgswirksame Geldbewegungen nur die als Gegenleistung für die abfließenden Endleistungen zufließenden Entgelteinnahmen und diejenigen Entgeltausgaben, die als Gegenleistung für die zufließenden, zur Erzeugung der Absatzgüter erforderlichen Verbrauchsgüter abfließen. Da die finanzwirtschaftlichen nur zum Teil synchron mit den güterwirtschaftlichen Vorgängen verlaufen, muß eine Erfolgsrechnung an die letzten als *mittelbaren* Rechnungsgegenstand anknüpfen[66] und sie mithilfe der ihnen entsprechenden Entgelteinnahmen und -ausgaben abbilden[67]. Hierauf beruht das Realisationsprinzip als systembildendes Element der traditionellen Bilanztheorien. Eine reine Finanzflußrechnung hingegen kann dem Erfolgsbildungsprozeß nicht gerecht werden; denn sie ermöglicht nur die Gegenüberstellung von Geldbewegungen unter dem Gesichtspunkt ihres zeitlichen Auftretens, mit der Konsequenz, „weder ein Vermögen noch (infolgedessen) einen Periodengewinn" auszuweisen[68]. Daher

---

[66] „Für die pagatorische Erfolgsrechnung ist die Tatsache wesentlich, daß ihr eigentlicher Gegenstand der *reale Erzeugungsprozeß* ist, dessen wertmäßiges Ergebnis festgestellt werden soll." *Kosiol* [Bilanz] 2087. Vgl. S. 56.

[67] Vgl. *Kosiol* [Unternehmung] 116, *Kosiol* [Buchhaltung] 18; *Szyperski* [Problematik] 96 f.

[68] *Moxter* [Bilanztheorie] 53.

stellt die von Moxter und Busse von Colbe propagierte finanzwirtschaftliche Bewegungsrechnung in der Form des finanzplanorientierten Tableaus bzw. der Kapitalflußrechnung[69], die sowohl retrospektiv wie prospektiv durchgeführt werden können, nicht einen alternativen Ansatz zur Lösung des Bilanzierungsproblems dar, sondern sie gibt *überhaupt keine* Antwort hierauf.

Das Realisationsprinzip regelt, daß mit dem Absatz der Endleistungen die ihnen entsprechenden Entgelteinnahmen als ertragswirksam entstanden gelten. Ihnen sind als aufwandswirksam die zu ihrer Hervorbringung erforderlich gewesenen und mit den Anschaffungspreisen abgebildeten Güterverbräuche gegenüberzustellen. Die übrigen stattgefundenen Verbräuche hingegen werden durch Aktivierung der ihnen entsprechenden Entgeltausgaben „für die Erfolgsrechnung späterer Perioden aufbewahrt... Dazu gehören Ausgaben für ... immaterielle Werte, ... Halb- und Fertigerzeugnisse(n), alle Großausgaben für einen Zeitraum, der die Rechnungsperiode überschreitet, z. B. für Großreparaturen und Großreklame“[70].

Dieser nach den güterwirtschaftlichen Kriterien des Absatzes und Verbrauches zu periodisierende Entgeltüberschuß läßt sich aber keineswegs, wie Schulze behauptet[71], als „vollständiges Abbild des Resultates aller Einnahmen- und Ausgabenbewegungen in rein geldmäßiger Weise“ erfassen[72]. Vielmehr ist die direkte Messung der erfolgswirksamen Entgeltausgaben nur in Ausnahmefällen durchführbar, und ihre indirekte Messung, d. h. Schätzung über die getrennte Erfassung der Mengen- und Preiskomponente jedes Maßausdrucks[73], weist meist fiktiven Charakter auf: Die schätzweise Erfassung der bestimmten Verbräuchen entsprechenden Entgeltausgaben scheitert gänzlich, wenn die genutzten Wirtschaftsgüter bereits als solche nicht beobachtbar sind — was für die ökonomischen Potenzen[74] wie akquisitorisches Potential, Organisation,

---

[69] Vgl. *Moxter*, ebenda, 51 ff.; *Busse von Colbe* [Kapitalflußrechnungen] 96 ff.

[70] *Kosiol* [Bilanzreform] 49.

[71] Es „ist ... nicht erstaunlich, daß eine Rechnung, die diesen quantitativen (d. h. pagatorischen, d. Verf.) Begriff zugrunde legt und konsequent auf die jeweilige Ermittlung dieses Erfolges ausgerichtet wird, diesen auch messen kann“. *Schulze* [Messung] 191.

[72] *Schulze*, ebenda, 178. Der von Schulze als Nebensatz vorgebrachte Hinweis, daß „allerdings das ... Problem der indirekten Messung der Leistungen zu beachten bleibt“, kommt einer Irreführung gleich, da er den Eindruck erweckt, die indirekte Messung werfe zwar einige Schwierigkeiten auf, ein derart zustandegekommener Maßausdruck bilde aber letztlich das jeweilige Meßobjekt annähernd isomorph ab. Dieser Unterstellung ist ausdrücklich zu widersprechen. Vgl. die im gleichen Sinne vorgebrachte Kritik von *Jaensch* [Bilanzgewinn] 55; vgl. S. 53.

[73] Vgl. S. 52.

[74] Vgl. *Kosiol* [Unternehmung] 112.

einen Großteil der Zwischenergebnisse von Forschungsprojekten usw. zutrifft —, und sie ist in bezug auf die mittelbar verbrauchbaren Produktionsfaktoren nur mehrfach indirekt durchführbar, d. h. über die Messung eines Systems von Ersatztatbeständen, da jene zwar als Merkmalsträger — Beschäftigte und Anlagen — eindeutig unterscheidbar sind, ihr Leistungspotential als ökonomisch relevante Eigenschaft sich aber sowohl dem Umfang als auch einzelnen Teilen nach weitgehend der Beobachtung entzieht[75]. Also läßt sich exakt nur der Verbrauch der unmittelbar mit ihrer Substanz in den Kombinationsprozeß eingehenden Faktoren messen. Gerade diese im Umlaufbereich in bezug auf die Mengenkomponente des Geldausdrucks erreichbare Meßgenauigkeit wird i. d. R. jedoch durch Unkenntnis der Preiskomponente, des Preises je Gütereinheit, relativiert: Sind am Bilanzstichtag noch Restbestände vorhanden, muß entschieden werden, zu welchem Preis die verbrauchten und die vorhandenen Güter anzusetzen sind; denn die Güter werden meist zu unterschiedlichen Preisen im Zeitablauf angeschafft, so daß entweder Verbrauchsfolgen im Sinne des Lifo-, Fifo- oder Hifo-Verfahrens zu unterstellen sind oder auf den Durchschnittspreis zurückgegriffen werden muß.

Zu dem auf die Erfassung des Ist bezogenen Meßproblem kommt noch die aus der partiell zukunftsbezogenen Modifizierung der Realisationsrechnung resultierende Prognoseschwierigkeit hinzu: die Schätzung des drohenden Verbrauchs von Nominal- und Realgütern, „von dem es noch ungewiß ist, wem gegenüber, wann und in welcher Höhe er entstehen wird“[76], der jedoch im Falle seines Eintritts, soweit direkt erfaßbar, den abgeschlossenen Umsatzprozessen zuzurechnen ist.

Aufgrund beider Beschränkungen können daher den abgeschlossenen Marktumsatzprozessen nur *Brutto*-Erfolge bzw. -Entgeltüberschüsse als Differenz der in ihrer Gesamtheit eindeutig meßbaren Erträge und der nur zum Teil — in Form von Einzelkosten der Kontrollperiode — exakt erfaßbaren Aufwendungen zugerechnet werden[77]. Zwar stellt sich jeder Bilanztheorie dieses Meßproblem[78], der besondere Nachteil der traditionellen Bilanztheorien besteht aber darin, daß „die ‚Mengenkomponenten‘

[75] Da menschliche Arbeitsleistung isoliert nicht speicherbar ist, können in einer globalen Wirtschaftlichkeitskontrollrechnung wie dem Periodenabschluß ohne weitere Prüfung des Umfanges der tatsächlich in die abgesetzten Produkte eingegangenen Arbeitsleistungen die vereinbarten Löhne und Gehälter angesetzt werden. Bei Anlagegütern hingegen bedeutet geringere Inanspruchnahme während der Kontrollperiode einen größeren Restbestand an Leistungspotential am Periodenende.

[76] *Heinen* [Handelsbilanzen] 212.

[77] Vgl. S. 60.

[78] Bei Ausdehnung der Abrechnungsperiode auf den Kontroll- *und* Planungszeitraum gemäß dem prospektiven Lösungsansatz taucht das Meßproblem im Planungshorizont auf; vgl. Fn. 45.

der angegebenen (indirekt gemessenen Geldmengen-)Beträge meist in der Rechnungslegung fehlen"[79] und auf der Aufwandsseite der Gewinn- und Verlustrechnung die Geldausdrücke, deren Mengenbestandteile direkt meßbar sind, nicht hinreichend von denjenigen getrennt werden, deren Mengenkomponente nur zwangsweise indirekt, und hier wiederum mit unterschiedlicher Realitätsnähe, zustandekommen. Die als Aufwendungen erfolgswirksam periodisierten Entgeltausgaben stellen also ein Gemisch von exakt zurechenbaren (Teil-)Periodeneinzelkosten und nur mehr oder minder willkürlich zuteilbaren (Teil-)Periodengemeinkosten dar.

Durch Vervollständigung und eine adäquate Gliederung der Gewinn- und Verlustrechnung läßt sich aber diese in der ungenügenden konkreten Ausgestaltung der traditionellen Bilanztheorien liegende Schwäche beseitigen. Denn sie ist nicht dem Realisationsprinzip immanent und macht daher nicht den entscheidenden Vorteil einer ihm gemäß aufgebauten retrospektiven Erfolgsrechnung in bezug auf den *Kontroll*aspekt zunichte: Erst mit der Anwendung des Realisationsprinzips wird die Voraussetzung für die *Nachprüfbarkeit* der vergangenen Dispositionen geschaffen, da es allein — mit den prinzipiell gegebenen Einschränkungen in bezug auf die (Teil-)Periodengemeinkosten — eine verursachungsbezogene[80] *isolierte* Aussage über die realisierten monetären Folgen der realisierten Aktionen zuläßt. Bei geschlossener prospektiver Abrechnung hingegen werden — entsprechend der ökonomischen Erfolgskonzeption — die realisierten und unrealisierten Handlungsfolgen zu einem einzigen unauflösbaren Erfolgsindikator zusammengefaßt, wodurch bei mitwanderndem Planungshorizont eine materielle Kontrolle vereitelt wird.

Der retrospektive Lösungsansatz der traditionellen Bilanztheorien erfüllt also die bei begrenzter Prognosemöglichkeit notwendige, wenn auch nicht hinreichende Voraussetzung für die *materielle* Kontrolle der stattgefundenen Unternehmungstätigkeit: die Bedingung — worin die Kritiker der traditionellen Theorien deren wesentlichen Mangel erblick —, daß die zeitlich-vertikalen Abhängigkeiten zwischen den abgeschlossenen und den eingeleiteten Marktumsatzprozessen rechnerisch zu durchschneiden, also ihre Auswirkungen zu isolieren sind. Allein dadurch wird — hier zugunsten der Kontrolle — der Widerspruch aufgelöst, der aus der gleichzeitigen Berücksichtigung des Kontroll- und des Planungsaspekts bei der Abrechnung der Nichtgeldbestände entsteht.

[79] *Moxter* [Bilanztheorie] 50 (Zusatz in Klammer v. Verf.).

[80] Der erzielte Brutto-Erfolg ist insofern verursachungsbezogen ermittelt, als die ihn auslösenden Handlungen in der Kontroll- oder einer Vorperiode stattgefunden haben müssen, da die Ursachen den Wirkungen nicht folgen können.

2. *Die Aussage über das in den eingeleiteten Marktumsatzprozessen arbeitende Kapital*

a) Die Kapitalerhaltung mit Hilfe der eingeleiteten Marktumsatzprozesse

Gewinn kann erst dann und nur dann entstehen, wenn ein „Überschuß über eine bestimmte Wertgröße als Bezugsbasis, die unverändert erhalten werden muß“[81], erzielt wird. „Die bestimmte Wertgröße ist nichts anderes als das in den Unternehmungsprozeß hineingesteckte, d. h. das darin angelegte, bei der Werterzeugung verbrauchte und *durch Absatz zu erneuernde* Kapital“[81]. Da die abzurechnenden schwebenden Geschäfte definitionsgemäß noch nicht — durch Absatz — abgeschlossen sind, läßt sich Kapitalerhaltung nur als ein in der Zukunft herbeizuführender Tatbestand umreißen, über dessen Realisierbarkeit in der Gegenwart Rechenschaft zu legen ist: Das in der Vergangenheit der Unternehmung in bestimmter Höhe zur Verfügung gestellte Geldkapital kann dann als erhalten betrachtet werden, wenn aus der Verwertung der Nichtgeldbestände zumindest keine Verluste resultieren werden.

Die Verwertung der vorhandenen Nichtgeldbestände erfolgt durch Tilgungseinzahlungen für ausstehende Kredite einerseits und Entgelteinzahlungen für den Absatz der mit Hilfe der gegenwärtigen Realgüter kombinativ herzustellenden Endleistungen und der nicht zum Verbrauch bestimmten sonstigen Wirtschaftsgüter andererseits. Da sich den Verbrauchsgütern als dem jeweiligen Produktionsapparat isoliert keine Entgelteinnahmen zurechnen lassen, muß zum Nachweis der Kapitalerhaltung zunächst mit Hilfe einer geschlossenen Planungsrechnung der im überschaubaren[82] übergeordneten Abrechnungszeitraum erwartete Gesamterfolg ermittelt werden, der anschließend nur pauschal, nach der Anzahl der Teilperioden oder nach dem Anteil des am Bilanzstichtag gebundenen Kapitals an dem während der übergeordneten Periode insgesamt eingesetzten Kapital, den schwebenden Geschäften zugeteilt werden kann.

Die antizipative Verrechnung künftiger Erfolgsanteile darf jedoch nicht dem Realisationsprinzip widersprechen. Deshalb sind Gewinne und Verluste unterschiedlich zu behandeln: Während bei einem erwarteten Gesamtgewinn nur soviel unrealisierte Entgelteinnahmen den Nichtgeldbeständen zugeordnet werden dürfen, wie Entgeltausgaben für ihre Beschaffung aufgebracht worden sind — der darüber hinausgehende anteilige Gewinn also unberücksichtigt bleibt —, müssen die einem erwarteten Gesamtverlust entsprechenden Mindererträge anteilig von den eingeleiteten Marktumsatzprozessen getragen werden[83]. Dieser ungleich-

[81] *Kosiol* [Buchhaltung] 110 (Hervorhebung durch d. Verf.).
[82] Vgl. *Leffson* [GoB] 184.

mäßige Verrechnungsmodus wird in der Literatur als Imparitätsprinzip bezeichnet[84], weil die einseitige Vorwegnahme unrealisierter negativer Erfolgsbeiträge dem Bilanzzweck widerspreche, wonach der Erfolg der *abgeschlossenen* Geschäfte zu ermitteln sei[85].

Nun wird niemand bestreiten, daß die *Saldierung* eines unrealisierten Mindererertrages mit dem realisierten Entgeltüberschuß die Erfüllung des ersten Bilanzzwecks, die Abrechnung der abgewickelten Geschäfte, beeinträchtigen würde, da der Saldo ihren Erfolg verzerrt — dazu in unbekanntem Ausmaß — indizieren würde. Aber dieses Rechnungsziel steht hier überhaupt nicht zur Diskussion. Das Imparitätsprinzip ist vielmehr — darauf weist Leffson sogar selbst hin[86] — in bezug auf den zweiten Zweck, den Nachweis der Aussichten auf Kapitalerhaltung, zu beurteilen. Er erfordert zwingend die anteilige Vorwegnahme eines erwarteten Verlustes. Der „grundsätzliche Widerspruch zum Realisationsprinzip"[87] entsteht erst dadurch, daß Leffson irrigerweise die Frage nach dem hinsichtlich der Kapitalerhaltung notwendigen *Umfang* der zu berücksichtigenden unrealisierten Erfolgskomponenten mit der Frage gleichsetzt, welche *Verrechnungsart* ohne Vereitelung der realisationsgemäßen Periodisierung angebracht ist, obwohl Leffson an anderer Stelle darauf hinweist, wie beiden Bilanzzwecken ohne gegenseitige Beeinträchtigung nachgekommen werden kann: „Beide Prinzipien ließen sich widerspruchsfrei nur verbinden, wenn man, wie Fritz Schmidt in der organischen Tageswertbilanz, das Unrealisierte zwar in den Abschluß einstellen, aber bis zur Realisierung als erfolgsunwirksam behandeln würde[88]."

Daher ist in Höhe des erwarteten Gesamtverlustes, der *anteilig* auf die Summe des in den vorhandenen Wirtschaftsgütern gebundenen Kapitals entfällt, ein besonderer Wertberichtigungsposten unter die Passiva aufzunehmen, der hier als ‚unrealisierter anteiliger Verlust aus der Abwicklung der schwebenden Geschäfte' bezeichnet wird. Der entsprechende gleichnamige Posten muß auf der Aufwandsseite der Gewinn- und Verlustrechnung eingesetzt werden, so daß beide Positionen in bezug auf die Höhe des realisierten Gewinns sich neutralisieren, jedoch

---

[83] Vgl. *Leffson* [GoB] 181.

[84] Vgl *Leffson*, ebenda, 174.

[85] „Auf den Rechenschaftszweck kann sich das Imparitätsprinzip nicht stützen, denn diesem Zweck wirkt das Prinzip eher entgegen ... Das Imparitäts- und das Realisationsprinzip stehen in einem Widerspruch zueinander, der nicht aufzuheben ist. Damit ist ein Bruch in der Deduktion der Grundsätze ordnungsmäßiger Buchführung nicht zu vermeiden. Man kann das Imparitätsprinzip nur als eine Gegebenheit hinnehmen." *Leffson*, ebenda, 181.

[86] „Das Imparitätsprinzip kann ... durch Bezug auf ein ökonomisch berechtigtes Ziel, die Erhaltung des Eigenkapitals erklärt werden." *Leffson*, ebenda, 182.

[87] *Leffson*, ebenda, 182.

[88] *Leffson*, ebenda, 174 f.

über den Gewinnanteil informieren, der im Hinblick auf den noch unrealisierten periodenanteiligen Verlust vom ‚realisierten Gewinn aufgrund der abgeschlossenen Geschäfte' einzubehalten ist. Daraus ergibt sich der ‚realisierte Gewinn bei Erhaltung des in den schwebenden Geschäften gebundenen Kapitals', der zugleich die Höhe des — in bezug auf die Ergiebigkeit der stattgefundenen Tätigkeit — *maximal ausschüttbaren* Gewinns anzeigt. Beide Korrekturposten lassen sich in die Summe der einzeln erfaßbaren Wertberichtigungen zu den Nichtverbrauchsgütern und in die nur pauschal zuordenbare anteilige Wertberichtigung zu den kombinativ einzusetzenden Verbrauchsgütern aufteilen, worauf hier aber verzichtet wird.

Der Verrechnungsmodus sei anhand des anläßlich der monetären Deutung der nichtmonetären Bestände entworfenen Bilanzschemas[89] und des hier verwandten Zahlenbeispiels[90] verdeutlicht. Saldiert man die miteinander korrespondierenden finanzwirksamen Erwartungsgrößen und isoliert außerdem den realisierten Periodenerfolg durch entsprechende Kürzung der liquiden Mittel[91], so ergibt sich folgende Aufstellung für den gegenwärtigen Bilanzstichtag t_5:

1.	*Aussichten auf Kapitalerhaltung aus der Abwicklung der eingeleiteten Marktumsatzprozesse*			
1.1.	erwartete Netto-Auszahlungsminderungen:			
	Auszahlungsminderungen	+ 755		
	Einzahlungsminderungen	− 0	+ 755	
1.2.	erwartete Netto-Auszahlungen:			
	Auszahlungen	− 895		
	Einzahlungen zuzüglich liquide Mittel (abzüglich Periodengewinn)	+ 140	− 755	
1.3.	erwarteter anteiliger Verlust aus der Abwicklung der eingeleiteten Marktumsatzprozesse[92]			− 0
2.	*Erfolg der abgeschlossenen Marktumsatzprozesse*			
2.1.	realisierter Brutto-Periodenerfolg:			
	Erträge	+ 1 487		
	Periodeneinzelkosten	− 1 370	+ 117	
2.2.	anteilige Periodengemeinkosten		− 115	
2.3.	realisierter Netto-Periodenerfolg			+ 2
3.	*realisierter Geldgewinn bei Erhaltung des gebundenen Kapitals*			+ 2

[89] Vgl. S. 77 f.

[90] Vgl. S. 92 und die Ausschlagtafel nach S. 92.

[91] Da sämtliche bilanzierten Wirtschaftsgüter durch gegenwärtige Geldbestände oder künftige finanzwirksame Bewegungen abzubilden sind, ist es grundsätzlich unbeachtlich, ob der zweifellos in Geldform *entstandene* (Brutto-) Periodengewinn am Bilanzstichtag als angesammelte liquide Mittel noch vorhanden oder einstweilen zur Finanzierung irgendwelcher Vorräte oder zur Tilgung von Verbindlichkeiten verwandt worden ist. Da im hier zugrunde gelegten Zahlenbeispiel die nichtgeldlichen Umlaufbestände in konstanter Höhe bleiben und die Anlagegegenstände jeweils kreditiert werden, muß der realisierte Gewinn am Bilanzstichtag noch in Geldform vorhanden sein.

Die Kapitalerhaltung ist also dann gewährleistet, wenn die Summe unter Ziffer 1.3. Null ist, d. h. die erwarteten positiv wirkenden Netto-Auszahlungsminderungen als Überschuß der Auszahlungs- über die Einzahlungsminderungen die erwarteten negativ wirkenden Netto-Auszahlungen als Überschuß der Auszahlungen über die Einzahlungen ausgleichen. Ob und inwieweit diese rechnerische Aussage nicht nur formal richtig in bezug auf die zugrunde gelegten Prämissen, sondern auch material adäquat ist, hängt von der Realitätsnähe dieser Annahmen ab, d. h. ob sie empirisch gehaltvoll oder gehaltlos sind. Danach lassen sich zwei Typen von Aussagen über die für möglich gehaltene künftige Kapitalerhaltung unterscheiden:

— eine aufgrund der Vorschaltung einer geschlossenen Planungsrechnung realtheoretisch mehr oder minder fundierte Voraussage. Sie impliziert zwei Möglichkeiten:
  Kapitalerhaltung $\leqq$ Kapitalbindung;
— eine aufgrund der Verwendung reiner Annahmen realtheoretisch unverbindliche Behauptung. Sie fingiert das gesuchte Ergebnis:
  Kapitalerhaltung = Kapitalbindung.

Da mit Hilfe des Jahresabschlusses zutreffende Aussagen über das betriebliche Geschehen übermittelt werden sollen, kann von einer Bilanztheorie mit empirischem Geltungsanspruch zwar keine Antwort auf das unlösbare Problem der mittelbezogenen *Zurechnung*, d. h. der verursachungsgemäßen Aufteilung der im übergeordneten Abrechnungszeitraum insgesamt erwarteten Entgelteinnahmen auf die am Bilanzstichtag vorhandenen Produktionsfaktoren, erwartet werden. Ihr Lösungsansatz muß aber die *Prognose* der Handlungskonsequenzen des bei Bilanzierung überschaubaren geschlossenen Aktionsprogramms ermöglichen. Das bedeutet: Die Aufspaltung des Bilanzzwecks in die beiden Teilzwecke, Ermittlung des Erfolgs und Nachweis der Kapitalerhaltungsaussichten, ist nur insofern eine Untererfüllung des nicht zu verwirklichenden Rechnungsziels der vollständigen Erfolgsermittlung, als hinsichtlich der eingeleiteten Geschäfte nachgewiesen werden muß, inwieweit die künftig mit ihrer Hilfe erzielbar erscheinenden Entgelteinnahmen im *Durchschnitt* die Summe des gegenwärtig in jenen gebundenen Kapitals decken.

Untersucht man nun das aus dem Realisationsprinzip abgeleitete Anschaffungspreisprinzip auf seinen Realitätsgehalt in bezug auf die vorstehend definierte Kapitalerhaltung, so wird seine systembedingte Un-

[92] In diesem Beispiel muß der anteilige Verlust Null betragen, da der Umfang der erwarteten positiven finanzwirksamen Güterbewegungen (Ziffer 1.1) entsprechend den fortgeführten Anschaffungspreisen lediglich fingiert wird. Vgl. Teil 2, I, Fn. 34.

tauglichkeit erkennbar: Nach dem Anschaffungspreisprinzip werden die am Bilanzstichtag vorhandenen und geschuldeten nichtgeldlichen Wirtschaftsgüter in der Abschlußbilanz durch vergangenheitsbezogene Geldmengenausdrücke abgebildet, die einerseits als Geldforderungen vereinbarte Einnahmen und als übrige Nominal- und Realgüter geleistete Ausgaben repräsentieren und andererseits als Geldschulden vereinbarte Ausgaben und als geschuldete Endleistungen empfangene Einnahmen darstellen. Diese retrospektiven Wertansätze können grundsätzlich nicht zugleich eine zutreffende Aussage über die Geldwerdung der Nichtgeldbestände im Sinne einer künftigen Zahlungsmehrung oder -minderung liefern, unabhängig davon, ob die schwebenden Geschäfte einzeln oder nur als Bündel zu Finanzbeiträgen führen. Denn der ökonomische Wert von Gegenständen besteht nicht darin, durch Anschaffung Entgeltausgaben bestimmter Höhe ausgelöst zu haben, sondern darin, nach Art und Umfang zur anteiligen Erreichung des erwerbswirtschaftlichen Zieles geeignet zu sein, was notwendigerweise eine prospektive Abrechnung, d. h. einen Planungszeitraum $>$ Null voraussetzt, der bei retrospektiver Abrechnung jedoch definitionsgemäß nur Null betragen kann.

Auch wenn die dem traditionellen Konzept immanente Retrospektive durch Einführung eines zusätzlichen, aber mit der Einzelbewertung verträglichen prospektiven Abrechnungsverfahrens modifiziert wird, so läßt sich dieses nur auf diejenigen schwebenden Vorgänge anwenden, deren Abrechnung außerhalb des Bilanzierungsproblems liegt. So lassen sich die Rückstellungen und Eingänge aus Forderungstilgungen und aus dem Absatz fertiger Erzeugnisse und nicht zum Verbrauch bestimmter Güter der Höhe nach *isoliert* abschätzen, so daß insoweit im Rahmen der Einzelbewertung die drohenden Güterverbräuche, vereinbarten Nominalwerte und geleisteten Ausgabenwerte in Zahlungserwartungen transformiert werden können. Das gilt aber nicht für die allein problematische Erfassung des aus dem kombinativen Einsatz der Verbrauchsgüter künftig resultierenden Finanzbeitrags zur Deckung der in ihnen gebundenen Entgeltausgaben. Denn die Höhe dieses Beitrages ergibt sich als der durchschnittlich auf den gegenwärtigen Produktionsapparat entfallende Anteil an den allein mit Hilfe eines *geschlossenen* Plans zu ermittelnden Ertragseinnahmen[93].

Dennoch behauptet Kosiol: „Die pagatorische Erfolgsrechnung und damit der pagatorische Erfolgsbegriff korrespondieren folgerichtig mit dem Ziel nominaler Kapitalerhaltung. Beide Sachverhalte sind

---

[93] Ungeachtet des Umstandes, ob die Abrechnung der eingeleiteten Prozesse die Einzel- oder Gesamtbewertung erfordert, wird bei Abweichungen zwischen den vergangenen und künftigen Zahlungswerten die Information über den Gelderfolg der abgeschlossenen Geschäfte verzerrt, wenn die die eingeleiteten Prozesse betreffenden Aussagen nicht erfolgsrechnerisch neutralisiert werden. Vgl. oben S. 116 f.

zwangsläufig miteinander verbunden"[94]. Diese Verbindung ist erstaunlich, aber einfach: Bis zum „Zeitpunkt der Ertragsrealisation ... werden die Anschaffungswerte des in Einnahmenbeständen und Vorräten investierten Kapitals ... unabhängig von allen Markteinflüssen *fortgeführt. Auf diese Weise* wird das in der Unternehmung arbeitende Nominalkapital dem Wertbetrage nach *erhalten*"[95]. Daß Kapitalerhaltung nicht durch Fortschreiben — zutreffender: Zahlenspielerei[96] —, sondern durch Wirtschaften erfolgt, sollte jedermann einleuchten. Kosiol hat aber eine verblüffende Erklärung parat: „*Da* der Verbrauchszeitpunkt unabhängig vom internen naturalen Güterverzehr durch den Zeitpunkt der Ertragsrealisation im Markt bestimmt wird"[97], sei die erfolgsrechnerische Aufbewahrung notwendig. Aus vorstehendem Kausalsatz läßt sich aber nur ein (real-)theoretisch richtiger Schluß ableiten: Es sind die unter Mitwirkung der schwebenden Geschäfte erzielbaren, d. h. noch nicht realisierten Erträge mit Hilfe einer *prospektiven* Rechnung zu ermitteln. Obwohl Kosiol zutreffend das reale Mittel zur Kapitalerhaltung in der Erwirtschaftung von Ertragseinnahmen sieht[98] und ebenso zu Recht an anderer Stelle realtheoretisch begründete Aussagensysteme für die Unternehmensrechnung fordert[99], ist er also offensichtlich nicht bereit, die sich hieraus ergebenden Konsequenzen für seine eigene Bilanztheorie zu ziehen.

Verzichtet man aber schon generell auf empirisch gehaltvolle Aussagen zugunsten reiner Annahmen, so lassen sich logisch ebenso die von F. Schmidt propagierten Tagesbeschaffungspreise rechtfertigen[100]: Da Entgeltausgaben für den Nachweis der Kapitalerhaltungsaussichten

---

[94] *Kosiol* [Buchhaltung] 113 (Hervorhebung durch d. Verf.).

[95] *Kosiol*, ebenda, 111 (Hervorhebung durch d. Verf.).

[96] „Der Gebrauch numerischer Symbole wird ... so lange eine Zahlenspielerei ohne praktischen Nutzeffekt bleiben und eine Rechenhaftigkeit nur vortäuschen, solange es nicht gelingt, die verwendeten Begriffe durch Angabe geeigneter Meßvorschriften und -verfahren operational zu definieren und damit eine Messung der Tatbestände zu sichern." *Kosiol* [Unternehmensforschung] 757.

[97] *Kosiol* [Buchhaltung] 111 (Hervorhebung durch d. Verf.).

[98] Vgl. *Kosiol*, ebenda, 110. „Der Grundsatz nominaler Kapitalerhaltung bedeutet, daß ein Gewinn dann erzielt worden ist, wenn die tatsächlichen Ertragseinnahmen der *(Planungs-)*Periode die tatsächlichen Aufwandsausgaben übersteigen." *Kosiol*, ebenda, 111 (Zusatz vom Verf.).

[99] Die „Wirtschaftspraxis ... darf verlangen, daß ihr von der Wissenschaft verwendbare Erkenntnisse und geeignete Instrumente für die Lösung ihrer Probleme bereitgestellt werden ... Das Hauptinteresse liegt zur Zeit nach meiner Auffassung zu einseitig auf dem logisch-formalen Aspekt ..., während die empirisch-materiale Problematik vernachlässigt wird. Davor ist mit Nachdruck zu warnen". *Kosiol* [Problematik] 78.

[100] Daß das Prinzip der Bewertung mit Tagesbeschaffungspreisen bei erfolgsrechnerischer Neutralisation der sich in bezug auf die Anschaffungspreise ergebenden Preisdifferenzen auf einem Wertänderungskonto nicht die Information über den realisierten Erfolg verzerrt, erkennt auch Kosiol an. Vgl. *Kosiol* [Buchhaltung] 132; vgl. auch *Leffson* [GoB] 174 ff.

methodisch grundsätzlich ausscheiden, läßt sich weder feststellen, ob hierfür die historischen Anschaffungspreise besser als die am Bilanzstichtag geltenden Tagesbeschaffungspreise geeignet sind oder umgekehrt. Die Anschaffungspreisbilanz hat daher unter dem Gesichtspunkt der Kapital*erhaltung* allein den „Vorteil, daß sie auf *greifbaren Unterlagen* aufbaut“[101]. Nur darf man nicht höchstmögliche Willkürfreiheit mit größtem Informationswert gleichsetzen, was Engels prononziert zum Ausdruck bringt: „Würden beispielsweise die (kontrollierbaren) Abmessungen oder die spezifischen Gewichte der Güter in die Bilanz eingesetzt, so wäre diese Information für den Bilanzleser uninteressant“[102].

Festzuhalten bleibt also: Wer vorgibt, mit dem empirischen Begriff ‚*Erhaltung*‘ des Nominalkapitals über die aus den eingeleiteten Marktumsatzprozessen resultierenden Entgelteinnahmen zu sprechen, tatsächlich aber die für jene abgeflossenen Entgeltausgaben als Wertansätze errechnet, verleitet „möglicherweise zu der Vorstellung ..., das für Vorräte verausgabte Geld werde zwangsläufig stets wieder zurückgewonnen“[103], verschleiert demnach den — hinsichtlich der Kapitalerhaltung — entweder irrelevanten oder empirisch gehaltlosen Charakter dieser Wertansätze. Denn ohne Zugrundelegung einer bestimmten Annahme über die künftig erzielbaren Entgelteinnahmen wird mit diesen Informationen das Bilanzierungsproblem verfehlt, d. h. eine andere als die gestellte Frage beantwortet. Sie sind daher logisch unzulässig. Werden die Wertansätze jedoch als problemrelevante Aussagen verstanden, so fingieren sie gerade den Sachverhalt als gegeben, dessen Vorliegen oder Nichtvorliegen zu ermitteln ist: „Wer in einer Bilanz einen Ausgabeposten aktiviert, z. B. die Anschaffung einer Maschine, unterstellt ..., ... daß die Investition mindestens in Höhe der Anschaffungsausgabe zu Einnahmen führen wird“[104]. Da diese Annahme keinen Fall ausschließt, in dem die stattgefundenen Entgeltausgaben nicht durch künftige Entgelteinnahmen gedeckt sind, haben die auf ihr beruhenden Wertansätze keinen Informationsgehalt und sind daher realtheoretisch unverbindlich.

b) Die Kapitalbindung in den eingeleiteten Marktumsatzprozessen

Wird nun eine möglichst realitätsnahe Information über die schwebenden Geschäfte angestrebt, jedoch am Realisationsprinzip als systembildendem Merkmal des Jahresabschlusses festgehalten, so kann von

---

101 *Kosiol* [Bilanzreform] 44.
102 *Engels* [Bewertungslehre] 220.
103 *Koch* [Optimalitätskriterium] 411.
104 *Leffson* [Kapitaldispositionsnachweis] 6; vgl. *Göppl* [Rechnungslegung] Fn. 41 zu 572.

der Bilanz keine Aussage über das Maß der Kapitalerhaltung, sondern der Kapitalbindung in den eingeleiteten Prozessen erwartet werden. Für dieses Rechnungsziel verwendet Leffson das Anschaffungspreisprinzip. Der Jahresabschluß hat neben einem „Indikator für das Ergebnis der unternehmerischen Aktivität" auch „einen Nachweis von Vermögen und Schulden"[105] im Sinne einer Rechenschaft über den jeweiligen Umfang und Zustand des investierten, aber noch nicht wieder freigesetzten Kapitals zu liefern[106]. Mit der einheitlich retrospektiven Ausrichtung des Bilanzzwecks gelingt es, das Anschaffungspreisprinzip als methodisch brauchbares Rechnungsmittel zu rechtfertigen: Nach der sekundär aus dem Realisationsprinzip abgeleiteten Regel, daß alles für die Zukunft rechnerisch aufzubewahren ist, was nicht in die Vergangenheit gehört[107], ergeben sich die Vermögensbestände als *Rest*mengen, die, mit den für ihre Anschaffung aufgewandten Entgeltausgaben bewertet, Umfang und Zustand des an jedem beliebigen Stichtag in der Unternehmung investierten Geldkapitals indizieren. Dem entspricht die Funktion der Bilanz als Sammelbecken für diese Restposten. Konsequenterweise müssen damit natürlich aus der künftigen Verwertung der nichtgeldlichen Wirtschaftsgüter, d. h. aus der Abwicklung sowohl der isoliert wie der komplementär wirkenden schwebenden Geschäfte, auch negative Erfolgsbeiträge in Kauf genommen werden.

Dem vergangenheitsbezogenen Nachweis der Kapitalbindung ist jedoch der Erfolgsbegriff anzupassen, soll mit Hilfe des Jahresabschlusses „die *gesamte* Unternehmungstätigkeit"[108] in der abgelaufenen Periode kontrolliert werden: Im Gegensatz zur idealtypischen Aussage Kosiols über die Kapitalerhaltung, die formal der homogenen Definition des Periodenerfolges Rechnung trägt, kann nun „das Ergebnis der unternehmerischen Aktivität" nicht mehr als Differenz zweier in Geldform vorhandener oder künftig überführbarer Geldmengen an zwei Stichtagen verstanden werden. Denn die Gegenüberstellung von *vergangenen,* für den gegenwärtigen Netto-Bestand an Realgütern stellvertretend stehenden Ausgaben — sie erscheinen bei prospektiver Deutung

---

105 *Leffson* [Jahresabschluß] 380.

106 Leffson gebraucht nicht ausdrücklich den Terminus ‚Kapitalbindung', präzisiert aber in seinem Standardwerk „Die Grundsätze ordnungsmäßiger Buchführung" den Bilanzzweck in diesem Sinne mit der „Rechenschaft über das im Unternehmen arbeitende Kapital ..., d. h. über den *finanziellen* und *materiellen Aufbau* der Unternehmung. Die Passivseite weist die Herkunft, Art und Rechtsform des in die Unternehmung eingebrachten Eigen- und Fremdkapitals aus, die Aktivseite die Sachform, in der das Kapital investiert ist". *Leffson* [GoB] 48 (Hervorhebung durch d. Verf.).

107 Primär wird aus dem Realisationsprinzip die Regel über die Abgrenzung der Güterverbräuche deduziert, mit denen die in der Kontrollperiode abgeschlossenen Marktumsatzprozesse erfolgswirksam in der Gewinn- und Verlustrechnung zu belasten sind. Vgl. S. 58 f. und S. 72 f.

108 *Kosiol* [Buchhaltung] 6 (Hervorhebung durch d. Verf.); vgl. S. 24 f.

als erwartete Auszahlungsminderungen — und *künftigen* Netto-Auszahlungen in Höhe des Überhangs der Geldschulden[109] ist offenbar unsinnig: Entweder werden vergangene Ausgaben als solche behandelt, dann können sie nicht als Vermögen bilanziert werden[110], sondern sind in die GuV-Rechnung aufzunehmen, wodurch diese zur Finanzflußrechnung umfunktioniert würde; oder sie werden als nicht in die abgelaufene Periode gehörend betrachtet, was mit der Anwendung des Realisationsprinzips erreicht werden soll, dann betreffen sie die Zukunft[111], ohne daß damit zugleich die materielle Frage beantwortet wird, ob die Unternehmung später in dieser Höhe die Ersatzbeschaffung von Verbrauchsgütern erspart. Nur dann ist die Gleichsetzung von vergangenen Ausgaben mit künftigen Ausgabenminderungen gerechtfertigt.

Da also Anschaffungsausgaben *unmittelbar* nicht eine Vermögensmehrung, sondern nur einen Vermögensabbau indizieren und auch *mittelbar* nichts über den ökonomischen Wert des für sie zugeflossenen Vermögens aussagen, bleibt nur der Ausweg, im Gegensatz zu dem nach der ‚pagatorischen' Bilanztheorie fingierten Rechnungsgegenstand — den als (Rück-)Einnahmen aktivierten (Vorrats-)Ausgaben und den als (Rück-)Ausgaben passivierten (Reservat-)Einnahmen[112] —, die nichtgeldlichen Vermögensgegenstände *selbst* direkt darzustellen und dementsprechend den Periodenerfolg als Ausdruck für die *gesamte* Unternehmungstätigkeit in der Kontrollperiode durch *heterogene* Größen zu definieren: Erfolg ist unter Einbeziehung der Anfangsbestände die Differenz zwischen dem Netto-*Real*vermögen einerseits, d. h. des Saldos der vorhandenen und geschuldeten, mit ihren Anschaffungspreisen lediglich gleichnamig gemachten Wirtschaftsgüter, und den nach Abzug des Nominalvermögens verbleibenden Netto-*Geld*schulden andererseits[113]. Erst mit der Akzeptierung dieses heterogenen Erfolgsbegriffs läßt sich rechtfertigen, daß in der GuV-Rechnung der als monetäre Größe allein erfaßbare Brutto-Entgeltüberschuß noch um Abschreibungen gekürzt wird, da dem partiellen Verbrauch von unteilbaren Realgütern tatsächlich keine einzelne Geldbewegung entspricht.

---

109 Vgl. S. 78.

110 Vgl. S. 111 f.

111 „Grundsätzlich müßten ... alle, die in Buchhaltung und Bilanz nur eine Verrechnung von Einnahmen und Ausgaben sehen, die Bilanz als Zukunftsrechnung betrachten: was auf die *Vergangenheit* fällt, ist unstreitig auf die *Gewinn- und Verlustrechnung* zu übertragen; was ... als sogenannter Einnahmen- und Ausgabenrest in der *Bilanz* erscheint, muß also notwendigerweise die *Zukunft* betreffen." *Käfer* [Zukunftsrechnung] 32.

112 Vgl. *Kosiol* [Buchhaltung] 28 f.; vgl. S. 76.

113 Selbstverständlich errechnet sich tatsächlich dieser heterogene Erfolg auch nach der von Kosiol vertretenen pagatorischen Bilanztheorie, wenn man sie der empirisch gehaltlosen Annahmen über die Kapitalerhaltung entkleidet und auf ein realitätsnahes Aussagensystem zurückführt.

Der Vorzug der heterogenen Definition des Periodenerfolgs besteht darin, daß der Jahresabschluß innerhalb der durch das Meßproblem gezogenen Grenzen eine empirisch gehaltvolle, am Bilanzstichtag intersubjektiv nachprüfbare Aussage ermöglicht. Daß sich dabei der Verbrauch der nicht substantiell in den Produktionsprozeß eingehenden Realgüter und damit deren jeweiliges Restpotential nicht exakt erfassen läßt, berührt nicht die grundsätzliche Tauglichkeit des durch die retrospektive Abrechnungsrichtung gekennzeichneten methodischen Aufbaus des Jahresabschlusses. Mit anderen Worten: Die hinsichtlich der künftigen Verwertbarkeit der Verbrauchsgüter bestehende Ungewißheit kann und darf nicht die Information über die gegenwärtig vorhandenen Restmengen beeinträchtigen; denn die Frage der Meßbarkeit von Aktionsfolgen ist unabhängig von derjenigen der Prognostizierbarkeit von Handlungskonsequenzen. Die letzte taucht erst bei einer auf die Kapitalerhaltung ausgerichteten prospektiven bilanztheoretischen Konzeption auf.

Gegen den heterogenen Erfolgsbegriff sind jedoch zwei erhebliche Einwände zu erheben:

1. Der Nachweis des Zustands und Umfangs der Kapitalbindung verstößt *inhaltlich* gegen den allen bilanztheoretischen Konzeptionen zugrunde liegenden einheitlichen Bilanzzweck.
2. Die realisationsgemäße Abgrenzung der Güterverbräuche impliziert eine tendenziell *zu günstige* Information über den Erfolg der abgeschlossenen Marktumsatzprozesse.

Zu 1. Während bei Nachweis der Kapitalerhaltungsaussichten der Bilanzzweck der vollständigen Erfolgsermittlung nicht dem Inhalt, sondern dem Umfang nach unvollkommen erfüllt wird, indem man zwar die gesamte auf Mehrgeld gerichtete Tätigkeit abrechnet, aber im Gegensatz zu den Aufwendungen unrealisierte Erträge nur in Höhe der Kapitalbindung — imparitätisch — berücksichtigt, wird mit der Beschränkung auf die Messung der restlichen Gütermengen und ihre Gleichnamigmachung mit Hilfe der Anschaffungspreise inhaltlich gegen den auch den traditionellen Bilanztheorien zugrunde liegenden Bilanzzweck verstoßen bzw. eine andere als die zuvor gestellte Aufgabe gelöst. Denn ein derartiger Nachweis beantwortet nicht die allein zweckadäquat gestellte Frage, inwieweit der an jedem Bilanzstichtag i. d. R. bestehende Überhang der Geldschulden über die weit geringeren Geldbestände und -forderungen durch die mit Hilfe des vorhandenen Produktionsapparates künftig erzielbaren Entgelteinnahmen zumindest ausgeglichen oder sogar überdeckt werden kann.

Zu 2. Nach dem Realisationsprinzip sind allein die Güterverbräuche erfolgswirksam zu verrechnen, die zur Herstellung und zum Absatz der Endleistungen erforderlich waren, woraus folgt, daß alle übrigen Verbräuche, die noch nicht abgesetzten Gütern entsprechen, durch Aktivierung als transitorische Rechnungsabgrenzungsposten für die Zukunft aufbewahrt werden müssen, gleichgültig, ob sie ökonomisch von Nutzen sind oder nicht. Beispielsweise sei ein Werbeauftrag hinsichtlich eines erst einzuführenden Produktes an eine Werbefirma vergeben oder es laufen Forschungs- und Entwicklungsarbeiten für ein bestimmtes Verfahren. Die jeweiligen Ausgaben wurden eindeutig im Hinblick auf bestimmte bisher unrealisierte Ertragsmehrungen bzw. Aufwandsminderungen gemacht und sind demnach gemäß der zweckbezogenen Betrachtungsweise des Realisationsprinzips als *künftige* (Teil-)Periodeneinzelkosten nicht den abgeschlossenen, sondern späteren Marktumsatzprozessen zuzurechnen. Dem steht aber die Erfahrung gegenüber, daß sich nicht alle betrieblichen Anstrengungen, insbesondere die Neuland betreffenden, positiv auswirken[114]. Werden aus diesem Grunde später die Vorhaben, für die diese Vorleistungen aufgewandt wurden, eingestellt, so entfällt damit das Kalkulationsobjekt, dem der entsprechende, exakt meßbare Güterverbrauch überhaupt zugerechnet werden kann. Daher läßt er sich nur der gesamten, im jeweils überschaubaren übergeordneten Abrechnungszeitraum unternommenen betrieblichen Aktivität nach dem Durchschnittsprinzip zuordnen. Das heißt aber, daß die konsequente Anwendung des Realisationsprinzips eine zu günstige Darstellung des Erfolgs der abgewickelten Geschäfte im Sinne eines zu geringen Ansatzes der ihnen entsprechenden Aufwendungen impliziert. Die umgekehrte, auf der Hand liegende Verfahrensweise, die gesamten Ausgaben für die immateriellen Verbrauchsgüter als aufwandswirksam zu verrechnen, wäre ein klarer Vorstoß gegen das Realisationsprinzip und würde den Periodenerfolg in negativer Richtung weit stärker verzerren.

Die in den transitorischen Rechnungsabgrenzungsposten zum Ausdruck kommenden immateriellen Realgüter und Ansprüche auf solche unterscheiden sich aber nur graduell von den übrigen aktivierten materiellen Verbrauchsgütern, nämlich insofern, als bei ihnen in aller Regel das Risiko, daß die für sie aufgewandten Ausgaben nicht den beabsichtigten Effekt haben werden, besonders groß ist; denn in bezug auf *alle* nichtgeldlichen Vermögensgegenstände geht es ja bei Nachweis der Kapitalbindung lediglich darum, den Umfang des in ihnen investierten, durch die abgeschlossenen Marktumsatzprozesse noch nicht wieder freigesetzten Kapitals nachzuweisen, und diese retrospektive Fragestellung ist unabhängig von der prospektiven, ob oder in welchem Maße die betref-

---

[114] Die Erfolgswirksamkeit derartiger betrieblicher Vorleistungen läßt sich natürlich aufgrund der Unlösbarkeit der mittelbezogenen Zurechnung nur mit Hilfe einer Durchschnittsbetrachtung beurteilen, die eine geschlossene Planung voraussetzt.

fenden Güter nach Art und Umfang zur Fortsetzung des Leistungsprozesses geeignet sind. Wären beide Fragen identisch, gäbe es kein Kapitalverlustrisiko[115].

Nimmt man nun die beiden gravierenden Nachteile in Kauf, die der Nachweis der Kapitalbindung — anstelle der Aussichten auf Kapitalerhaltung — notwendigerweise in bezug auf die Erfolgsermittlung nach sich zieht, so wäre ein „auf dem Anschaffungspreisprinzip basierender Jahresabschluß ... *ideal,* enthielte die Bilanz keine Sachanlagen und Rückstellungen" und transitorische Rechnungsabgrenzungsposten[116, 117]. Nur hinsichtlich des umformulierten Bilanzzwecks kann Leffson also die retrospektive Abrechnung grundsätzlich[118] für richtig und im besonderen insoweit für problemadäquat halten, als die Vergangenheitswerte eindeutig erfaßbar sind, so daß es bei den drei von ihm genannten Posten nur darum gehen kann, sie nach dem gleichen methodischen Ansatz so zutreffend wie möglich auszuweisen: Unter diesem Aspekt taucht bei Ermittlung der in den *Anlagen* „jeweils noch vorhandenen Nutzungen"[119] das Problem des ‚zwangsweise indirekten Messens' und bei der Schätzung der *Rückstellungen* für den Verbrauch von Umlaufgütern, der der Art nach als vergangene (Teil-)Periodeneinzelkosten durch die abgewickelten Geschäfte zwar bedingt, der Höhe nach aber unsicher ist, die Frage nach dem Gewißheitsgrad der Prognose auf. Der Ansatz der *transitorischen Rechnungsabgrenzungen* ist bei konsequenter Anwendung des Realisationsprinzips dann unproblematisch, wenn Aufwendungen bestimmten, aber am Bilanzstichtag noch nicht eingetretenen Sachverhalten zugeordnet und damit als künftige (Teil-)Periodeneinzelkosten eingestuft werden können. Der Ansatz ist jedoch undurchführbar, wenn sie unter die vergangenen (Teil-)Periodengemeinkosten fallen, weil dann

---

115 Vgl. S. 68.

116 *Leffson* [Jahresabschluß] 384 f. und *Leffson* [Kapitaldispositionsnachweis] 2 (Hervorhebung durch d. Verf.).

117 *Leffson* bezeichnet die Abgrenzungsposten als „Ausgaben, die im Hinblick auf die künftigen Erträge am Absatzmarkt aktiviert werden können", im Gegensatz zu „den Ausgaben, die man vernünftigerweise nicht aktiviert, weil es ungewiß ist, ob hieraus künftige Erfolge resultieren werden". *Leffson* [Kapitaldispositionsnachweis] 2.

118 „Der Sinn ... des Anschaffungspreisprinzips ... wird heute weitgehend verkannt. Viele Betriebswirte halten das Geldwerdungsprinzip für das einzig richtige Prinzip und das Anschaffungspreisprinzip für eine Behelfslösung. Demgegenüber möchte ich die These aufstellen, daß das Anschaffungspreisprinzip ein sinnvolles Bewertungsprinzip ist ... Die Buchführung als nominelle Kontrollrechnung vergleicht immer ex post Auszahlungen mit Einzahlungen, wobei diese Zahlungen nach ganz bestimmten Grundsätzen ordnungsmäßiger Buchführung einander zugeordnet werden. In diesem System kann an die Stelle des Anschaffungspreises letzten Endes kein anderer Wert treten." *Leffson* [Jahresabschluß] 383.

119 *Leffson,* ebenda, 384.

die Dauer der übergeordneten Gesamtperiode unbekannt ist, auf deren einzelne Teilabschnitte sie nach dem Durchschnittsprinzip verteilt werden könnten.

Demgegenüber behauptet Leffson, daß in bezug auf die Abschreibungen, Rückstellungen und Abgrenzungsposten „in den ... Jahresabschluß unvermeidbar *Zukunftserwartungen* und damit Elemente des entgegengesetzten Bilanzprinzips eingehen"[120], wonach „die Einzelwerte der Bilanz aus Zukunftserwartungen abzuleiten" sind[121]. Hierin liegt ein klarer Widerspruch zu dem von Leffson *prinzipiell* bejahten vergangenheitsbezogenen Anschaffungspreisprinzip, den er zwar erkennt und „am Beispiel der Entwicklung einer absatzpolitischen Idee"[122], für deren Konkretisierung in der abgelaufenen Periode Güterverzehr entstanden ist, anschaulich aufzeigt, aber irrigerweise für unvermeidlich hält[123]. Das Dilemma, in das sich Leffson selbst hineinmanövriert, beruht erstens auf der gleichzeitigen Verfolgung der nicht mit einem einzigen Bewertungsansatz zugleich erreichbaren Bilanzzwecke der Kapitalbindung und -erhaltung und zweitens — bei tatsächlicher Ausrichtung der Bilanz auf das zweite entgegen dem postulierten ersten Ziel — auf der Unvereinbarkeit des Anschaffungspreisprinzips als Verfahren der Einzelbewertung mit der bei zukunftsbezogener Abrechnung der Verbrauchsgüter erforderlichen Gesamtbewertung: Wird das Anschaffungspreisprinzip zum Nachweis der Kapital*bindung* verwandt, so ist eine auch nur partiell zukunftsbezogene Betrachtungsweise mit diesem vergangenheitsbezogenen Bilanzzweck grundsätzlich unvereinbar. Er erfordert gleichermaßen die Aktivierung des gesamten, nicht zur Herstellung der abgesetzten Leistungen erforderlich gewesenen Güterverbrauchs wie die Aktivierung aller anderen, bisher in keiner Form transformierten Wirtschaftsgüter. Ob es sich um die exakt zu messende Restmenge an Schrauben oder des nur schätzweise erfaßbaren technischen Restpotentials der Anlagen handelt, immer ist die Frage, wieviel Entgeltausgaben für ihre Anschaffung — tatsächlich oder durchschnittlich — aufzubringen waren,

---

120 *Leffson*, ebenda, 384 (Hervorhebung durch d. Verf.).

121 *Leffson*, ebenda, 382.

122 *Leffson* [Kapitaldispositionsnachweis] 2.

123 „Wegen der Ungewißheit, ob sich die betreffende Idee verwirklichen läßt, wird der gesamte Güterverzehr für das neue Projekt als Aufwand der jeweiligen Periode erfaßt. Das ist nicht konsequent. Die Aufgabe der GuV ist es nämlich, den Erträgen (periodisierten Einnahmen) den zu ihrer Erzielung entstandenen Güterverzehr möglichst exakt als Aufwendungen (periodisierte Ausgaben) gegenüberzustellen. Buchen wir das Äquivalent künftiger Erträge als Aufwand von Vorperioden, so wird der Informationsgehalt der GuV reduziert. Es bleibt uns aber gar nichts anderes übrig, wenn wir nicht eines Tages aktivierten Güterverzehr ausbuchen wollen, weil manchen Ideen ein Erfolg versagt bleibt." Die Aktivierbarkeit erbrachter Vorleistungen wird also „ausschließlich durch die Erwartungen der Unternehmungsleitung bezüglich der Realisierbarkeit und Erfolgswirksamkeit der Idee bestimmt". *Leffson* [Kapitaldispositionsnachweis] 3; vgl. *Münstermann* [Dynamische Bilanz] 529.

unabhängig von der Frage ihrer wirtschaftlichen Verwertbarkeit, so daß unterschiedliche Gewißheitsgrade von hierüber bestehenden Erwartungen irrelevant sind. Soll jedoch das Anschaffungspreisprinzip zwecks Feststellung der Aussichten auf Kapital*erhaltung* modifiziert werden, so sind erstens *sämtliche* vorhandenen und geschuldeten Wirtschaftsgüter mit Zukunftswerten auszuweisen, womit die Anschaffungspreisbilanz wahrlich ihre von Leffson als ‚ideal' eingestufte Eignung verlöre. Und zweitens gelten die bereits vorgebrachten Einwendungen: Zukunftsbezogene Ansätze widersprechen zwar der vergangenheitsorientierten Konzeption des Anschaffungspreisprinzips, sind aber insoweit mit dem ihm adäquaten Einzelbewertungsverfahren methodisch vereinbar, als sie sich selbst isoliert erfassen lassen — was für alle Nichtverbrauchsgüter zutrifft —[124] und etwaige Differenzen zwischen den Zukunfts- und den Vergangenheitswerten gesondert in der Bilanz und der GuV ausgewiesen werden[125]. Die allein problematischen Verbrauchsgüter hingegen lassen sich zukunftsbezogen nur mit Hilfe der mit der Einzelbewertung unverträglichen Gesamtbewertung beurteilen[126].

Da nun für Leffson einerseits „der Zukunftswert als *grundsätzliche* Bewertungsmaxime ausscheidet" und demnach „der Jahresabschluß auf Vergangenheitswerten aufzubauen"[127] ist, andererseits offenbar mit dessen Hilfe eine Aussage über die wirtschaftliche Verwertbarkeit aller jeweils vorhandenen Restmengen intendiert wird, bleibt Leffson nur der Ausweg, die nach Art und Umfang gegebene Eignung der Realgüterbestände zur „Erhaltung der Unternehmung als Produktionsstätte"[128] und damit die *güterwirtschaftliche Voraussetzung der Kapitalerhaltung* zu fingieren[129]. Hierfür spricht auch sein Einwand gegen die von H. Hax und anderen Vertretern der ökonomischen Erfolgskonzeption vorgebrachte Auffassung, „daß zwischen erzieltem Gewinn und ausschüttbarem Gewinn sachliche Unterschiede bestehen oder bestehen können. Sehen wir vom Problem der Geldentwertung ab, so ist ein realisierter

---

124 Vgl. S. 119.

125 Vgl. S. 116.

126 Darauf verweist Leffson zwar bei seiner Kritik an der Vorstellung einzeln erfaßbarer Geldwerdungswerte, indem er die Unlösbarkeit einer mittelbezogenen Zurechnung betont (*Leffson* [Jahresabschluß] 382). Er berücksichtigt aber diesen Umstand nicht bei der Herausarbeitung der Merkmale, von denen er die Aktivierbarkeit des Anlagenpotentials und der Rechnungsabgrenzungsposten abhängig macht: der „wirtschaftlichen" Restnutzungsdauer und der „Erfolgswirksamkeit" der im voraus aufgewandten Ausgaben.

127 *Leffson* [Jahresabschluß] 383.

128 *K. Hax* [Substanzerhaltung] 22.

129 Der gleiche Sachverhalt läßt sich auch entscheidungslogisch formulieren: Will Leffson nicht unterstellen, daß die vorhandenen Mittel in jedem Entscheidungsfeld und unter jeder Zielfunktion den gleichen ökonomischen Nutzen haben, muß angenommen werden, daß der Erwerb der Güter aufgrund eines Entscheidungskalküls vorteilhaft erschien und am Bilanzstichtag Entscheidungsziel und -feld unverändert sind. Vgl. *Käfer* [Zukunftsrechnung] 38.

Gewinn unter der Bedingung *unveränderter Leistungsfähigkeit* der Unternehmung immer ausschüttbar"[130]. Mit dieser Fiktion beseitigt Leffson per definitionem den Unterschied, der bei güterwirtschaftlicher Betrachtung gerade zwischen dem lediglich aufgrund der abgeschlossenen Geschäfte erzielten Gewinn und dem auch unter Berücksichtigung der eingeleiteten Geschäfte ausschüttbaren Gewinn besteht[131]: die Ungewißheit darüber, ob die Bedingung unveränderter Leistungsfähigkeit in der Zukunft gegeben sein wird. Hierüber kann nur eine geschlossene Abrechnung informieren, die eine aus dem Anschaffungspreisprinzip gefolgerte und verabsolutierte Einzelbewertung gerade nicht leisten kann. Leffsons Interpretation der nach dem Anschaffungspreisprinzip gewonnenen Bilanzwerte als Aussage über die Substanzerhaltung führt also letztlich zur gleichen realwissenschaftlich unverbindlichen Behauptung wie Kosiols Fiktion der Nominalkapitalerhaltung.

Schließlich sei immerhin auf die Möglichkeit verwiesen, sich auch ohne die im allgemeinen stillschweigend unterstellten reinen Annahmen aufgrund des — mit Hilfe der Anschaffungspreisbilanz nachweisbaren — „finanziellen und materiellen Aufbau(s) der Unternehmung"[132] indirekt ein pauschales Bild über deren Ertrags- und Finanzkraft zu machen, wenn der Jahresbericht unter Hinzuziehung früherer Abschlüsse, von Branchenkennziffern und konventionalisierten Finanzierungsregeln analysiert wird. Eine derartige Beurteilung erfordert jedoch neben einer tiefen Gliederung nicht nur die Angabe der Mengen- und Preiskomponente der einzelnen Geldausdrücke, sondern verbietet auch aus zurechnungstheoretischen Erwägungen die Addition der den aktiverten halbfertigen und fertigen Erzeugnissen entsprechenden Einzelkosten mit den nach dem Durchschnittskostenprinzip proportionalisierten Gemeinkosten[133]. Denn es darf nicht die *Höhe* der für zulässig gehaltenen Verteilung der (Teil-)Periodengemeinkosten, wonach aus pragmatischen Erwägungen beispielsweise „die abgesetzten Erzeugnisse ... und diejenigen, die auf Lager gegangen sind, gleichmäßig belastet werden"[134], mit der *Art* ihres Ausweises verwechselt werden.

Im Ergebnis läßt sich die Kritik des durch den retrospektiven bilanztheoretischen Lösungsansatz bedingten Anschaffungspreisprinzips folgendermaßen zusammenfassen:

— Dient die Anschaffungspreisbilanz der Feststellung des Umfangs und Zustands der Kapital*bindung*, so wird — wie beim Ausweichen auf eine Finanzflußrechnung — überhaupt *keine* Antwort auf das Bilan-

[130] *Leffson* [Jahresabschluß] 381 (Hervorhebung durch d. Verf.).
[131] Vgl. S. 116 f.
[132] *Leffson* [GoB] 48.
[133] Vgl. S. 113 f.
[134] *Leffson* [GoB] 137.

zierungsproblem gegeben. Die auf diese Weise gewonnene Aussage über den Umfang des investierten Kapitals beinhaltet aber die notwendige Information über die ohne sie unbekannte Höhe des mit Hilfe der eingeleiteten Geschäfte wiederzuerwirtschaftenden Kapitals. Wird die Anschaffungspreisbilanz hingegen zur Ermittlung der Aussichten auf Kapital*erhaltung* verwandt, so gibt sie eine lediglich fiktive und damit *empirisch gehaltlose* Antwort auf das Bilanzierungsproblem. Gemeinsam ist daher beiden Anwendungsweisen des Anschaffungspreisprinzips, methodisch *ungeeignet* für die (bilanz-)zweckadäquate Abrechnung der *schwebenden* Geschäfte und methodisch *überflüssig* für die Abrechnung der *abgeschlossenen* Marktumsatzprozesse zu sein.

Da nun hinsichtlich der dem Bilanzierungsproblem allein relevanten Kapitalerhaltung das Realisationsprinzip als Grundlage für die Bewertung der schwebenden Geschäfte prinzipiell ungeeignet ist, die unterschiedlichen Bewertungsregeln der traditionellen Bilanztheorien jedoch auf ihm als gemeinsamen systembildenden Element fußen, läßt sich unschwer ihre Aussagekraft global einschätzen:

— Das von Schmalenbach in der *dynamischen* Bilanz mit Vorsichtserwägungen[135] faktisch befürwortete Imparitätsprinzip ist zwar bei Beibehaltung der Einzelbewertung zurechnungstheoretisch unhaltbar, da sich grundsätzlich keine und damit auch keine unrealisierten negativen Erfolgsbeiträge einzelner Vorratsgüter erfassen lassen[136], intendiert aber die Berücksichtigung der allein relevanten *zukünftigen* Erfolgsentwicklung.

— F. Schmidts *organische Tageswert*bilanz ist materiell bereits im Ansatz verfehlt, weil sie nicht von der — entsprechend der Höhe[137] des eingesetzten Kapitals — realisierbaren Wiederbeschaffung des Vermögens durch die künftig erzielbaren Umsatzeinnahmen, sondern von seiner fiktiven Wiederbeschaffung zu den *gegenwärtig* geltenden Tagespreisen ausgeht. F. Schmidt kommt aber das Verdienst zu, das Verfahren aufgezeigt zu haben, mit dessen Hilfe die Wertdifferenzen, die aus Abweichungen zwischen den die Kapitalbindung anzeigenden fortgeführten Anschaffungspreisen und den die Kapitalerhaltung — empirisch gehaltlos — ausdrückenden Tagesbeschaffungspreisen resultieren, ohne Beeinträchtigung der Information über den realisierten Erfolg verrechnet werden können.

---

135 Vgl. *Schmalenbach* [Dynamische Bilanz] 85 ff.

136 Vgl. *Leffson* [GoB] 185 u. 198; vgl. S. 57.

137 Wesentlich ist allein der wiederzuerwirtschaftende *Umfang* des eingesetzten Kapitals, nicht die Wiederbeschaffung der gleichen Vermögensgegenstände. Zur anscheinend *dualistischen* Konzeption F. Schmidts vgl. Teil 2, III, Fn. 5.

— Die mit Hilfe von Kosiols *pagatorischer* Bilanz gewonnene Aussage über die Nominalkapitalerhaltung ist schließlich materiell genauso verfehlt wie F. Schmidts Vorstellung über die Substanzerhaltung, ohne wenigstens formal zur Lösung des Bilanzierungsproblems beizutragen; denn sie ist ein logisch geschlossenes System reiner Annahmen, denen zufolge die Aussage über die Kapitalerhaltung identisch ist mit der über die Kapitalbindung. Die pagatorische Bilanz stellt sogar insofern einen *Rückschritt* in der bilanztheoretischen Entwicklung dar, als sie dem von Schmalenbach intuitiv richtig erkannten Charakter aller Nichtgeldbestände als schwebender Geschäfte in bezug auf die monetäre Deutung der Realgüter nicht einmal formal gerecht wird.

III. Die Beurteilung der bilanztheoretischen Konzeptionen

Die vorstehende Kritik der ökonomischen und traditionellen bilanztheoretischen Konzeption hatte zum Anliegen, ihren realwissenschaftlichen Aussagegehalt in bezug auf den allen Bilanztheorien gemeinsamen Rechnungszweck festzustellen. Es war also zu prüfen, inwieweit ein nach den jeweiligen Bilanzierungsregeln aufgestellter Periodenabschluß über alle vergangenen und künftigen monetären Folgen der gesamten in der Kontrollperiode stattgefundenen Betriebsgebarung zu informieren vermag. Dabei stellten sich sowohl logisch falsche wie empirisch gehaltlose Aussagen heraus. Die empirische Relevanz wurde aus der Sicht der prinzipiell vorhandenen Möglichkeiten zur Bildung realitätsnaher Hypothesen beurteilt, so daß eine Abrechnungsvorschrift erst dann als mangelhaft einzustufen war, wenn ein nach ihr aufgestellter Periodenabschluß dem *erreichbaren* Informationsniveau nicht gerecht wird. Hieraus folgt der Bewertungsmaßstab für die beiden bilanztheoretischen Konzepte: Ihr Aussagewert bestimmt sich nicht nach ihrer Mangelhaftigkeit als solcher, sondern nach ihrer Eignung, die system*endogene* Beseitigung mangelhafter Abrechnungsregeln zuzulassen, d. h. nach ihrer systembedingten Anpassungsfähigkeit an den realtheoretisch durchführbaren, dem Bilanzzweck am nächsten kommenden Ansatz zur Lösung des Bilanzierungsproblems. Dies beurteilen zu können setzt die Kenntnis der Struktur des ökonomischen und traditionellen Lösungsansatzes einerseits und des bestmöglichen Ansatzes andererseits voraus.

A. Die systembedingten Anpassungsgrenzen der Konzeptionen

Die vorhandenen Bilanzkonzeptionen sind von dem Gedanken getragen, der als Periodisierungsfrage auftretenden Zurechnungsproblematik gerecht zu werden. Unstrittig ist, daß einzelnen Produktionsfaktoren als den Mitteln des Kombinationsprozesses keine Einnahmen oder Güterentstehungen und damit keine Erfolgsbeiträge verursachungsgemäß zugerechnet werden können. Bezogen auf den Periodenabschluß als Globalmodell, bedeutet diese Feststellung, daß die vergangenheitsbedingten Entgelteinnahmenerwartungen nicht von den zukunftsbedingten Erwartungen getrennt werden können. Durchführbar, und das auch nur begrenzt, ist allein die zweckbezogene Periodisierung mit Hilfe des Realisationsprinzips: Zurechnung von Erfolgsbeiträgen auf die in einem bestimmten Zeitraum zum Abschluß gelangenden Marktumsatzprozesse[1].

Hinsichtlich der Zurechnungsproblematik bieten sich daher zwei Lösungen an:

— entweder Akzeptierung der unvollkommenen, aber operationalen zweckbezogenen Zurechnung, was eine *Unter*erfüllung des Bilanzzwecks der vollständigen Erfolgsermittlung bedeutet, da nur die bis zum Bilanzstichtag abgeschlossenen Geschäfte abgerechnet werden können;

— oder Verzicht auf jegliche Form einer zurechnungstheoretischen Periodenabgrenzung zugunsten der Ermittlung des im überschaubaren Zeitraum erwarteten Gesamtüberschusses, was eine *Über*erfüllung des Bilanzzwecks bedeutet, da auch die erst einzuleitenden Geschäfte erfaßt werden. Daher ist der Gesamtüberschuß irgendwie auf die abgelaufene Teil- bzw. Kontrollperiode und die ausstehende Rest- bzw. Planungsperiode zu verteilen.

Die zurechnungstheoretisch begründete Alternative impliziert im ersten Fall unmittelbar einen *Abgrenzungs*grundsatz, nämlich das Realisationsprinzip in bezug auf die Erfassung der bis zum Bilanzstichtag stattgefundenen Güterbewegungen (retrospektive Abrechnung) und im zweiten Fall eine *Bewertungs*methode, nämlich das Prinzip des Gesamtvergleichs der am Bilanzstichtag schwebenden Geschäfte im Rahmen alternativer geschlossener Aktionsprogramme (prospektive Abrechnung). Wird nun aus dem Abgrenzungsverfahren zugleich das Bewertungsprinzip für die eingeleiteten Geschäfte deduziert oder umgekehrt aus diesem sekundär das Kriterium zur Abgrenzung des Kontroll- vom Planungsgegenstand gewonnen, so kann von einer *monistischen* Struktur[2] des bilanztheoretischen Ansatzes zur Lösung des Bilanzierungsproblems gesprochen werden. Denn seinen Merkmalen zufolge scheint er zwar durch zwei Prinzipien gekennzeichnet zu sein, von denen die Abgrenzungs- und Bewertungsregeln abgeleitet werden, methodologisch ist er aber derart beschaffen, daß sich jeweils einer der beiden Grundsätze auf

---

[1] Vgl. S. 60 f.

[2] Mit Kosiol kann unter „Struktur ... die Gesamtheit der Eigenschaften und Relationen der betrachteten Elemente" einer Theorie verstanden werden. *Kosiol* [Unternehmung] 209; vgl. *Kosiol* [Unternehmensforschung] 755.

den anderen reduzieren läßt. In diesem Fall weist also die betreffende Bilanztheorie nur ein *einziges* systembildendes Element auf. Demgemäß liegt dann ein ***dualistisches*** Ableitungssystem vor, wenn Abbildungs- und Periodisierungsvorschrift auf zwei *voneinander unabhängigen* Prinzipien beruhen.

Betrachtet man unter diesem methodologischen Gesichtspunkt die traditionelle und ökonomische Erfolgskonzeption, so wird ihr monistischer Formalaufbau deutlich erkennbar: Die traditionellen Bilanztheorien basieren auf dem Realisationsprinzip, das unmittelbar die Zuordnung der verbrauchten *Güter*mengen[3] bzw. der ihnen entsprechenden Entgeltausgaben zu den abgesetzten Leistungen bzw. erzielten Entgelteinnahmen regelt. Daraus wird mittelbar[4] der Grundsatz über die Abrechnung der schwebenden Geschäfte abgeleitet, wonach — je nach Modifizierung — die restlichen Gütermengen mit An- bzw. Beschaffungspreisen abzubilden sind. Die ökonomische Erfolgskonzeption beruht auf dem Prinzip der (Unternehmungs-)Gesamtbewertung, womit primär der Gesamterfolg der jeweils restlichen Totalperiode und sekundär als gewünschter Anteil am Totalerfolg der (Teil-)Periodenerfolg errechnet wird. Bei präferiertem gleichbleibenden Entnahmestrom ergibt er sich dadurch, daß aufgrund des nähergerückten Unternehmungsendes die zu Beginn der Kontrollperiode erwarteten totalen Zahlungsüberschüsse für eine (Teil-) Periode weniger abgezinst zu werden brauchen.

Erst aufgrund ihrer durch ein einziges, aber unterschiedliches Abrechnungsprinzip gekennzeichneten Formalstruktur können die traditionelle und die ökonomische Erfolgskonzeption als einheitlich vergangenheits-

---

[3] „Dem Aufwand liegt stets ein naturaler Verzehr an Real- oder Nominalgütern zugrunde, der zunächst *mengenmäßig* zu erfassen ist." *Kosiol* [Aufwand] 281; vgl. S. 58 f. und Teil 1, III, Fn. 62.

[4] „Daß die Bilanzgegenstände in den Jahresabschluß zu Anschaffungs- oder Herstellungskosten und nicht zu Substitutionswerten eingestellt werden, ist die *Konsequenz* des Realisationsprinzips. Jede Bewertung zu Markt- oder Wiederbeschaffungspreisen bedeutet daher eine bewußte Durchbrechung dieses Prinzips" (*Leffson* [GoB] 145, Hervorhebung d. d. Verf.) im Sinne einer Modifizierung der *Preis*komponente. Eine abweichende Bewertung führt aber nicht zur Aufgabe der primär geregelten *Gütermengen*zuordnung. Denn es „werden in der ... Realisationsrechnung überhaupt ... nur Mengenveränderungen der Wirtschaftsgüter (berücksichtigt). So sind z. B. Abschreibungen für Maschinen Ausdruck einer Minderung der kapazitiven Nutzungsmenge, die die Maschinen als Einsatzpotential repräsentieren". *Kosiol* [Buchhaltung] 93.

[5] Auch F. Schmidts organischer Tageswertbilanz liegt nicht, wie üblicherweise angenommen (vgl. *Kosiol* [Buchhaltung] 131; *Heinen* [Handelsbilanzen] 57), ein dualistisches, sondern ein *duales* Abrechnungsprinzip (vgl. *Hoffmeister* [Wörterbuch] 178 ff.) zugrunde: Vermögensermittlung neben, aber *ohne* Beeinträchtigung der Erfolgsermittlung. Beide Ziele lassen sich mit einem monistischen Lösungsansatz erreichen:
Den ‚echten' Erfolg der unternehmerischen Tätigkeit sieht F. Schmidt im Umsatzerfolg als der Differenz zwischen Veräußerungs- und Wiederbeschaffungspreisen am Umsatztag (*F. Schmidt* [Tageswertbilanz] 50 ff.). Im Unter-

bezogener[5] und einheitlich zukunftsbezogener bilanztheoretischer Lösungsansatz charakterisiert werden: Das traditionelle Konzept löst die Abgrenzungs- und Bewertungsfrage retrospektiv, umgekehrt beantwortet die ökonomische Konzeption beide prospektiv. Denn als systembildendes Element impliziert der *monistische* Lösungssatz notwendigerweise sowohl die *Länge* der Planungsperiode und damit des *übergeordneten* Abrechnungszeitraumes als auch die *Form* der Bewertung der sich am Bilanzstichtag bildenden Nichtgeldbestände:

Bei *retrospektiver* Abrechnung beträgt die Länge des Planungszeitraumes Null, so daß die Total- bzw. Gesamtperiode als der für die Ermittlung des Teilperiodenerfolges übergeordnete mehrperiodische Abrechnungszeitraum zu *einer* Teilperiode, der abgelaufenen Kontrollperiode, zusammenschrumpft. Dadurch wird unter dem Kontrollaspekt formal die notwendige Bedingung für das sicherste Kontrollmittel geschaffen: die Nachprüfbarkeit von bisher erwarteten Ereignissen. Dem Planungsaspekt vermag aber die aus der monistisch retrospektiven Abrechnungsrichtung folgende (Einzel-)Bewertung als *Gleichnamigmachen* der vorrätigen Gütermengen mit irgendwie gegebenen An-, Beschaffungs- oder Veräußerungspreisen bereits formal nicht gerecht zu werden. Das bedeutet, daß mit dem retrospektiven Periodisierungsschnitt von vornherein darauf verzichtet werden muß, eine dem Charakter der schwebenden Geschäfte adäquate Aussage machen zu können.

Die auf den Anfang der abgelaufenen Teilperiode rückwirkend vorgenommene *prospektive* Abrechnung setzt voraus, daß der übergeordnete Abrechnungszeitraum *mehrere* Teilperioden umfaßt, nämlich zumindest die Kontroll- und die Planungsperiode. Dadurch wird formal die Bedingung für die (Gesamt-)Bewertung als *zielbezogene* Erfassung und Einstufung der aus dem Einsatz des gegenwärtigen Produktionsapparates resultierenden Konsequenzen erfüllt. Dabei ist es unter dem Planungsaspekt unerheblich, ob sich der übergeordnete Abrechnungszeitraum auf die restliche Totalperiode erstreckt oder nicht: Zwecks zu-

---

schied zum Anschaffungspreisprinzip tritt F. Schmidt also für eine andere *Preis*komponente der die Güter*verbräuche* abbildenden Geldausdrücke ein: den am Tage der Absatzrealisation geltenden Beschaffungspreis. Damit korrespondiert der von F. Schmidt für richtig gehaltene Ansatz des am Bilanzstichtag vorhandenen Vermögens: Unter der Annahme einer fiktiven Ersatzbeschaffung sind die Nichtgeldbestände mit den am Bilanzstichtag herrschenden Tagesbeschaffungspreisen abzubilden. Die sich hieraus ergebenden Differenzen zwischen Anschaffungs- und Tagesbeschaffungspreisen sind als noch nicht realisierte Erhöhung bzw. Verminderung künftiger negativer Erfolgskomponenten erfolgsrechnerisch auf dem Konto ‚Wertänderungen am ruhenden Vermögen' zu neutralisieren.

Diese erfolgs*neutrale* Verrechnung unrealisierter Bewertungsdifferenzen wird erst und allein aus der *monistisch* bzw. organisch auf das Realisationsprinzip abgestellten Struktur der von F. Schmidt vertretenen [Tageswert-] Bilanztheorie heraus verständlich.

treffender Beurteilung der Handlungskonsequenzen muß allein gewährleistet sein, daß grundsätzlich alle zugänglichen Informationen verwertet werden, die Planungsperiode sich also mit dem maximal insgesamt überschaubaren Zeitraum deckt. Daraus folgt, daß entsprechend dem nach Ablauf der Kontrollperiode weitergerückten ökonomischen Horizont die Planungsperiode um eine Teilperiode auszudehnen ist. Dieses Verfahren widerspricht aber der aus dem Kontrollaspekt sich herleitenden Formalanforderung an die (Unternehmungs-)Gesamtbewertung: Nur dann, wenn der dem zu kontrollierenden Plan zugrunde liegende ökonomische Horizont im Zeitablauf näherrückt, also für die Abrechnung *nicht* herausgeschoben wird, läßt sich über die Gesamtheit der zu Periodenbeginn prognostizierten Ereignisse am Periodenende eine grundsätzlich zutreffendere Voraussage gewinnen, da ceteris paribus mit der abnehmenden Länge des betrachteten Raum-Zeit-Bereichs der Sicherheitsgrad von Prognosen zunimmt. Also vermag die prospektive Kontrolle allein der extremen Situation formal gerecht zu werden, in der ökonomischer Horizont und Unternehmungsende von Planungsbeginn an zusammenfallen. In diesem Fall genügt die monistisch prospektive Abrechnung *zugleich* der Planungs- und der Kontrollbedingung: Die *abnehmende* Restdauer gleicht dem jeweils *maximal* überschaubaren Zeitraum.

Mit der Herausarbeitung der prinzipiellen Mängel monistisch aufgebauter Abrechnungsregeln sind zugleich die systemimmanenten Grenzen aufgezeigt, innerhalb derer die bei der Kritik der Bilanztheorien festgestellten logisch falschen und empirisch gehaltlosen Aussagen korrigiert werden können: Die Konzeptionen lassen sich nur im Rahmen des methodisch adäquat behandelten Teils des gesamten Abrechnungsgegenstandes dem realtheoretisch fundierbaren Aussagenbereich anpassen. Diesen ganz auszuschöpfen vermag allein ein *dualistisch* aufgebauter Abschluß: Die Abrechnung der abgeschlossenen Geschäfte verlangt das Realisationsprinzip, und die Abrechnung der eingeleiteten Marktumsatzprozesse macht die Methode des Gesamtvergleichs notwendig. Keines der beiden Prinzipien läßt sich jedoch auf das andere zurückführen.

B. Ergebnis: Der Aussagewert der Konzeptionen

Infolge ihrer monistischen Struktur vermögen beide konträren bilanztheoretischen Konzeptionen immer nur einem Teil des allen gemeinsamen Bilanzzwecks methodisch gerecht zu werden: das ökonomische Konzept der Abrechnung der schwebenden Geschäfte und die traditionelle Konzeption der Abrechnung der abgewickelten Geschäfte. An der Bewältigung des Gegenstandsbereichs hingegen, über den die eine Bilanztheorie informative Aussagen erlaubt, scheitert die andere methodisch im Ansatz und umgekehrt. In bezug auf die realtheoretisch möglichen Aussagen über den Erfolg der in der Kontrollperiode stattgefundenen Unternehmungstätigkeit weisen demnach beide Bilanzkonzepte *systembedingt nur eine beschränkte Anpassungsfähigkeit* auf.

Systemimmanent korrigierbar sind folgende fehlerhafte Abrechnungsregeln:

(1) Die Vertreter der ökonomischen Erfolgskonzeption gehen bei der Bewertung der sich im Planungshorizont bildenden Restbestände davon aus, daß mit deren Hilfe in der Zeit danach nicht nur — wie die von ihnen kritisierten traditionellen Bilanztheoretiker in bezug auf den Bilanzstichtag unterstellen — die anteilige Kapitalerhaltung, sondern darüber hinaus ein Mindestgewinnbeitrag je gebundener Kapitaleinheit in Höhe des externen bzw. internen Kalkulationszinsfußes realisiert wird, wofür D. Schneider groteskerweise Vorsichtserwägungen anführt. Diese Behauptung steht zwar im Widerspruch zu der durch den ökonomischen Horizont begrenzten Sichtweite, folgt aber nicht aus dem methodisch richtigen Verfahren des Gesamtvergleiches und kann daher systemendogen durch eine empirisch gehaltvolle Hypothese ersetzt werden: die Möglichkeit, im Planungshorizont eine Entscheidungsrevision ohne finanzielle Einbußen durchführen zu können. Sie verlangt, die Restbestände mit Veräußerungspreisen zu bewerten.

(2) Die Vertreter der traditionellen Bilanztheorien leiten aus dem Realisationsprinzip Abrechnungsregeln ab, die formal den monetären Netto-Erfolg der abgeschlossenen Marktumsatzprozesse zu ermitteln erlauben. Dabei sollen über die zu- und abgeflossenen Entgeltzahlungen als dem unmittelbaren Meßziel zugleich die güterwirtschaftlichen Prozesse als mittelbarer Rechnungsgegenstand erfaßt werden. Mit den meisten Güterverbräuchen sind jedoch überhaupt keine gegenläufigen Entgeltausgaben verbunden, so daß sich das Verhältnis unter den realen Bedingungen in bezug auf die problematische Erfassung der negativen Erfolgskomponenten umdreht: Unmittelbar müssen die Güterverbräuche und mittelbar die ihnen entsprechenden Entgeltausgaben gemessen werden. Da die Verbräuche der unteilbaren Güter selbst nur schätzweise oder fiktiv erfaßbar sind, muß die Aussage über die abgewickelten Geschäfte entweder auf einen sehr unvollständigen homogenen *finanz*wirtschaftlichen oder einen weniger unvollständigen — jedoch dem monetären Bilanzzweck widersprechenden — homogenen *güter*wirtschaftlichen *Brutto*-Erfolg der abgeschlossenen Marktumsatzprozesse beschränkt werden. Für die Ermittlung beider Varianten ist das Realisationsprinzip methodisch zwar das geeignete Mittel, es impliziert aber ohne prospektive Abrechnung der eingeleiteten Geschäfte eine tendenziell *zu günstige* Information über die abgewickelten Geschäfte. Denn

ihm gemäß sind alle zur Hervorbringung der abgesetzten Produkte nicht erforderlichen Güterverbräuche rechnerisch ‚aufzubewahren', es sei denn, ihre künftigen negativen Konsequenzen wären bereits am Bilanzstichtag bekannt. Damit wird notwendigerweise unterstellt, daß sich im Umfang der aktivierten Güterverbräuche die stattgefundenen kombinativen Vorleistungen künftig positiv erfolgswirksam auswirken, obwohl hierüber aufgrund der retrospektiven Abrechnungsrichtung nichts ausgesagt werden kann.

Anders stellen sich die aus dem monistischen Lösungssatz abgeleiteten mangelhaften Abrechnungsregeln dar, die auf einer methodisch bedingten allgemeinen Irrealprämisse beruhen oder einen Raum-Zeit-Bereich betreffen, über den zu reden bereits formal aufgrund des einschränkenden Periodisierungsschnittes ausgeschlossen ist. Diese Abrechnungsregeln sind *systembedingt nicht korrigierbar* und führen daher notwendigerweise zu empirisch gehaltlosen und somit unüberprüfbaren oder zu logisch unzulässigen Aussagen.

Nicht systemimmanent korrigierbare realtheoretisch unverbindliche oder irrelevante Informationen implizieren die ökonomische und traditionelle Erfolgskonzeption hinsichtlich der folgenden Teilbereiche des Bilanzierungsproblems:

(1) Als monistisch prospektives „*Kontroll*instrument für die unternehmerischen Gewinnerwartungen"[6] ist die Bilanz in allen praktisch relevanten Fällen ungeeignet. Denn die ihr notwendigerweise zugrunde zu legende Annahme, daß der Unternehmungsgesamtwert sich von Anfang an für die jeweils restliche Totalperiode ermitteln läßt, so daß mit abnehmender Restdauer die Prognosen des totalen Zahlungsstroms immer zutreffender werden, entspricht nur extremen realen Situationen: etwa dem Fall einer ‚Unternehmung auf Zeit'. In allen typischen Situationen, in denen das Unternehmungsende hinter dem ökonomischen Horizont liegt, stehen die Anhänger der ökonomischen Konzeption vor folgendem Dilemma: unter dem Planungsaspekt den Prognosezeitraum so weit ausdehnen zu müssen, wie eine geschlossene Planung noch möglich erscheint, unter dem Kontrollaspekt hingegen den ökonomischen Horizont, der dem zu Periodenbeginn aufgestellten Unternehmungsplan zugrunde liegt, festzuhalten, um Voraussagen mit geringerer Ungewißheit gewinnen zu können. Da nun der auf die abgelaufene Kontrollperiode entfallende Teil des jeweils restlichen Totalerfolgs von dessen Höhe abhängt und diese grundsätzlich gleich ungewiß ist, scheitert die ökonomische Konzeption *material* in bezug auf den *gesamten* Bilanzzweck.

---

[6] *H. Koch* [Optimalitätskriterium] Fußnote 42 zu 405 (Hervorhebung durch d. Verf.).

(2) Die traditionelle Konzeption ist in bezug auf den *Teil*zweck, Rechenschaft über die Aussichten auf Kapitalerhaltung mit Hilfe der eingeleiteten Marktumsatzprozesse zu ermöglichen, bereits *formal* ungeeignet. Denn dieser Zweck verlangt, „Zukunftswerte an Stelle von fortgeführten Anschaffungswerten ... in den Jahresabschluß einzustellen“[7], was jedoch der monistischen Realisationsrechnung widerspricht. Ungeachtet der künftigen Erfolgswirksamkeit kann daher über die schwebenden Geschäfte — im Rahmen des sich jeder Erfolgskonzeption stellenden Meßproblems — lediglich ausgesagt werden, wieviel Entgelt- und Kreditausgaben mit dem Güterzufluß und der Güterentstehung in der Vergangenheit verbunden waren und wie hoch demnach die Kapital*bindung* am Bilanzstichtag ist. Damit wird gegen den Bilanzzweck der monetären Abrechnung der *gesamten* in der Kontrollperiode stattgefundenen Unternehmungstätigkeit verstoßen, wobei es unerheblich ist, ob der Bilanzzweck dem *Umfang* nach verfehlt wird, indem allein der *Geld*erfolg der abgeschlossenen Marktumsatzprozesse ermittelt wird, oder ob dem *Inhalt* nach gegen den Rechnungszweck verstoßen wird, indem sich der Erfolg der abgewickelten und schwebenden Geschäfte als Saldo heterogener, nämlich finanz- und güterwirtschaftlicher Größen errechnet.

Damit können die beiden konträren Grundkonzeptionen und die aus ihnen abgeleiteten Varianten global in bezug auf ihren Aussagewert als eine der *Kontrolle* dienende Periodenabschlußrechnung beurteilt werden:

(1) Die traditionelle verdient gegenüber der ökonomischen Konzeption den Vorzug, da das Realisationsprinzip zumindest partiell dem Bilanzzweck gerecht wird, indem es die Ermittlung eines Brutto-Erfolgs der abgeschlossenen Geschäfte erlaubt, während die Methode des Gesamtvergleichs bei im Zeitablauf mitwanderndem Planungshorizont als Kontrollverfahren grundsätzlich ungeeignet ist.

(2) Unter den traditionellen Bilanztheorien ist die von Kosiol als ‚pagatorische Bilanz‘ bezeichnete Anschaffungspreisbilanz vorzuziehen. Denn, entkleidet ihrer irrealen Aussagen über die Kapitalerhaltung selbst (Kosiol) bzw. über deren güterwirtschaftliche Voraussetzung (Leffson), erlaubt sie die Feststellung der Kapitalbindung und beantwortet damit die dem Nachweis der Kapitalerhaltungsaussichten vorangehende Frage, wieviel in Nichtgeldbeständen gebundenes Geldkapital durch künftige Entgelt- und Krediteinnahmen freizusetzen ist, worüber dann allein eine Planungsrechnung informieren kann.

Da aber mit einer monistischen Bilanztheorie in jedem Fall ein Informationsverzicht verbunden ist, erscheint der *dualistisch retrospektive*

---

[7] *Leffson* [Jahresabschluß] 386.

und prospektive Lösungssatz als optimal mögliche Antwort auf das Bilanzierungsproblem: Es sind isoliert voneinander eine mehrperiodische Planungsrechnung rückwirkend zum Beginn der Kontrollperiode und eine einperiodische Kontrollrechnung zum Periodenende aufzustellen. Mit Hilfe der ersten kann der auf das am Bilanzstichtag gebundene Kapital *durchschnittlich* entfallende Anteil am erwarteten Gesamterfolg ermittelt werden, und mit Hilfe der zweiten läßt sich der der Kontrollperiode *realisations*gemäß zuzurechnende Teil des Gesamterfolgs erfassen. Die Differenz zwischen der Summe der Anschaffungspreise und dem Unternehmungsgesamtwert ist, getrennt in den auf die Kontrollperiode und den auf die Planungsperiode entfallenden Teil des erwarteten Gesamterfolgs, gemäß der von F. Schmidt vorgeschlagenen Verrechnungsmethode in bezug auf den realisierten Teilerfolg zu neutralisieren.

Literaturverzeichnis

Abkürzungen

BFuP	=	Betriebswirtschaftliche Forschung und Praxis
Diss.	=	Dissertation
Fn.	=	Fußnote
Handwörterbuch, Bd I	=	Handwörterbuch der Betriebswirtschaft, 3. Aufl., Hrsg.: Hans Seischab und Karl Schwantag, Band I, Stuttgart 1956
Bd II	=	Handwörterbuch der Betriebswirtschaft, 3. Aufl., Hrsg.: Hans Seischab und Karl Schwantag, Band II, Stuttgart 1958
Bd III	=	Handwörterbuch der Betriebswirtschaft, 3. Aufl., Hrsg.: Hans Seischab und Karl Schwantag, Band III, Stuttgart 1960
Bd IV	=	Handwörterbuch der Betriebswirtschaft, 3. Aufl., Hrsg.: Hans Seischab und Karl Schwantag, Band IV, Stuttgart 1962
Organisation und Rechnungswesen	=	Organisation und Rechnungswesen, Festschrift für Erich Kosiol, Hrsg.: Erwin Grochla, Berlin 1964
S.	=	Seite; dadurch allein Kennzeichnung der Querverweise auf die vorliegende Arbeit
ZfB	=	Zeitschrift für Betriebswirtschaft
ZfbF	=	Schmalenbachs Zeitschrift für betriebswirtschaftliche Forschung. Geänderter Titel der Zeitschrift für handelswissenschaftliche Forschung (ab 1964)
ZfhF	=	Zeitschrift für handelswissenschaftliche Forschung (Herausgabe als Neue Folge ab 1949)

Adam, Dietrich: [Restwerte] Die Bedeutung der Restwerte von Investitionsobjekten für die Investitionsplanung in Teilperioden, in: ZfB 1968, S. 391 - 408.

[AktG] Aktiengesetz vom 6. 9. 1965 (BGBl. I S. 1089).

Albach, Horst: [Investition] Investition und Liquidität, Wiesbaden 1962.

— Kapitalbindung und optimale Kassenhaltung, in: Finanzierungshandbuch, Hrsg.: Hans Janberg, Wiesbaden 1964, S. 361 - 413.

— Das optimale Investitionsbudget bei Unsicherheit, in: ZfB 1967, S. 503 - 518.

— Rentabilität und Sicherheit als Kriterien betrieblicher Investitionsentscheidungen, in: ZfB 1960, S. 583 - 599 u. S. 673 - 682.

— [Synthetische Bilanztheorie] Grundgedanken einer synthetischen Bilanztheorie, in: ZfB 1965, S. 21 - 31.

Albert, Hans: Modell-Platonismus, in: Logik der Sozialwissenschaften, Hrsg.: Ernst Topitsch, Köln-Berlin 1965, S. 406 - 434.

— Probleme der Theoriebildung, in: Theorie und Realität, Hrsg.: Hans Albert, Tübingen 1964, S. 3 - 70.

— [Prognose] Theorie und Prognose in den Sozialwissenschaften, in: Logik der Sozialwissenschaften, Hrsg.: Ernst Topitsch, Köln-Berlin 1965, S. 126 bis 143.

Antweiler, Bruno: Die dynamische Bilanz. Eine Entgegnung auf das Riegersche Buch, in: ZfhF 1938, S. 119 - 133.

Asztély, S.: [Jahresabschluß] Das Ziel des Jahresabschlusses, in: ZfB 1967, S. 291 - 313.

Barth, Manfred: [Aussagewert] Zum Aussagewert kalkulatorischer Modelle für die unternehmerische Entscheidung, Diss. Freie Universität Berlin 1968.

Bidlingmaier, Johannes: Zielkonflikte und Zielkompromisse im unternehmerischen Entscheidungsprozeß, Wiesbaden 1968.

Börner, Dietrich: [Finanzierungsregeln] Die Bedeutung von Finanzierungsregeln für die betriebswirtschaftliche Kapitaltheorie, in: ZfB 1967, S. 341 bis 353.

Buchner, Robert: Anmerkungen zum Fisher-Hirshleifer-Ansatz der simultanen Bestimmung von Gewinnausschüttungs-, Finanzierungs- und Investitionsentscheidungen, in: ZfbF 1968, S. 30 - 47.

— Das Problem des zieladäquaten Entscheidungskriteriums bei Bestimmung der optimalen Investitionsdauer, in: ZfB 1967, S. 244 - 267.

Busse von Colbe, Walther: [Kapitalflußrechnungen] Aufbau und Informationsgehalt von Kapitalflußrechnungen, in: ZfB 1966, S. 82 - 114.

— Substanzerhaltung, in: HdB, Bd III, Sp. 5310 - 5321.

— Der Zukunftserfolg, Wiesbaden 1957.

Castan, Edgar: Gewinn, in: HdB, Bd II, Sp. 2327 - 2332.

— Wirtschaftlichkeit und Wirtschaftlichkeitsrechnung, in: HdB, Bd IV, Sp. 6366 - 6379.

Chmielewicz, Klaus: Wirtschaftsgut und Rechnungswesen, in: ZfbF 1969, S. 85 - 122.

Coenenberg, Adolf Gerhard: Gewinnbegriff und Bilanzierung, in: ZfbF 1968, S. 442 - 469.

Ehrt, Robert: Die Zurechenbarkeit von Kosten auf Leistungen auf der Grundlage kausaler und finaler Beziehungen, Stuttgart-Berlin-Köln-Mainz 1967.

Endres, Walter: Der erzielte und der ausschüttbare Gewinn der Betriebe, Köln u. Opladen 1967.

Engel, Dieter: Wilhelm Riegers Theorie des „heutigen Wertes“ und sein System der Privatwirtschaftslehre, Diss. Hamburg 1965.

Engels, Wolfram: [Bewertungslehre] Betriebswirtschaftliche Bewertungslehre im Licht der Entscheidungstheorie, Köln u. Opladen 1962.

— [Bilanz] Bilanz und statistische Entscheidungstheorie, in: BFuP 1962, S. 696 - 711.

Feuerbaum, Ernst: Die dynamische Bilanz und dynamische Wirtschaftsverhältnisse, in: ZfbF 1966, S. 554 - 562.

— Die Konzeption der dynamischen Bilanz aus heutiger Sicht, in: Der Betrieb 1966, S. 1697 - 1704.

— Notwendigkeit und Methoden der Substanzrechnung, in: ZfbF 1967, S. 172 bis 184.

Fischer, Otfried: Neuere Entwicklungen auf dem Gebiet der Kapitaltheorie, in: ZfbF 1969, S. 26 - 42.

Flohr, Günter: Die Zeitraumbilanz, Berlin 1963.

Frese, Erich: Kontrolle und Unternehmungsführung, Wiesbaden 1968.

— Prognose und Anpassung, in: ZfB 1968, S. 31 - 44.

Ganske, Herbert: Investitionstheorie und ökonomische Realität, in: ZfB 1966, S. 381 - 402.

Geibel, Johannes: Die bilanzielle Behandlung von Leerkosten in kostentheoretischer Sicht, in: ZfB 1965, S. 237 - 247.

Gnam, Arnulf: Die Bilanzformel. Zugleich eine Lehre von der Parallelität der Bilanzerscheinungen, in: ZfhF 1954, S. 29 - 35.

— Einnahmen und Ausgaben als Bilanzkriterien, in: Steuer und Wirtschaft, Teil I, München 1955, Sp. 237 - 252, 305 - 318.

Göppl, Hermann: [Rechnungslegung] Die Gestaltung der Rechnungslegung von Aktiengesellschaften unter Berücksichtigung der neueren bilanztheoretischen Diskussion, in: Die Wirtschaftsprüfung 1967, S. 563 - 574.

Grochla, Erwin: [Modelle] Modelle als Instrumente der Unternehmungsführung, in: ZfbF 1969, S. 382 - 397.

— [Planung] Planung, betriebliche, in: Handwörterbuch der Sozialwissenschaften, 5. Aufl., Hrsg.: Erwin von Beckerath, Herrmann Bente u. a., Stuttgart-Tübingen-Göttingen 1964, Bd. 8, S. 314 - 325.

Gümbel, Rudolf: Die Bilanztheorie Wilhelm Riegers, in: ZfB 1966, S. 333 - 367.

Gutenberg, Erich: [Bilanztheorie] Bilanztheorie und Bilanzrecht, in: ZfB 1965, S. 13 - 20.

— [Produktion] Grundlagen der Betriebswirtschaftslehre. Bd. 1: Die Produktion, 15. Aufl., Berlin-Heidelberg-New York 1969.

— Der Stand der wissenschaftlichen Forschung auf dem Gebiet der betrieblichen Investitionsplanung, in: ZfhF 1954, S. 557 - 574.

— Über einige Fragen der neueren Betriebswirtschaftslehre, in: ZfB 1966, S. 1 - 17.

Hammann, Peter: Entscheidungsmodelle in der betriebswirtschaftlichen Theorie, in: ZfbF 1969, S. 457 - 467.

Hannig, Werner: Die Beurteilung von Entscheidungsbegrenzungen im Möglichkeitenfeld von Unternehmungen, in: ZfbF 1969, S. 468 - 483.

Hartmann, Nicolai: [Teleologisches Denken] Teleologisches Denken, Berlin 1951.

Hauck, Wilhelm Chr.: Bilanztheorien, Bühl-Baden 1933.

Hax, Herbert: [Bewertungsprobleme] Bewertungsprobleme bei der Formulierung von Zielfunktionen für Entscheidungsmodelle, in: ZfbF 1967, S. 749 bis 761.

— [Bilanzgewinn] Der Bilanzgewinn als Erfolgsmaßstab, in: ZfB 1964, S. 642 - 651.

— [Investitions- und Finanzplanung] Investitions- und Finanzplanung mit Hilfe der linearen Programmierung, in: ZfbF 1964, S. 430 - 446.

— Der Kalkulationszinsfuß in der Investitionsrechnung bei unsicheren Erwartungen. Besprechungsaufsatz zu: The Effect of Capital Structure on the Cost of Capital, Englewood Cliffs, N. J., 1963, in: ZfbF 1964, S. 187 - 194.

— Rentabilitätsmaximierung als unternehmerische Zielsetzung, in: ZfhF 1963, S. 337 - 344.

Hax, Karl: [Substanzerhaltung] Die Substanzerhaltung der Betriebe, Köln und Opladen 1957.

Heinen, Edmund: [Einführung] Einführung in die Betriebswirtschaftslehre, Wiesbaden 1968.

— [Handelsbilanzen] Handelsbilanzen, 4., überarbeitete Auflage, Wiesbaden 1968.

— Das Kapital in der Produktions- und Kostentheorie, in: ZfB 1966, S. 53 - 63.

— Das Zielsystem der Unternehmung, Wiesbaden 1966.

Heister, Matthias: Rentabilitätsanalyse von Investitionen, Köln und Opladen 1962.

Hoffmann, Rolf-R.: Beziehungen zwischen Investition und Finanzierung im Bereiche des Betriebs, Berlin 1962.

Hoffmeister, Johannes: [Wörterbuch] Wörterbuch der philosophischen Begriffe, Hrsg.: Hoffmeister, Johannes, 2. Aufl., Hamburg 1955.

Honko, Jaakko: Investitionsentscheidungen und ihre Verbindung mit dem Planungs- und Kontrollprozeß, in: ZfB 1967, S. 423 - 436.

— [Jahresgewinn] Über einige Probleme bei der Ermittlung des Jahresgewinns der Unternehmung, in: ZfB 1965, S. 611 - 642.

Jacob, Herbert: [Gesamtwert] Die Methoden zur Ermittlung des Gesamtwertes einer Unternehmung, in: Finanzierungshandbuch, Hrsg.: Hans Janberg, Wiesbaden 1964, S. 519 - 552.

— [Investitionsplanung] Investitionsplanung mit Hilfe der Optimierungsrechnung, in: Schriften zur Unternehmensführung Bd. 4, Hrsg.: Herbert Jacob, Wiesbaden 1968, S. 93 - 115.

— [Neuere Entwicklungen I] Neuere Entwicklungen in der Investitionsrechnung, in: ZfB 1964, S. 487 - 507.

— [Neuere Entwicklungen II] Neuere Entwicklungen in der Investitionsrechnung (II), in: ZfB 1964, S. 551 - 594.

— Zum Problem der Unsicherheit bei Investitionsentscheidungen, in: ZfB 1967, S. 153 - 187.

— [Zukunftserfolgsbegriff] Der Zukunftserfolgsbegriff und die Verfahren der Unternehmungsbewertung, in: ZfB 1961, S. 231 - 246.

Jaensch, Günter: Betriebswirtschaftliche Investitionsmodelle und praktische Investitionsrechnung, in: ZfbF 1967, S. 48 - 57.

— [Bilanzgewinn] Der Bilanzgewinn in meßtheoretischer Sicht. Besprechungsaufsatz zu: Schulze, Hans-Herbert: Zum Problem der Messung des wirtschaftlichen Handelns mithilfe der Bilanz, Berlin 1966, in: ZfbF 1968, S. 48 - 60.

— [Empfehlungen] Empfehlungen zur Bewertung von ganzen Unternehmungen. Besprechungsaufsatz zu: Viel/Bredt/Renard: Die Bewertung von Unternehmungen und Unternehmungsanteilen, 2. Aufl., Stuttgart 1967, in: ZfbF 1969, S. 643 - 655.

— [Wert und Preis] Wert und Preis der ganzen Unternehmung, Köln u. Opladen 1966.

Jennihsen, Hans-Ferdi: Gewinnmaximierung und Rentabilitätsmaximierung als Ziel erwerbswirtschaftlich orientierter Unternehmungen und die Erreichung dieses Ziels durch optimalen Einsatz des Eigenkapitals, Köln u. Opladen 1967.

Käfer, Karl: Zur Bewertung der Unternehmung als Ganzes, in: Rechnungsführung in Unternehmung und Staatsverwaltung, Festgabe für Otto Juzi, Zürich 1946, S. 71 - 98.

Käfer, Karl: Kapitalflußrechnungen, Stuttgart 1967.
— [Zukunftsrechnung] Die Bilanz als Zukunftsrechnung, Zürich 1962.

Karrenberg, R. u. *Scheer*, A.-W.: [Mathematik] Mathematik für Unternehmer, in: Schriften zur Unternehmensführung Bd. 4, Hrsg.: Herbert Jacob, Wiesbaden 1968, S. 135 - 142.

Kellerer, Hans: Die Berechnung der mittleren Verweildauer, erläutert an betriebswirtschaftlichen Vorgängen, in: ZfhF 1958, S. 141 - 168.

Kemper, Norbert: Interpretation der Bilanztheorie, Diss. Köln 1961.

Kilger, Wolfgang: Zur Kritik am internen Zinsfuß, in: ZfB 1965, S. 765 - 798.

Kink, Kurt: Wertschöpfungsprozeß und Verrechnungslehre, Diss. Basel 1955.

Kirsch, Werner: Die Unternehmungsziele in organisationstheoretischer Sicht, in: ZfbF 1969, S. 665 - 675.

Kloidt, Heinrich: Grundsätzliches zum Messen und Bewerten in der Betriebswirtschaft, in: Organisation und Rechnungswesen, S. 283 - 303.

Koch, Helmut: Besprechung von: Leffson, Ulrich: Die Grundsätze ordnungsmäßiger Buchführung, Düsseldorf 1964, in: ZfB 1967, S. 355 - 357.
— Betriebliche Planung, Wiesbaden 1961.
— Grundprobleme der Kostenrechnung, Köln u. Opladen 1966.
— Die Problematik des Niederstwertprinzips, in: Die Wirtschaftsprüfung 1957, S. 1 - 6, 31 - 35, 60 - 63.
— Zur Problematik des Teilwertes, in: ZfhF 1960, S. 319 - 353.
— [Optimalitätskriterium] Der Begriff des ökonomischen Gewinns — Zur Frage des Optimalitätskriteriums in der Wirtschaftlichkeitsrechnung, in: ZfbF 1968, S. 389 - 441.
— Die Theorie der Unternehmung als Globalanalyse, in: Zeitschrift für die gesamte Staatswissenschaft 1964, S. 385 - 434.
— Über eine allgemeine Theorie des Handelns, in: Zur Theorie der Unternehmung, Festschrift für Erich Gutenberg, Hrsg.: Helmut Koch, Wiesbaden 1962, S. 367 - 424.

Köhler, Richard: Die Prämissen der Vollkosten-Trägerrechnung, in: Neue Betriebswirtschaft 1964, S. 43 - 47.
— Theoretische Systeme der Betriebswirtschaftslehre im Lichte der neueren Wissenschaftslogik, Stuttgart 1966.

Koopmann, Hans-Jürgen: Eine Einführung in die Praxis des Cashflow-Rechnens, in: Neue Betriebswirtschaft 1967, S. 18 - 27.

Kosiol, Erich: [Aufwand] Aufwand, in: HdB, Bd. I, Sp. 280 - 284.
— [Bilanz] Pagatorische Bilanz, in: Lexikon des kaufmännischen Rechnungswesens, 2. Aufl., Hrsg.: Karl Bott, Stuttgart 1956, Bd. 3, Sp. 2085 - 2120.
— [Bilanzreform] Bilanzreform und Einheitsbilanz, 2. Aufl., Berlin-Stuttgart 1949.
— [Buchhaltung] Buchhaltung und Bilanz, 2. überarbeitete Aufl., Berlin 1967.
— Einführung in die Betriebswirtschaftslehre, Wiesbaden 1968.
— Ertrag, in: HdB, Bd. I, Sp. 1686 - 1689.
— Formalaufbau und Sachinhalt der Bilanz. Ein Beitrag zur Bilanztheorie, in: Wirtschaftslenkung und Betriebswirtschaftslehre, Festschrift für Ernst Walb, Leipzig 1940, S. 103 - 132.
— [Grundriß] Grundriß der Betriebsbuchhaltung, 3. Aufl., Wiesbaden 1957.
— [Kostenrechnung] Kostenrechnung, Wiesbaden 1964.
— Kritische Analyse der Wesensmerkmale des Kostenbegriffes — Betriebsökonomisierung durch Kostenanalyse, Absatzrationalisierung und Nach-

wuchserziehung, in: Festschrift für Rudolf Seyffert, Hrsg.: Erich Kosiol und Friedrich Schlieper, Köln u. Opladen 1958, S. 7 - 37.

— [Modellanalyse] Modellanalyse als Grundlage unternehmerischer Entscheidungen, in: ZfhF 1961, S. 318 - 334.

— [Planung] Planung als Lenkungsinstrument der Unternehmungsleitung, in: ZfB 1965, S. 389 - 401.

— [Problematik] Zur Problematik der Planung in der Unternehmung, in: ZfB 1967, S. 77 - 96.

— [Unternehmensforschung] Betriebswirtschaftslehre und Unternehmensforschung, in: ZfB 1964, S. 743 - 762.

— [Unternehmung] Die Unternehmung als wirtschaftliches Aktionszentrum, Hamburg 1966.

Kühnau, Martin: Zur Systematik der Erfolgsbegriffe in den Periodenerfolgsrechnungen der Unternehmung, in: ZfB 1959, S. 77 - 86.

Kuhn, Klaus: Die Bilanz als Führungsinstrument der Unternehmensleitung, in: BFuP 1966, S. 129 - 142.

Langen, Heinz: [Betriebliche Zahlungsströme] Betriebliche Zahlungsströme und ihre Planung in dynamischer Sicht, in: ZfB 1965, S. 261 - 279.

— [Dispositionsrechnung] Grundzüge einer betriebswirtschaftlichen Dispositionsrechnung, in: ZfB 1966, S. 71 - 81.

— [Prognose] Die Prognose von Zahlungseingängen, in: ZfB 1964, S. 289 - 326.

Laux, Helmut: Investitions- und Finanzplanung mit Hilfe von Kapitalwerten, in: ZfbF 1969, S. 43 - 56.

Le Coutre, Walter: Bilanztheorien, in: HdB, Bd. I, Sp. 1153 - 1177.

Leffson, Ulrich: [GoB] Die Grundsätze ordnungsmäßiger Buchführung, Düsseldorf 1964.

— [Jahresabschluß] Wesen und Aussagefähigkeit des Jahresabschlusses, in: ZfbF 1966, S. 375 - 390.

— [Kapitaldispositionsnachweis] Der Ausbau der unternehmerischen Rechenschaft durch vollständigen Kapitaldispositionsnachweis, in: Neue Betriebswirtschaft 1968, S. 1 - 17.

Lehmann, M. R.: Leistungsmessung durch Wertschöpfungsrechnung, Essen 1954.

— Die Quintessenz der Bilanztheorie, in: ZfB 1955, S. 537 - 552 u. S. 669 - 688.

Lehmann, Wolfgang: [Dynamische Bilanz] Die dynamische Bilanz Schmalenbachs, Wiesbaden 1963.

Lipfert, Helmut: [Unternehmensfinanzierung] Optimale Unternehmensfinanzierung, Frankfurt 1967.

Lücke, Wolfgang: Investitionsrechnungen auf der Grundlage von Ausgaben oder Kosten?, in: ZfhF 1955, S. 310 - 324.

Lutz, Benno: Das Rechnungswesen in der Marktwirtschaft und im totalitären Staat, in: ZfB 1965, S. 799 - 817.

Maluck, Manfred: [Funktionen] Funktionen der Eigenkapitaldispositionen im handelsrechtlichen Jahresabschluß, Diss. Saarbrücken 1969.

Matschke, Manfred-Jürgen: Der Kompromiß als betriebswirtschaftliches Problem bei der Preisfestsetzung eines Gutachters im Rahmen der Unternehmensbewertung, in: ZfbF 1969, S. 57 - 77.

Mattessich, Richard: Wertrealismus und Addierbarkeit von Entscheidungswerten im betrieblichen Rechnungswesen, in: ZfB 1964, S. 65 - 75.

Matz, Adolph: Die Kapitalertragszahl, in: ZfB 1964, S. 118 - 129.

Mohr, Herbert: Das Vergleichbarkeitspostulat im Bilanzwesen in Theorie und Praxis, in: Der Betrieb 1967, S. 1185 - 1188.

Moxter, Adolf: Die Bestimmung des Kalkulationszinsfußes bei Investitionsentscheidungen, in: ZfhF 1961, S. 186 - 200.
— Bilanzierung und unsichere Erwartungen, in: ZfhF 1962, S. 607 - 632.
— [Bilanztheorie] Die Grundsätze ordnungsmäßiger Bilanzierung und der Stand der Bilanztheorie, Besprechungsaufsatz zu: Leffson, Ulrich: Die Grundsätze ordnungsmäßiger Buchführung, Düsseldorf 1964, in: ZfbF 1966, S. 28 - 59.
— Der Einfluß von Publizitätsvorschriften auf das unternehmerische Verhalten, Köln u. Opladen 1962.
— [Lineare Programmierung] Lineares Programmieren und betriebswirtschaftliche Kapitaltheorie, Besprechungsaufsatz von: Albach, Horst: Investition und Liquidität. Die Planung des optimalen Investitionsbudgets, Wiesbaden 1962, in: ZfhF 1963, S. 285 - 309.
— Methodologische Grundfragen der Betriebswirtschaftslehre, Köln u. Opladen 1957.
— Offene Probleme der Investitions- und Finanzierungstheorie, in: ZfbF 1965, S. 1 - 10.
— Das optimale Investitionsbudget — Stellungnahme, in: ZfbF 1964, S. 470 bis 473.
— [Präferenzstruktur] Präferenzstruktur und Aktivitätsfunktion des Unternehmers, in: ZfbF 1964, S. 6 - 35.
— Die statische Bilanztheorie, Besprechung von: Handelsgesetzbuch, Großkommentar, 3. Aufl., neubearbeitet von Dieter Brüggemann u. a., Bd. I, Berlin 1967.

Münstermann, Hans: Betriebswirtschaftliche Probleme der Kapitalerhaltung, in: Geschichte und Kapitalwirtschaft, Wiesbaden 1963, S. 63 - 78.
— Diskussionsbeitrag zu: Dynamische Bilanz heute, in: ZfbF 1966, S. 577 - 589.
— [Dynamische Bilanz] Dynamische Bilanz: Grundlagen, Weiterentwicklung und Bedeutung in der neuesten Bilanzdiskussion, in: ZfbF 1966, S. 512 - 531.
— Eiserner Bestand, in: HdB Bd. I, Sp. 1597 - 1608.
— Kongruenzprinzip und Vergleichbarkeitsgrundsatz im Rahmen der dynamischen Bilanzlehre, in: BFuP 1964, S. 426 - 438.
— [Ökonomischer Gewinn] Die Bedeutung des ökonomischen Gewinns für den externen Jahresabschluß der Aktiengesellschaft, in: Die Wirtschaftsprüfung 1966, S. 579 - 586.

Muscheid, Werner: Schmalenbachs Dynamische Bilanz, Köln u. Opladen 1957.

Pohmer, Dieter: Über die Bedeutung des betrieblichen Werteumlaufs für das Rechnungswesen der Unternehmungen, in: Organisation und Rechnungswesen, S. 305 - 349.

Riebel, Paul: [Deckungsbeitragsrechnung] Die Deckungsbeitragsrechnung als Instrument der Unternehmungsführung, vervielfältigtes Manuskript, Frankfurt a. M. 1967.
— [Grundlagen] Grundlagen und Technik der Deckungsbeitragsrechnung, vervielfältigtes Manuskript, Frankfurt a. M. 1967.
— [Relative Einzelkosten] Die Preiskalkulation auf Grundlage von „Selbstkosten" oder von relativen Einzelkosten und Deckungsbeiträgen, in: ZfbF 1964, S. 549 - 612.
— [Verursachungsprinzip] Die Fragwürdigkeit des Verursachungsprinzip im Rechnungswesen, in: Rechnungswesen und Betriebswirtschaftspolitik, Fest-

schrift für Gerhard Krüger, Hrsg: Manfred Layer u. Heinz Strebel, o. O. (Berlin), o. J. (1969), S. 49 - 64.

Rieger, Wilhelm: [Einführung] Einführung in die Privatwirtschaftslehre, 3. Aufl., Erlangen 1964.

— Schmalenbachs dynamische Bilanz, 2. Aufl., Stuttgart-Köln 1954.

Ruchti, Hans: [Bilanz] Bilanz und Investitionen, in: Der Industriebetrieb und sein Rechnungswesen, Festschrift für M. R. Lehmann, Hrsg.: C. E. Schulz, Wiesbaden 1956, S. 32 - 57.

— Erfolgsermittlung und Bewegungsbilanz, in: ZfhF 1955, S. 499 - 520.

Sabel, Hermann: [Wirtschaftlichkeitsrechnungen] Die Grundlagen der Wirtschaftlichkeitsrechnungen, Berlin 1965.

Schäfer, Erich: Die Unternehmung, 6. Aufl., Köln u. Opladen 1966.

— Vom „Mehrwert" zur „Wertschöpfung", in: ZfB 1951, S. 449 - 459.

Schindler, Heinz: Investitionsrechnungen in Theorie und Praxis, 2. Aufl., Meisenheim a. Glan 1963.

Schmalenbach, Eugen: [Dynamische Bilanz] Dynamische Bilanz, 12. Aufl., Köln u. Opladen 1956.

Schmidt, Fritz: [Tageswertbilanz] Die organische Tageswertbilanz, 3. Aufl., Leipzig 1929.

Schmidt, Ralf-Bodo: Die Kapitalerhaltung der Unternehmung als Gegenstand zielsetzender und zielerreichender Entscheidungen, in: Organisation und Rechnungswesen, S. 411 - 440.

— [Wirtschaftslehre] Wirtschaftslehre der Unternehmung, Stuttgart 1969.

Schneider, Dieter: [Ausschüttungsfähiger Gewinn] Ausschüttungsfähiger Gewinn und das Minimum an Selbstfinanzierung, in: ZfbF 1968, S. 1 - 29.

— [Bilanzgewinn] Bilanzgewinn und ökonomische Theorie, in: ZfhF 1963, S. 457 - 473.

— [Diskussionsbeitrag] Diskussionsbeitrag zu: Dynamische Bilanz heute, in: ZfbF 1966, S. 571 - 575.

— Kostentheorie und verursachungsgemäße Kostenrechnung, in: ZfhF 1961, S. 677 - 707.

— [Modellvorstellungen] Modellvorstellungen zur optimalen Selbstfinanzierung, in: ZfbF 1968, S. 705 - 739.

— Die wirtschaftliche Nutzungsdauer von Anlagegütern, Köln u. Opladen 1961.

Schulze, Hans-Herbert: [Messung] Zum Problem der Messung des wirtschaftlichen Handelns mithilfe der Bilanz, Berlin 1966.

Schwarz, Horst: Optimale Investitionsentscheidungen, München 1967.

Schweitzer, Marcell: Grundfragen der betriebswirtschaftlichen Bilanz in methodologischer und entscheidungstheoretischer Sicht, (unveröffentlichte) Habilitationsschrift Freie Universität Berlin 1968.

Seelbach, H.: Entscheidungskriterien der Wirtschaftlichkeitsrechnung, in: ZfB 1965, S. 302 - 315.

Sieben, Günter: Bewertungs- und Investitionsmodelle mit und ohne Kapitalisierungszinsfuß, in: ZfB 1967, S. 126 - 147.

— [Erfolgserhaltung] Prospektive Erfolgserhaltung, in: ZfB 1964, S. 628 - 641.

Stapper, Klaus: [Schwebende Geschäfte] Die Bilanzierung schwebender Geschäfte, Diss. München 1964.

Stützel, Wolfgang: [Bemerkungen] Bemerkungen zur Bilanztheorie, in: ZfB 1967, S. 314 - 340.

Swoboda, Peter: Die Ermittlung optimaler Investitionsentscheidungen durch Methoden des Operations Research, in: ZfB 1961, S. 96 - 103.

Szyperski, Norbert: Einige aktuelle Fragestellungen zur Theorie der Unternehmungsrechnung, in: BFuP 1964, S. 270 - 282.

— [Neuere Bemühungen] Neuere Bemühungen um Grundlegung und Formalisierung der Theorie der Unternehmungsrechnung in den USA, in: BFuP 1964, S. 218 - 228.

— [Problematik] Zur Problematik der quantitativen Terminologie in der Betriebswirtschaftslehre, Berlin 1962.

— Zur Anwendung des Terminus ‚pagatorisch' in: Organisation und Rechnungswesen, S. 351 - 383.

Tallau, Hermann: Der betriebswirtschaftlich-bilanzielle Gewinnbegriff als Grundlage der aktienrechtlichen Gewinnbegriffe Jahresüberschuß und Bilanzgewinn, in: ZfB 1969, S. 187 - 202.

Vollrodt, Werner: Die betriebswirtschaftliche Kostentheorie als Grundlage unternehmerischer Entscheidungen, (unveröffentlichte) Habilitationsschrift Freie Universität Berlin 1964.

— [Cash-Flow-Analyse] Cash-Flow-Analyse, in: Wissenschaftliche Betriebsführung und Betriebswirtschaftslehre, Festschrift für O. R. Schnutenhaus, Hrsg.: Werner Kroeber-Riel u. Carl W. Meyer, Berlin 1969, S. 241 - 250.

— [Erfolgskomponenten] Die pagatorischen Erfolgskomponenten im Blickwinkel der Gewinnmaximierung, in: Organisation und Rechnungswesen, S. 385 - 409.

Walb, Ernst: Finanzwirtschaftliche Bilanz, 3. Aufl., Wiesbaden 1966.

Weber, Karl: Die Aussagefähigkeit empirischer Kostenfunktionen in betriebswirtschaftlicher Sicht, in: ZfB 1967, S. 47 - 74.

Weber, Wilhelm; *Albert*, Hans; *Kade*, Gerhard: Wert, in: Handwörterbuch der Sozialwissenschaften, 5. Aufl., Hrsg.: Erwin von Beckerath, Herrmann Bente u. a., Stuttgart-Tübingen-Göttingen 1961, Bd. 11, S. 637 - 658.

Wesemann, Joachim: Die Problematik der Investitionstheorie — Der investitionstheoretische Ansatz und ein Alternativvorschlag auf der Basis der handlungstheoretischen Konzeption, Diss. Münster 1968.

Wissenbach, Heinz: Die Bedeutung der Finanzierungsregeln für die betriebliche Finanzpolitik, in: ZfbF 1964, S. 447 - 456.

— Betriebliche Kennzahlen und ihre Bedeutung im Rahmen der Unternehmerentscheidung, Diss. Frankfurt 1966.

Witte, Eberhard: [Liquiditätspolitik] Die Liquiditätspolitik der Unternehmung, Tübingen 1963.

Wöhe, Günter: Methodologische Grundprobleme der Betriebswirtschaftslehre, Meisenheim a. Glan 1959.

Literaturnachtrag*

Blumentrath, Ulrich: Investitions- und Finanzplanung mit dem Ziel der Endwertmaximierung, Wiesbaden 1969.

Chmielewicz, Klaus: Integrierte Finanz- und Erfolgsplanung, Stuttgart 1972.

* Nach Abschluß des Manuskripts erschienene Literatur.

Coenenberg, A. G.: Zur Aussagefähigkeit des Return on Investment für betriebliche Planungs- und Kontrollrechnungen, in: management international review 1972, S. 35 - 50.

Engels, Wolfram und *Müller,* Horst: Substanzerhaltung: eine betriebswirtschaftliche Konsumtheorie, in: ZfbF 1970, S. 349 - 358.

Feuerbaum, Ernst: Der Bilanzzweck in der Bilanztheorie, in: Die Wirtschaftsprüfung 1970, S. 426 - 436.

Frey, Günther: Unternehmensbewertung nach dem Gesamtkapitalverfahren, in: Die Wirtschaftsprüfung 1970, S. 33 - 41.

Fudickar, Joachim: Zur Gliederung der betriebswirtschaftlichen Bilanz, Berlin 1971.

Hax, Herbert: Der Einfluß der Investitions- und Ausschüttungspolitik auf den Zukunftserfolgswert der Unternehmung, in: Betriebswirtschaftliche Information, Entscheidung und Kontrolle, Festschrift für H. Münstermann, Hrsg.: Walther Busse von Colbe und Günter Sieben, Wiesbaden 1969, S. 358 - 380.

— Investitionstheorie, 2. Aufl., Würzburg/Wien 1972.

Höffken, Ernst: Substanzerhaltung und ökonomischer Gewinnbegriff, in: BFuP 1970, S. 627 - 638.

Hofmann, Rolf: Bilanzkennzahlen, 2. Aufl., Opladen 1971.

Jacobs, Otto H.: Das Bilanzierungsproblem in der Ertragsteuerbilanz, Stuttgart 1971.

Jacobs, Otto H.; *Greif,* Martin; *Weber,* Dieter: Möglichkeiten und Grenzen der Informationsgewinnung mit Hilfe der Bilanzanalyse, in: Wirtschaftswissenschaftliches Studium 1972, S. 425 - 431.

Jaensch, Günter: Ökonomischer Gewinn oder einkommenstheoretisches Modell? Besprechungsaufsatz zu: Lippmann, Klaus: Der Beitrag des ökonomischen Gewinns zur Theorie und Praxis der Erfolgsermittlung, Düsseldorf 1970; und zu: Wegmann, Wolfgang: Der ökonomische Gewinn, Wiesbaden 1970; in: ZfbF 1972, S. 540 - 546.

Kosiol, Erich: Zur Axiomatik der Theorie der pagatorischen Erfolgsrechnung, in: ZfB 1970, S. 135 - 162.

— Zur Theorie und Systematik des Rechnungswesens, in: Analysen zur Unternehmenstheorie, Festschrift für L. Illetschko, Hrsg.: Karl Lechner, Berlin 1972, S. 133 - 147.

Kühnemund, Klaus: Bikausale Deckungsbeitragsrechnung — ein neues Konzept der Kostenrechnung, Frankfurt/Zürich 1971.

— Zur Diskussion des Kausalitätsprinzips im Rechnungswesen, in: BFuP 1970, S. 237 - 243.

Laux, Helmut und *Franke,* Günter: Der Erfolg im betriebswirtschaftlichen Entscheidungsmodell, in: ZfB 1970, S. 31 - 52.

Leffson, Ulrich: Cash Flow — weder Erfolgs- noch Finanzierungsindikator, in: Aktuelle Fragen der Unternehmensfinanzierung und Unternehmensbewertung, Festschrift für K. Schmaltz, Hrsg.: Karl-Heinz Forster, Peter Schumacher u. a., Stuttgart 1970, S. 108 - 127.

Leunig, Manfred: Die Bilanzierung von Beteiligungen, Düsseldorf 1970.

Lippmann, Klaus: Der Beitrag des ökonomischen Gewinns zur Theorie und Praxis der Erfolgsermittlung. Mit einem Nachwort zur Bedeutung des ökonomischen Gewinns von Ulrich Leffson, Düsseldorf 1970.

Mattessich, Richard: Die wissenschaftlichen Grundlagen des Rechnungswesens, Düsseldorf 1970.

Münstermann, Hans: Unternehmungsrechnung, Wiesbaden 1969.

Riebel, Paul: Ertragsbildung und Ertragsverbundenheit im Spiegel der Zurechenbarkeit von Erlösen, in: Beiträge zur betriebswirtschaftlichen Ertragslehre, Festschrift für E. Schäfer, Hrsg.: Paul Riebel, Opladen 1971, S. 147 - 200.

Schildbach, Thomas: Zur Eignung des ökonomischen Gewinnes im Rahmen der Rechnungslegung von Aktiengesellschaften, in: Die Wirtschaftsprüfung 1972, S. 40 - 42.

Schneider, Dieter: Bilanztheorien, neuere Ansätze, in: Handwörterbuch des Rechnungswesens, Hrsg.: Erich Kosiol, Stuttgart 1970, Sp. 260 - 270.

— Gewinnermittlung und steuerliche Gerechtigkeit, in: ZfbF 1971, S. 352 bis 394.

— Investition und Finanzierung, 2. Aufl., Opladen 1971.

Schweitzer, Marcell: Struktur und Funktion der Bilanz, Berlin 1972 (im wesentlichen unveränderte veröffentlichte Habilitationsschrift von 1968).

Seicht, Gerhard: Die kapitaltheoretische Bilanz und die Entwicklung der Bilanztheorien, Berlin 1970.

— Die Unhaltbarkeit der dynamischen Bilanztheorie, in: ZfB 1970, S. 589 - 612.

Sieben, Günter und *Haase,* Klaus Dittmar: Die Jahresabschlußrechnung als Informations- und Entscheidungsrechnung, in: Die Wirtschaftsprüfung 1971, S. 53 - 57 und S. 79 - 84.

Weber, Helmut Kurt: Die Definitionen der Einnahmen und Ausgaben als Größen des betriebswirtschaftlichen Rechnungswesens, in: BFuP 1972, S. 191 - 202.

— Untersuchungen zum betriebswirtschaftlichen Ertragsbegriff, in: Beiträge zur betriebswirtschaftlichen Ertragslehre, Festschrift für E. Schäfer, Hrsg.: Paul Riebel, Opladen 1971, S. 11 - 61.

Wegmann, Wolfgang: Der ökonomische Gewinn, Wiesbaden 1970.

Wöhe, Günter: Bilanzierung und Bilanzpolitik, 2. Aufl., München 1972.

** Sie ist die nach Inhalt und Aufbau im wesentlichen unveränderte Dissertation, die am 17. 7. 1970 bei der Wirtschafts- und Sozialwissenschaftlichen Fakultät der Universität Würzburg unter dem Titel ‚Der Aussagewert der bilanztheoretischen Konzeptionen — Ein kritischer Vergleich‘ eingereicht wurde. Bei der hauptsächlich Detailfragen betreffenden Überarbeitung konnte die nach Abschluß des Manuskripts im Frühjahr 1970 erschienene Literatur, die im Literaturnachtrag angegeben ist, aus Zeitmangel nicht mehr berücksichtigt werden. Zu der Titeländerung habe ich mich entschlossen, weil — wie ich mich einstweilen überzeugen konnte — der Begriff ‚*bilanz*theoretisch‘ bei vielen irreführende oder zu enge Assoziationen weckt und das Urteil ‚Aussage*wert*‘ als positive oder negative Auszeichnung der Rechnungskonzeptionen zu stark auf ihre abschließende Einschätzung abstellt.

Kolibri 360 GmbH
Ferdinand-Jühlke-Straße 7
99095 Erfurt, Deutschland
produktsicherheit@kolibri360.de

Druck:
CPI Druckdienstleistungen GmbH
im Auftrag der
Kolibri 360 GmbH
Ferdinand-Jühlke-Str. 7
99095 Erfurt